OMAS JEFFERSON

# 马斯·杰斐逊传

赵正节 编著

吉林出版集团股份有限公司

**图书在版编目（CIP）数据**

托马斯·杰斐逊传 / 赵正节编著．—长春：吉林出版集团有限责任公司，2011.5

ISBN 978-7-5463-4761-5

Ⅰ.①托… Ⅱ.①赵… Ⅲ.①杰斐逊，T.（1743～1826）—传记 Ⅳ.①K837.127=41

**中国版本图书馆 CIP 数据核字（2011）第 062486 号**

**托马斯·杰斐逊传**

**编　　著：**赵正节
**出版统筹：**博文天下
**责任编辑：**崔文辉　张晓华
**封面设计：**盛世博悦
**版式设计：**边学成
**开　　本：**710 mm×1000 mm　1/16
**字　　数：**218 千字
**印　　张：**18.5
**版　　次：**2011 年 6 月第 1 版
**印　　次：**2020 年 8 月第 3 次印刷

**出　　版：**吉林出版集团股份有限公司
**地　　址：**长春市人民大街 4646 号（130021）
**电　　话：**总编办：010－63109269
发行科：010－85725399
**印　　刷：**三河市燕春印务有限公司

ISBN 978-7-5463-4761-5　　定价：59.80 元

# 目 录

## 第一章

### 成长的足迹

由于所处的环境，杰斐逊时常不得不与赛马者、玩牌者、猎狐者、伪科学家、自由职业者等各色人物为伍。他后来在给外孙的信中这样写道："追忆往昔，我十几岁的时候，一切必须自己做出安排，自己做出决定，亲戚朋友没有人能给我指点生活道路。回想起我时常和那些不良分子交往，很是后怕，好在没有和他们一样误入歧途，没有像他们那样成为无益于社会的人。幸运的是，我很早就认识了一些有地位的人，他们成为我的榜样。在身受诱惑或困境时我会扪心自问，在这种情况下，斯莫尔博士、威思先生、佩顿·伦道夫会怎么做，我怎么做才能使他们感到满意？我确信，这样想比我自己的理智更有力，更有助于我坚持走正确的道路。我对他们所追求的远大而崇高的目标心仪已久，因此，我丝毫也不怀疑，我所走的路就是他们想要走的路。"

## 第二章

### 投身抗英斗争

在那个炎热的6月，杰斐逊忍受着蚊蝇的叮咬，每天上午都查阅各种文献，然后仔细推敲，加以条理化，下午则伏案疾书，这是他一生最有意义的工作。他努力用最清晰简约的语言传达出他和同仁们坚定不移的信念、毫不含糊的独立要求，以及对殖民者的强烈义愤。内容主要包括三个部分：第一部分阐明民主与自由的理念；第二部分用事例证明乔治三世破坏了美国的自由；第三部分则郑重宣布独立。宣言阐明了美国作为新生的国家的立国理论基础和一系列民主原则。



## 第三章

### 从弗吉尼亚到法国

他认为独立不是革命的终结，而仅仅是革命的开始。要把政府真正建立在“被治理者同意”的基础之上，给每个人“生命、自由和追求幸福”的权利以切实的保障，就必须建立一个民主的社会。只驱逐走一个国王是不够的，更重要的是必须消灭国王的制度。杰斐逊有个宏愿，他要把弗吉尼亚改造成一个政治民主、经济民主、教育普及的富裕文明的社会。不仅如此，他还要把弗吉尼亚的改革推到其他各州去。

## 第四章

### 从国务卿到总统

杰斐逊的政府，走过八年之后，将要结束了。在这段时间里，美国尽管在对外关系方面发生过某些不愉快的事件，但全国幸福繁荣，这是各国历史中没有先例的。在这段时间里，较之任何国家都要更加清楚地显示，一国政府可以依照并符合道德公正原则得到管理。在这段时间里，如果在美国同外国关系方面和外国的行为方面没有任何障碍的话，那么，一项梦寐以求的公正试验就可能成功，多么接近于一个以理性为基础的政府臻于完善的程度！尽量使美国人民体面、幸福、伟大和独立，乃是杰斐逊先生政府的目标。



## 第五章

### 息影政坛

正在杰斐逊的家人为他的离去而哀伤的同时，远在他乡的约翰·亚当斯在7月4日的这一天也躺在床上，处于弥留之际的他在正午时分，忽然清醒过来，说了最后一句话："托马斯·杰斐逊还活着!"几个小时之后，亚当斯也撒手人寰，追随好友而去，享年90岁。这两位晚年重又携手的好朋友，竟然在共同签署《独立宣言》50周年的同一天，一起离开了人间。难怪亚当斯的儿子、小亚当斯总统满怀深情地说，这是"上帝钟爱他们的表现"，他的这一说法也得到了当时全美国民众的认同。

# 引　子

二百多年前的美国，绝大多数的土地还覆盖着丰茂的灌木和原始森林，舒缓的河流自由自在地流淌，刀耕火种的土著人在丛林和草地之中呼哨着打猎。

与此同时，在匆匆开就的小径上，四轮的精致马车嚼嚼碾过，乘客们戴着大洋彼岸流行的礼帽、高耸着骄傲的羽毛、点缀着动人的珠宝、束着纤细的胸衣，他们拥有广袤的土地、众多的黑色奴隶，他们热爱集会、诗歌、打猎和音乐，他们可以使用各种古老、流行的语言阅读书籍，他们在奴隶们的服侍下谈论民主、教育和自由，他们浅啜着英式花草茶的时候会见当地的印第安首领，他们身后是积淀千年的欧洲文化，他们眼前是一望无垠的原始平原……正是在这样的群体之中，诞生了现代民主的先驱、拥有伟大与平凡双重品格的《独立宣言》之父——托马斯·杰斐逊。

一个阶层的领袖，总是于更高一个社会阶层内诞生。杰斐逊出身于名副其实的贵族家庭，因此他有机会接受系统、高尚、开明的教育，但是来自于父亲的谆谆教诲将他从纨绔子弟的泥潭中挽救了出来，使他能够摆脱世俗礼节、往来社交的桎梏，全心投入学习与阅读之中，因此他才能成为一个灵魂高贵、谦逊自省、豪放悲悯、浑身闪耀着人性光辉的饱学之士以及政治领袖。

美利坚能在开国之初拥有杰斐逊这样的领袖既是历史注定，同时也是万分幸运的一件事。移民中的这些贵族们，虽然少不了一些欧洲同侪们身上的骄腐之气，但是作为拓荒者的淳朴与朝气已经将其冲掉了不少，同时他们受到了高等、精深的教育，接受了启蒙主义思潮的影响，对民主、自由已经进行了深入的、彻底的思考，因此华盛顿、杰斐逊等领导人才能在建国之初，力排众议，当全世界几乎所有的国家都还是君主政体的时候，坚持成立合众国而非君主国，为美国如今的民主体制奠定了坚实的基础。

杰斐逊就是这些人中的佼佼者，他终身致力于争取民主，反对任何形式的特权与专制，因此效法华盛顿，在连任两届总统之后，自动隐退，为后世的历届总统树立了无法逾越的伟大榜样；他主张广启民智，倾己所有兴建了弗吉尼亚大学；他贡献了个人的所有藏书，为美国国家图书馆建立了雏形……这位终生热爱自由民主、自然风光和闲暇隐僻生活的美国总统，至今仍旧以其伟大的思想和光辉的人格、而非身份与地位而被后人深深铭记、感叹。

# THOMAS JEFFERSON

# 第一章

## 成长的足迹

由于所处的环境，杰斐逊时常不得不与赛马者、玩牌者、猎狐者、伪科学家、自由职业者等各色人物为伍。他后来在给外孙的信中这样写道：“追忆往昔，我十几岁的时候，一切必须自己做出安排，自己做出决定，亲戚朋友没有人能给我指点生活道路。回想起我时常和那些不良分子交往，很是后怕，好在没有和他们一样误入歧途，没有像他们那样成为无益于社会的人。幸运的是，我很早就认识了一些有地位的人，他们成为我的榜样。在身受诱惑或困境时我会扪心自问，在这种情况下，斯莫尔博士、威思先生、佩顿·伦道夫会怎么做，我怎么做才能使他们感到满意？我确信，这样想比我自己的理智更有力，更有助于我坚持走正确的道路。我对他们所追求的远大而崇高的目标心仪已久，因此，我丝毫也不怀疑，我所走的路就是他们想要走的路。”

## 诞生之地——新大陆

THOMAS JEFFERSON

北美，广袤、美丽而又富饶的土地，几百年前还是一片尚未开发的处女地。

17 世纪前后，西班牙、法国、荷兰和英国的殖民者相继来到这里，寻找富庶的天堂，并为争夺这块宝地展开了激烈的斗争。到 1733 年，英国已占据东起大西洋沿岸、西至阿巴拉契亚山脉的整个狭长地带，并建立了十三个殖民地。后经与法国一百多年的争夺，密西西比河流域的广阔地区都入英国之手。

到 18 世纪中叶，北美殖民地在政治、经济和文化等方面都有了很大的发展。随着商品经济的发展，各殖民地之间的联系日益密切，十三个殖民地基本上形成了一个经济整体。英国对北美经济的发展实行各种限制政策，企图继续把北美殖民地作为英国工业的廉价原料供应地及商品倾销市场，这不能不激起当地包括商人、种植场主在内的人民的抵制和反对。北美殖民地同宗主国英国之间的矛盾日益尖锐。

当时的北美已经产生了一些民主因素。一方面，英国力图加强对北美的政治控制，对八个皇家直辖殖民地，由英王任命总督直接统治；另一方面，在殖民地社会结构中也生长出一些民主因素，最重要的便是议会民主。每个殖民地都有自己的议会，议会由选举产生，选举的范围相当广泛。议会享有立法权和财政权，并逐步从总督手中夺得一部分行政权。到 18 世纪中叶，各殖民地的议会，已经从一个处在从属地位的立法机关上升到殖民地权力中心的地位。当然，这种议会民主在那时还只能是自由白人的民主，黑人、白人契约奴隶及白人无产者是没有选举权的，他们是被排斥在议会的大门之外的。

当时的北美已经形成了一个富豪阶层，他们拥有巨额财产，享有很高的社会地位，实际上已经成为殖民地经济政治的主宰力量。

值得注意的是，这个富豪阶层中的人物，他们的发迹，既没有特权地位的凭靠，也不是靠国王的恩赏，而多半是靠自己在经济活动中艰苦奋斗起家的。他们不是从事商业活动，就是经营企业或种植业，如煤、铁、铜等矿产的开采，烟草等农作物的种植与贩运等。在这块一望无际的未开垦的土地上，人口稀少，只要你肯吃苦，你就可以获得土地，挣得财富，成为一个土地和财产的拥有者，你就可以出人头地。生活向每一个勤劳者敞开了致富的大门，给每一个人提供了最大限度地实现自己梦想的可能。在弗吉尼亚，富豪阶层的经济、政治、社会地位很高，他们中的一些人占据了议会的所有席位及其他官职，有些人甚至世代延续。但是，这一切与封建社会的世袭制不同，因为所有的官职、议员，都必须经过选举产生，他们的官职的维持，同样必须经过选民的选举，这就迫使那些竞选者不得不维护人民的利益，否则，他就不可能当选，即使一次当选了，也难以永保他的官位。在所有的殖民地上，议员都是由选举产生，而且在新英格兰，包括总督在内的官员也是通过选举产生。在北美特殊社会环境下形成的这种经济民主和政治民主相互渗透、相互结合的民主，使北美殖民地成为当时世界上民主成分最多的社会，成为一个生机勃勃的、发展前景最好的地区。

在这期间，发生在欧洲的先进思想，如英国辉格主义、激进辉格主义、法国的启蒙运动，都漂洋过海，在北美大地上广为传播，并且受到了人们的热烈欢迎，产生了很大的影响。辉格主义者关于议会权力至上、宗教宽容的主张；激进辉格主义者关于扩大下院权力和选举权，实行出版自由、宗教自由、贸易自由的主张；法国启蒙思想家伏尔泰、孟德斯鸠、卢梭、狄德罗、费尔巴哈、爱尔维修等杰出代表人物的著作，特别是孟德斯鸠的“三权分立”的学说，卢梭的“主权在民”的学说，百科全书派宣传自然科学知识、反对宗教蒙昧主义和腐朽的意识形态的主张，等等，都在北美引起了很大的反响。英国著名哲学家、思想家洛克提出，生命、自由、平等和私有财产等自然权利是人们不可转让的权利，任何人无权侵犯。君主如果违约，就是暴君，人民有权推翻他的统治。他首先提出了国家分权学说，认为这是保障自由、平等和私有财产，防止专制出现的最好办法。法国启蒙思想家、法学家孟德斯鸠进一步把国家权力分为立法权、行政权和司法权，这三种权分属三个不同的国家机关，它们既独立行使又互相牵制，彼此均衡，以有效地保障自由和公民的生命。法国哲学家、文学家、教育家卢梭提出主权在民的思想，认为一切权力属于人民，国家主权不能分割转让；一切权力的表现和运用必须体现人民的意志；在法律面前人人平等；政府的职责仅仅是执行“公意”，而不是人民的主人；如果政府篡夺了人民主权，便破坏了人民契约，人民就有权推翻它等等，所有这些先进思想的种子，当时撒遍北美大陆，在这块新的可谓没有历史包袱的沃土上播种，正待开花结果。

北美人民在自己美丽富饶的国土上，开辟着自己的新生活。广阔的土地，无穷的资源，得天独厚的优越的自然条件，为他们大显身手提供了广阔的大地和难得的机会。他们充满民族自豪感，满怀信心要用自己勤劳的双手改造自然，争取美好而光明的未来，建设美好幸福的生活，创造一个同旧世界不同的新世界，在物质财富和思想方式上都进入一个新天地、新境界。

拉什莫尔山的总统雕像，左二为杰斐逊

美国开国元勋之一、《独立宣言》的执笔人、美国第三任总统、革命家、政治家、学者、思想家和教育家托马斯·杰斐逊就是在这样一个时代要求、社会环境和文化背景之下诞生、成长的。

## 2 父亲、母亲及其家族

THOMAS JEFFERSON

1743年4月13日，托马斯·杰斐逊生于弗吉尼亚的阿尔贝马尔县。

弗吉尼亚州位于美国东部，当地最早的居民是印第安人。1570年，西班牙人到了那里。1606年12月，在获得英王的特许后，英国伦敦公司选择、组织了一百四十四名男子和男孩，从英国本土出发，于1607年5月来到弗吉尼亚，在弗吉尼亚的詹姆斯河河口安营扎寨，并将此地取名为“詹姆斯敦”。

从1608年1月至1609年8月，英国本土先后将三批共七百九十名新移民补充到弗吉尼亚，还随船带来了不少给养。于是，弗吉尼亚的詹姆斯敦便成为了英国在北美的第一块永久殖民地。

到18世纪上半叶，由于以黑奴为劳动力的烟草种植园迅速发展，弗吉尼亚的经济十分繁荣，吸引来大批原在马里兰、新泽西、宾夕法尼亚等地的德国和爱尔兰等国的移民。托马斯·杰斐逊的祖先加入到这股移民潮中，从英国威尔士的斯诺登出发。经过长途跋涉，来到了弗吉尼亚。托马斯·杰斐逊的祖先迁到北美到底过了几代，已无从考证，只知托马斯的祖父叫小托马斯·杰斐逊，他有三个儿子，其中一个夭折；另一个在罗阿诺克，结婚后生了不少儿女；第三个名叫彼得·杰斐逊，出生于1707年，他就是托马斯·杰斐逊的父亲。

彼得凭借自己的努力和勤劳，年轻时就拥有了一个叫沙德威尔的庄园。它地处弗吉尼亚殖民地居民区的西端西南山脉山峡下游，远眺蓝桥，傍依密林山坡，人迹罕至，景色壮丽。到过沙德威尔的人一看便知这里是经过精心选址后建造起来的。1735年，彼得又获准在肥沃的里范纳河沿岸四平方千米的土地上经营，这一区域即成为后来的阿尔贝马尔县。托马斯·杰斐逊就是在这里出生的，他是彼得的长子。

彼得的身体很壮，力量大得惊人。有一次，彼得让三个奴隶把一棵被毁坏的树拉倒。那三个奴隶用绳子套住树身，用尽浑身气力，那树却纹丝不动。他们喊着号子，一遍又一遍地使劲拉，仍然拉不倒。看到他们那副狼狈样，彼得跑上前去，伸手抓住绳子，使劲一拉，那树就被连根拔起。彼得还以精力充沛、勇猛无比和不知疲倦远近闻名。他可以吃生肉，可以在猛兽嗷嗷乱叫的森林中坦然睡在空心的树上。彼得尤其喜欢户外活动。他是个打猎专家，还是一个游泳好手。在当时当地，彼得算得上是移民中的佼佼者。他与所有的邻居都和睦相处，并且还和有名望的威廉·伦道夫上校交往甚密。伦道夫上校被公认为是18世纪中叶殖民地社交和经济生活中的中心人物。两人的关系非常之密切，当彼得·杰斐逊需要一块地建造新家时，有钱的伦道夫上校仅以一钵潘趣酒就换给了他四百英亩的土地，要知道，在18世纪的弗吉尼亚，潘趣酒像今天的牛奶一样普通。

杰斐逊的出生地

彼得虽然没有接受过多少正规的教育，但是却很有志气，他毕生信奉“万事不求人”的理念，崇尚个人奋斗。他喜欢读书，并且非常刻苦，年轻时学到不少文化知识。他的一个突出的成果，就是学到了土地测量技术，成了一名有成就的勘测员和地图绘制人。

在这片尚未得到很好开发的土地上，测量员是当地政府最需要、最受人们欢迎的人才。茫茫无尽的大森林，到处古木参天。人烟稀少的广袤土地上只零零星星地散落着一些种植场。因此，为了通过合理的地图来划定各殖民地的边界，彼得必须在严冬的荒野中奔波，经常得宰杀猎狗才能换顿饱饭。

1749 年，彼得很幸运地和弗吉尼亚威廉—玛丽学院数学教授乔舒亚·弗莱伊先生一起被选派为弗吉尼亚和北卡罗来纳的边界测量员。他从这位教授那里借了不少书看，学了不少知识，有数学知识，也有历史和文学知识。后来，他又奉命与弗莱伊教授合作，绘制了第一张弗吉尼亚地图。这张地图于 1751 年在伦敦出版发行，地图的详尽程度，比今天的地图还要高，上面包括了与宾夕法尼亚、新泽西和北卡罗来纳毗邻的大片地区。多年以后，这份地图仍然具有权威性。

由于彼得掌握了一手好的测量土地和绘制地图的技术，有一定的文化知识，而且人品又好，人缘也不错，因此，他渐渐成为当地公认的头面人物。彼得还当过地方治安法官，负责过与印第安人交界地区的秩序维持工作。由于他能够与印第安人公平友好地相处，乐于助人，从而保障了一方平安。他对黑人奴隶也比较友好，不允许监工用鞭子打奴隶。他对待黑人奴隶以及印第安人的友善态度，对杰斐逊的成长都产生了很大的影响。

1755 年，他被选进了弗吉尼亚议会。

托马斯·杰斐逊的母亲叫简·伦道夫，彼得的好朋友威廉·伦道夫上校就是她的堂弟。1739 年，32 岁的彼得与之结婚时，她刚刚 19 岁。

简的娘家是弗吉尼亚殖民地最富有、最有权势、最有名望的伦道夫家族，其祖先和著名的苏格兰默里伯爵有着血缘关系。简的父亲艾沙姆·伦道夫是位年轻的船长。他有十一个孩子，简是家里的老大。艾沙姆·伦道夫由英国辗转来到弗吉尼亚并定居下来。他多次贩卖过奴隶，自己也拥有一百个奴隶，是当地首屈一指的富贵人家。

和伦道夫家族的联姻使彼得增添了不少土地，奴隶也增加到一百多个。彼得一跃成为弗吉尼亚最富有的贵族之一。

托马斯·杰斐逊的母亲是位和颜悦色、充满柔情、性格开朗的人，她同彼得共生了十个孩子，除两个夭折外，六女二男共八个都长大成人。她的一生就是一心抚养这些孩子。也许杰斐逊对他母亲的高贵出身有点厌恶的缘故，他同母亲的关系十分冷淡，对母亲没有一点亲热之感，这同他对父亲的深情厚谊形成了鲜明的对照。但他一生中，除了在账本中偶尔提到自己的母亲之外，在任何场合都没有谈到过她。在他母亲去世两个月之后，他才把这一消息告诉了他的舅舅，在给舅舅的信中也只是简单地写道："我母亲去世的消息恐怕你还不知道。这事正好发生在3月的最后一天，从发病到去世不到一小时。我猜测她是中风。"

在托马斯·杰斐逊3岁那年，住在塔卡霍的堂舅威廉·伦道夫去世了，父亲彼得是遗嘱执行人之一。为了帮忙照顾堂舅年幼的孩子，杰斐逊举家迁往距沙德威尔八十公里的堂舅的农场，这里离里士满市只有几英里的路程。后来，托马斯·杰斐逊常常谈起这次搬迁，这是他能回忆起的最早的童年时的往事。那时他虽然只有3岁，但是作为一个聪明的孩子，他永远不会忘记那次愉快的旅程，他记得在家奴的马背上放了一个垫子，他被用带子牢牢地绑在上面。

杰斐逊的童年，他一生中最可塑的岁月，是在塔卡霍而不是在沙德威尔度过的。那是一段平静幸福的日子。家庭教师教给他一个年轻富有的绅士所应具备的一切品质。一百五十多年前，对于一个活泼好动的男孩子来说，种植园是他最好的课堂，因为那本身就是一个世界。

在塔卡霍，杰斐逊一家住在一幢陌生的房子里。威廉的三个孩子分别是9岁和7岁的女孩及一个4岁的男孩。那时杰斐逊的姐姐也不过四五岁，妹妹伊丽莎白则刚刚出生，还在妈妈的怀里。搬到塔卡霍一年后，母亲又给他生了一个妹妹。在很长一段时间内杰斐逊都难以接受这些变化，经常感到很不自在。

杰斐逊5岁那年，母亲又为他生了一个弟弟彼得·菲尔德。然而，小彼得出生五周后便夭折了，幼年的杰斐逊第一次意识到死亡的可怕。

杰斐逊从小就同黑人奴隶和印第安人生活在一起。他家有一百多个奴隶。他9岁时，家中的黑人与白人的比例是10∶1。他早年的朋友都是黑人。当时，许多奴隶主家庭中的白人儿童都趾高气扬地对待黑人儿童，但杰斐逊不是这样。他在童年就意识到白人对黑人的野蛮待遇是不公道的。他5岁那年，曾听说俄勒冈县附近的种植园一个名叫伊夫的奴隶被指控要毒死她的主人，被判以火刑烧死了。生活使他渐渐明白了，白人是统治者，黑人与白人是不同的，黑人是被统治者，即使是儿童也是如此，白人的孩子能上学，而黑人儿童则不可能。童年的杰斐逊认为这很不公道，他对他周围的黑人和印第安人都很同情，充满了感情。

1757年8月17日，正当壮年的彼得·杰斐逊突然去世，时年50岁。他留下了妻子和六个女儿、二个儿子。这一年，杰斐逊14岁。

彼得去世时留下三千公顷土地、九十多名奴隶。按照遗嘱，妻子简·伦道夫得到一千公顷的种植场及六分之一的奴隶和物品。六个女儿各继承六名奴隶及二百英镑现金（必须到结婚或年满21岁时才有权使用）。剩下的土地和奴隶归杰斐逊和弟弟所有。遗嘱还规定，在母亲去世后，杰斐逊还可以继承母亲的种植场，但他要负起教育幼小弟妹的责任，对姊妹的嫁妆也要负责。还有，在他年满21岁以前，他在生活用度上必须听从父亲的遗嘱执行人的指示。父亲在遗嘱中还特别嘱咐杰斐逊应该受到充分的古典教育。杰斐逊后来回忆说，父亲的这个遗言，比遗产对他更重要，更使他感谢父亲。他说，如果让他在财产与自由教育之间做出选择的话，他宁愿要自由教育。杰斐逊非常崇敬自己的父亲，认为他是朴实敦厚的自耕农和应该成为民主保护人的“自然贵族”的结合。

父亲的去世，对少年杰斐逊来说，是沉重的打击。家里一下子失去靠山，什么都不一样了。作为长子，杰斐逊继承了沙德威尔庄园，成为一家之主，担负起照看家人的责任。从那以后，一下子都变了，什么都得自己拿主意，照顾自己，找不到什么亲戚朋友能给予忠告或指导，作为家庭中的支柱，他意识到了自己的地位和责任，感到了自己肩负的担子是多么沉重。但同时磨练也是一笔财富，也给他提供了一个锻炼自己的机会，一夜之间，他仿佛长大了许多。

在父亲去世后，杰斐逊便进入了阿尔贝马尔县的一所由詹姆斯·莫里掌管的学校读书，开始了他在青少年时代度过的一段最美好的时光。

## 父亲的教诲

THOMAS JEFFERSON

新大陆的移民虽然在法律上仍被视为英国的殖民地居民，但是他们的人生观已经彻头彻尾地美国化了。他们坚持认为自己的后代应该享有比他们更好的受教育的机会。因此，虽然彼得·杰斐逊自己没有机会接受太多的教育，但他在杰斐逊5岁时就决定把他送到该地区最好的学校去学习，同时还请来一位家庭教师，教他读书写字。

彼得一心一意想按照自己的形象塑造儿子。他向儿子灌输严格要求自己的做人原则及勤学苦练的思想，教导儿子认真仔细地读书、写字、记账和工作。他还常教导儿子："你自己能做的事，千万不要让别人替你去做。"父亲的谆谆教导对杰斐逊后来的生活和成长起着巨大的影响作用。他后来在威廉斯堡求学时，在纨绔子弟成群、花天酒地的环境中，不但没有随波逐流，反而力求上进，发奋读书，这完全归功于父亲的教育。宗教在他们的家庭生活中也非常重要，据说一天要祈祷三次，甚至有时四次。杰斐逊从幼小时就逐渐熟悉了英格兰教堂的礼拜仪式，在他的记忆中，深深地铭刻下詹姆士国王钦定《圣经》中那些古朴动人的言辞、铿锵有力的警句和思想高尚的言论。

在学校里，同学们的年龄都比他大一些。像大多数孩子一样，刚开始，他不喜欢上学。一天，他悄悄地溜了出来，躲在另一间房子的后面，双膝跪地，虔诚地祈求上帝："仁慈的上帝，求您赶快结束这堂课吧，它实在太长了！"然而，祈祷似乎不起任何作用，课并没因他的祈祷而结束。从此，他对祈祷感到失望，并得出这样的结论：不能对上帝期望太多。许多年以后，他还把这一思想告诉了他的外孙们。

彼得不但要求儿子向书本学习，而且注意培养他向大自然学习的兴趣和习惯。彼得认为男孩子10岁时就应当有枪，然后就该送到森林中去，靠自己的力量应对一切挑战。受父亲的熏陶，杰斐逊从小便热爱大自然，有许多荒野情趣的回忆。他时常上山或钻到森林里去狩猎，或是在溪流山涧中垂钓。正因为如此，他有非常丰富的关于自然的知识，比如他熟悉各种鸟兽的名称及其习性，甚至连野地及森林中的各种昆虫的生活都了如指掌；他认识许许多多的植物、花草，对它们的特性、用途等有所了解。大自然对杰斐逊来说简直是一本敞开的引人入胜的大书。后来，他也把父亲的“教导”传给了他的外孙。他一生对勘测、建筑等行当的兴趣经久不衰，这也得益于他的父亲。当谈及第一张弗吉尼亚地图是他父亲和乔舒亚·弗莱伊一起绘制的时候，他不无骄傲之感。父亲求知若渴的精神，使杰斐逊深受熏陶。

像其他望子成龙的父亲那样，彼得也教儿子骑马、打枪。杰斐逊的记忆中有这样一件童年趣事：当里瓦纳河涨水时，父亲带他逆流而上。这是小杰斐逊第一次到山上打猎，因没有经验，一无所获。不过他们在回家路上发现了一只被困在一个小围栏中的野火鸡。于是，父亲用自己的吊袜带把火鸡捆在树上，然后举枪瞄准，开枪，最后把被打伤的火鸡吊在枪筒上，得意洋洋地扛回家去。

也正是在这段童年时期，杰斐逊成了印第安人的好朋友。印第安人的首领在革命之前常常去威廉斯堡，他们常常在沙德威尔歇脚，拜访杰斐逊的父亲彼得，这样他们也逐渐和杰斐逊熟悉了。多年之后，杰斐逊在给好友约翰·亚当斯的信中，曾动情地回忆起一个名叫翁塔塞特的印第安人酋长。翁塔塞特是个英勇无比的勇士，他每次去弗吉尼亚首府威廉斯堡时，都一定要在沙德威尔停留。有一次，翁塔塞特准备离开弗吉尼亚去英格兰。就在行前的那个晚上，杰斐逊有幸聆听了他感人至深的告别词。杰斐逊这样追述道：皓月当空，他仰望满月为自己旅途的平安祈祷，为自己同胞的福祉祈祷。他的声音响亮，抑扬顿挫，说话时伴随着的动作干脆有力。他的同胞们燃起团团篝火，气氛庄严肃穆——这一切使杰斐逊满怀敬畏赞美之情。后来当这位酋长的同胞面临灭顶之灾时，杰斐逊为拯救他们所做的事，比其他任何官员所做的都多。

杰斐逊 9 岁那年，彼得决定把家迁回沙德威尔，并送杰斐逊进入威廉·道格拉斯牧师的拉丁语学校，专门学习拉丁语、希腊语和法语。这期间，杰斐逊寄住在这位牧师家里，父亲每年要为儿子交纳住宿费及学费十六英镑。他在这里一住就是五年，直到父亲去世。由于远离家庭，长期寄宿在牧师的家里，这五年的学习生涯对杰斐逊的意志是极大的磨练，也对他性格的塑造产生了极大的影响，他一生都内向而拘谨，很少无拘束地表达自己的情感和意见。

杰斐逊 14 岁时，父亲去世。英年早逝的父亲在遗嘱中仍特别嘱咐，杰斐逊应该受到充分的正规教育。在这以后两年，杰斐逊进入阿尔贝马尔县一所由牧师詹姆斯·莫里掌管的小学校读书。莫里先生人品极好，被认为是弗吉尼亚殖民地上受过最好教育的人，杰斐逊对莫里老师非常尊敬，钦佩地称他是个“当之无愧的权威学者”。好的老师犹如人生道路上的指针，使人受益终生。莫里除教授他希腊文和拉丁文之外，还向杰斐逊传授了阅读方法：要靠理解、深思熟虑、评论和消化所读的作品，进入到作者的精神和作品构思之中去。杰斐逊尤其感谢莫里老师教他学习希腊文，入学两年后，杰斐逊便开始读古希腊、罗马原著，而且一直没有荒废。这使他后来能直接用希腊文来欣赏荷马史诗，他认为读原文比读英译本更让人兴趣盎然。

与此同时，他还阅读了一些英国文学及其他领域的著作。莫里先生有着极为丰富的藏书，由于莫里老师的学校离沙德威尔有十二英里地，因此杰斐逊学习期间就住在莫里牧师的庄园里（杰斐逊的监护人除付给莫里老师学费和食宿费之外，每年还另外付给二十英镑）。这使他有机会浏览莫里四百余卷内容包罗万象的藏书，徜徉在书的海洋中，乐此不疲。知识就是力量，知识就是安全，知识就是幸福。杰斐逊一生酷爱读书，恐怕便始于此。杰斐逊后来经常对自己的女儿说：“要下定决心，永不怠惰，从不浪费时间的人不会抱怨时间不足，如果我们永远干下去，那将会做多少事呀！”

詹姆斯·莫里除了杰斐逊之外还有四个学生，其中包括他的儿子，年龄从 14～16 岁不等。他们彼此都成为好朋友，杰斐逊直到去世之前还一直和他们中的两人保持通讯联系：一个是詹姆斯·麦迪逊（杰斐逊的后继者麦迪逊总统的表弟），后来当上威廉—玛丽学院的院长；另一个就是小詹姆斯·莫里，他后来离开了弗吉尼亚，成了一名英国富商。另一位同学达布尼·卡尔是杰斐逊年轻时最要好的朋友，后来和杰斐逊的妹妹结了婚。

那时弗吉尼亚富贵之家盛行跳舞和晚会。进入莫里牧师学校以后，杰斐逊开始学习拉小提琴，音乐大大地丰富了他的情感。此后，音乐成了他生活中永久的快乐之源。他还学习跳舞、骑马和打猎，这是 18 世纪任何一个弗吉尼亚绅士都应该学会的。

尽管沙德威尔附近没有大城市，但它也并非是荒凉之地。它坐落在通往威廉斯堡的大道旁。许多旅客在去首都途中都要在这所住宅停留。那时接待宾客有一套郑重其事的礼仪，必须一丝不苟。在弗吉尼亚，人们经常互访，特别是男人，要花费相当多的时间今天走到这家，明天走到那家，要给奴隶们安排食宿，把马拴入马厩，为来访的主要宾客摆设筵席。夏季的几个月中，要是道路没有被水坑泥洼弄得不能通行，来客就会接踵而至。对他们必得殷勤款待，不但破费相当可观，还总得花去许多时间。年轻的杰斐逊回到沙德威尔后不久就意识到，如果他像他的许多朋友一样留在自己的庄园里，他就水远不会有所成就，很可能变成游手好闲的人。当他想读点书或学点什么的时候，浪费宝贵时光的情况惹得他心烦意乱，十分恼火。而且他也感到，庄园的状况几乎保证不了这么慷慨地接待来客。于是在征询了他母亲的表兄彼得・伦道夫的意见之后，他决定离开。于是他写信给贝莱蒙特的他的监护人约翰・哈维，他写道："彼得・伦道夫认为我应当到学院去深造，这将使我有更好的机会完成我的学业。为什么呢？首先，只要我身在沙德威尔就少不了各种应酬，朋友来访会影响我的学习，我将不可避免地损失四分之一的时间。进入大学后我将获得更广泛的知识，可以使我终生受用不尽，我想在那里也可以像这里一样继续学习希腊语和拉丁语，还可以学习数学。"

1760 年，不到 17 岁的杰斐逊被威廉—玛丽学院录取了。这对他的一生来说是一个具有重大意义的转折。3 月 25 日，在一个仆人的跟随下，他来到了学院所在地——弗吉尼亚的威廉斯堡。当得知要孤身一人离家到外地去上学时，他在日记中写道："置身于一个广阔天地，置身于完全陌生的世界，没有朋友，没有保护人给予如此小小年纪未涉人世的人忠告，危险无处不在，你必须靠自己求得平安……"

## 在威廉—玛丽学院

THOMAS JEFFERSON

威廉斯堡静静地坐落在弗吉尼亚的东南角，宽阔的詹姆斯河从它的南面流过，四周是一片片茂密的树林，挡住了外面喧闹的世界，犹如一个小小的“世外桃源”。作为弗吉尼亚州的首府，这里是“新大陆”最富裕、最繁荣的城市。其实，威廉斯堡最古老、最有历史意义的地方还不在城内，而是在城外詹姆斯河上的詹姆斯岛。1607 年 5 月，三艘英国商船载着货物和一百零四名男子从英国来到这里。他们卸下货物，砍倒树木，建起了自己的城堡。这是殖民者在北美的第一个安居点，比另一批英国殖民者在马萨诸塞州朴茨茅斯港登陆还早十三年。后来，这里扩展为詹姆斯城，并在整个 17 世纪成为英国在北美的第一个殖民地——弗吉尼亚的首府，直到这个首府于 1699 年迁到威廉斯堡为止。

威廉斯堡当时只有两百多间房屋，全都用白灰刷成白色，街道都是黄土铺成的。镇上的居民本来就不多，加上不少人都住在自己的种植园，只有议会开会或是其他重大事情的时候才回来，所以非常清静。而到了每年春秋两季，当弗吉尼亚议会开会时，则又人满为患。关于威廉斯堡的风土人情，1724 年出版的《弗吉尼亚现状》一书中有这样的介绍：

“威廉斯堡是一个贸易城市，由一位市长和几个市政官治理。此地货物丰富，商品种类繁多，最好的粮食和酒类充分供应。在这里居住着几个优秀的家族，许多人在这里任公职，住在自己的房子里。他们风度优雅，穿着样式时髦，举止行动犹如伦敦的贵族。大多数有名望的人家都有四轮马车、轻便马车、带篷马车或是两轮马车。……因此，他们在弗吉尼亚这个可爱、兴旺而且愉快的城市生活得舒适、优雅、愉快而富裕。”

杰斐逊所就学的威廉—玛丽学院建于 1693 年，因为英王威廉三世和王后玛丽二世而得名，它的建立比哈佛大学晚五十七年，是北美大陆北部名列历史第二悠久的大学。如果按照现在的标准，这所学院根本算不上是大学，甚至算不上一所真正的学院。像殖民地的大多数学校一样，它的成立目的在于使弗吉尼亚的教会有一个培养传播福音的牧师的神学院，使年轻人顺从地接受培养良好的文学修养和礼貌的教育。因此学院里的学术界人士不多，也没名气。当时全学院教授包括校长在内不过七人，都是英国圣公会牧师。院内分法语部、印第安语部、哲学部和神学部，学生不到一百人。可以理解，为什么那时家境稍微宽裕的弗吉尼亚人都愿意把孩子送到英国接受礼仪和科学的教育，但此时由于战争，许多人还是选择在北美大陆接受教育。

杰斐逊选择在哲学部学习。在他入学的前两年，来自苏格兰的才华横溢的威廉·斯莫尔博士来到这所学院任教，他也是学院里惟一一位非教士教授。那时，斯莫尔博士担任数学教授，他是一位在很多实用的分支学科方面都有很深造诣的人，他仪表端庄，温文尔雅，心胸宽阔，思想开明，很乐于与人交流，又善于传授知识。在杰斐逊来到学院不久，哲学教授的席位空了出来，他被任命为临时教授。他是学院第一位正规讲授伦理学、修辞学和纯文学的人。杰斐逊的大部分学科都接受过斯莫尔的指导。而对杰斐逊最幸运不过的是，斯莫尔博士很快喜欢上了他，把他当做朝夕相处的伙伴。在与斯莫尔博士的交谈之中，杰斐逊初次接触到浩瀚的科学和所处的这个万物运行的体系。对杰斐逊来说，斯莫尔博士是最早的启迪者和引路人。杰斐逊十分尊敬斯莫尔博士，在给一位朋友写信时称他“就像父亲”一样对自己，认为他对自己的命运转折起了关键作用。

通过斯莫尔博士，年轻的杰斐逊被引见给了乔治·威思先生，他后来成为杰斐逊的法律教师；也是通过斯莫尔博士，他受到英国驻弗吉尼亚的总督弗朗西斯·福基尔的接见。

乔治·威思是威廉—玛丽学院的法律教授，也是弗吉尼亚州第一流的律师，他拥有自己的律师事务所。威思举止文雅，学识渊博，治学严谨，品行端正，在政治思想上是一位共和主义者。他虽然是法律教授，却对希腊文颇有造诣，谙熟希腊古典哲学，在希腊文和拉丁文方面是殖民地最有研究的学者。不管从哪方面讲，威思都是影响杰斐逊的最重要人物。杰斐逊在《自传》中称他是“年轻时最爱戴的教师，一生中最尊敬的朋友”。杰斐逊甚至叫威思“第二父亲”，说他是“我最早、最好的朋友，他对我一生的事业产生了最有益的影响”。斯莫尔和威思非常重视杰斐逊这个好学上进、有抱负的学生，他们时常带杰斐逊到福基尔总督官邸参加宴会和欣赏音乐。这些雅聚成为杰斐逊后来最甜美的回忆之一。

福基尔总督原是英国哈特福德的乡村绅士，他是个慷慨大度、思想开明的人，在英国时就交游甚广，频繁出入于上流社会的交往圈。他的父亲福基尔博士曾在牛顿领导下的造币厂工作过，后任英格兰银行的董事。总督本人也担任过南海公司的董事，还是英国皇家学会的会员，他曾经写过一本有关税收知识的小册子，这本书再版了三次。遗憾的是他没有把其中的原理很好地应用于自己的理财，终日沉湎于赌博，曾一晚上就把家当输得精光，无奈，在朋友的帮助下谋得了一个到新大陆当总督的差事。但他的嗜赌习惯一直没改。不过在教养、风度、学识和口才方面，他算得上是杰出的人。福基尔对科学很感兴趣。他刚到弗吉尼亚上任不久，发现总督官邸北面的窗户被狂风、冰雹毁于一夜，第二天地面上结满了冰块。心血来潮的福基尔翻箱倒柜，找出尺子、笔和纸，开始跪在地上测量起来，并做了详细记录，还把记录寄给了在英国的兄长。结果，这无心插的“柳”，竟被英国皇家协会出版。

福基尔总督酷爱音乐，喜欢和同道中人合作三重奏和四重奏。经常参加演奏的人，就包括威思教授，会拉小提琴的杰斐逊得以参加他们的聚会。于是，斯莫尔博士、福基尔总督、威思律师和杰斐逊形成了一个亲密的“四人集团”，并且经常相互交流。当然，杰斐逊在威廉斯堡所建立的亲密关系不止这些，还有佩顿·伦道夫先生，一位深受弗吉尼亚人民爱戴的政治家，后来当选为第一届大陆会议代表，并担任大陆会议主席。来参加聚会的人群总是无拘无束，高谈阔论，天南地北，无所不谈，从文学到政治，从政治到自然科学，从自然科学到音乐美术，从音乐美术到日常生活，等等。如饥似渴的杰斐逊在这些聚会中大开眼界，增长了不少知识。难怪他后来不无庆幸地写道：在那里，我“听到的有益的知识，有理性、有哲学意味的谈论，比我整个一生所听到的还要多，这是真正文雅的聚会”。遗憾的是“四人集团”未能保持很久，因为斯莫尔博士于1762年便返回苏格兰，后来成为达尔文的好朋友，杰斐逊从此之后再也没见过他。杰斐逊与福基尔和威思的交往则仍然继续了许多年，直到这两位长者逝世为止。

这些就是杰斐逊生平所接触过的第一批真正有教养的人，他们是托马斯·杰斐逊的真正的老师，从这些人身上，他学到的东西比任何学生在威廉—玛丽学院学到的还要多。

威廉斯堡当时的社会风气，放荡享乐成风，年轻的富家子弟整天沉溺于斗鸡、赌博、酗酒、赛马及风花雪月的风流场合之中。杰斐逊的许多同龄同学、朋友，大多随波逐流。由于所处的环境，杰斐逊时常不得不与赛马者、玩牌者、猎狐者、伪科学家、自由职业者等各色人物为伍。他后来在给外孙的信中这样写道："追忆往昔，我十几岁的时候，一切必须自己做出安排，自己做出决定，亲戚朋友没有人能给我指点生活道路。回想起我时常和那些不良分子交往，很是后怕，好在没有和他们一样误入歧途，没有像他们那样成为无益于社会的人。幸运的是，我很早就认识了一些有地位的人，他们成为我的榜样。在身受诱惑或困境时我会扪心自问，在这种情况下，斯莫尔博士、威思先生、佩顿·伦道夫会怎么做，我怎么做才能使他们感到满意？我确信，这样想比我自己的理智更有力，更有助于我坚持走正确的道路。我对他们所追求的远大而崇高的目标心仪已久，因此，我丝毫也不怀疑，我所走的路就是他们想要走的路。"

有了良师的指点，再加上从小父亲对他的影响，杰斐逊在大学读书异常勤勉刻苦。他一天要学习十五个小时，通常凌晨2点才熄灭蜡烛。当天边露出第一缕晨光时，他就翻身起床，重新开始了一天紧张的学习，只是在黄昏的时候才出来活动活动。即使在假日，他也把大部分的时间用在学习上。他还养成每天清晨用冷水洗脚的习惯，即使在冬天也不间断。杰斐逊身材颀长，看似单薄，其实体质不错。据说他一生中从未患过感冒，只发过两三次高烧，他的健身之道就是一辈子坚持锻炼和每天早上"用冷水洗脚"。课余，杰斐逊的大部分时间都花在读历史和哲学书上。杰斐逊之所以如此博学多才，还应归功于他有一套行之有效的学习方法。他遨游书海，当他的同学、朋友们纷纷躲开或绕行那些深奥晦涩的著作时，他却执著无比，像蚂蚁啃骨头似的从不放弃。当他的朋友、法律系学生本杰明·摩尔向他请教应读什么书时，杰斐逊写信作答。这封信后来竟成为美国法学系学生中最有名的信，它折射出了杰斐逊的过去。杰斐逊的一天通常是这样度过的：8点之前阅读有关自然科学、伦理学、宗教和法律的书籍（并列出应读的书目）；8点至12点，学习法律；12点至下午1点，学习政治；下午学习历史；从傍晚到睡觉前，学习修辞、演说技巧。杰斐逊学习兴趣异常广泛，一切事物都能引起他的兴趣和好奇之心。他既爱好希腊文法，又爱好牛顿的物理学，他不仅学西班牙语，还学习微积分。他读希腊文的柏拉图著作，读拉丁文的西塞罗作品，读法文的孟德斯鸠著作。当然他还喜欢读英国小说家斯特恩、菲尔丁和斯莫利特的作品，同样也十分喜欢莎士比亚、弥尔顿及波鲁的诗歌。这期间他大量阅读了英国政治思想家约翰·洛克的著作，对洛克的宪政民主基本思想进行了全面系统的梳理，他在读书笔记中写道：

> 洛克断定，人的基本天赋权利包括生命、自由和财产。按照自然法则，人本来就生活在一种“完全自由的状态”中。不过，人们为了享受同他人一起生活的好处，而去组成社会，限制某些自由并接受管理。人们和统治者之间达成一种社会契约，在这个契约的基础上建立起代议制政府。人们同意服从当局；政府则允诺代表组成社会的个人并为了他们的利益而公正地实施统治。任何政府违犯社会契约并剥夺任何人的天赋权利，都会丧失其本身的合法性。
>
> 洛克认为国家有三种权力：立法权、执行权和对外权。立法权是最高权力，国家必须实行法治。他把财产权看做是人的自然权利中最基本的权利，其他权利都以财产权为基础，私有财产神圣不可侵犯。他认为倘若政府侵害了人民的人身自由、财产权利时，人们有权利运用革命手段建立新的政府，因为政府的权力是人民委托的。

洛克的思想对杰斐逊的影响很大，此后天赋人权、民主自由平等成为他毕生笃信的信条。

在学院的第二年，杰斐逊比以前更努力学习了，很少再参加社交活动，甚至不再拉小提琴。尽管酷爱音乐，他还是暂时割舍了这份闲情逸致。杰斐逊在晚年回忆这段生活时这样写道：“在我就职和参加工作以前，我已经是一个用功的学生，但是在就业后，职务的职责使我没有闲暇时间用功，而现在，退休了，已经76岁了，我仍然是一个勤勉的学生。”他的一位同学对他做过这样的评价：“他的头脑一定是生来就有非凡的容积和记忆力，它清晰得令人惊奇，思路敏捷而精密。他的勤勉从年轻时就令人叹服，而且能持之以恒。在青年时代他就确立了全部的生活计划，无论是工作的紧迫，抑或娱乐的诱惑，都没有使他背离这个计划。他的成功，多半要归功于他这种有条不紊的勤奋。在学校期间，同学们都在课程间隙轻松地休憩时，他还是习以为常地把希腊文法书拿在手中拼命地读。”

自身的努力、坚韧和执著，加上严格的家教和良师的指点，是杰斐逊成为永载史册的一代伟人的关键因素。

## 5 苦涩的初恋

THOMAS JEFFERSON

在大学期间，杰斐逊并不是一个只知道死用功的书呆子，也并没有“与世隔绝”。他还有着广泛的兴趣爱好，他喜欢参加社团活动，喜欢各种体育锻炼，坚持跑步、骑马等户外活动。只要被邀请参加舞会，他都会准时参加；如果人们想跳舞，他就会为他们拉琴伴奏。但他从来不抽烟、玩纸牌、赌博。当有人请他参加赌博时他总是婉言拒绝。很快，杰斐逊便成为男女同学乐意与之相交的人。这位充满才气、勤奋刻苦的富家子弟，也曾经在不知不觉中，不由自主地闯进恼人的初恋港湾。

那时的杰斐逊，身高 6 英尺 2 英寸，虽然显得细长，但是挺直结实，动作灵活有力，仪态文雅，直率而真诚，谈吐不凡，虽说不上英俊，却也风度翩翩。他的面庞虽然瘦骨嶙峋，算不上是个美男子，然而却焕发着智慧、善良及活泼愉快的光辉。他的肤色红润，红棕色的头发光滑柔软，淡褐色的深陷的眼睛富有表情，像澄清的湖水映着天空的彩云，蕴蓄着内心深邃的感情。然而他在异性面前有一个致命的弱点——腼腆，这是他在爱情战场上失败的主要原因。

那是 1762 年，在一次聚会中，19 岁的杰斐逊遇见了一个美丽活泼的姑娘——丽贝卡。丽贝卡刚好 16 岁，是个虔诚的基督徒。她和她兄弟是孤儿，住在叔叔家。在以后的交往中，丽贝卡与杰斐逊渐渐熟悉起来，她便送给杰斐逊一张自己的剪影。丽贝卡的出现一下子打开了杰斐逊感情的闸门，那久蓄心中的芳情一泻千里、势不可当，杰斐逊无助地坠入了爱河。在杰斐逊心中，丽贝卡像天使、像幽灵、像一杯美酒，让他如痴如醉。他把丽贝卡送给他的那张用黑纸剪成的侧面像，放在表壳里随身携带，每天都要情不自禁地去看那张可爱迷人的脸。第二年，即 1763 年，正在刻苦攻读法律的杰斐逊的眼睛感染发炎，既不能看书，更不能写字，他回到了沙德威尔老家去休养。可是时间一长，他便思念起威廉斯堡的生活，更主要的是他觉得离开丽贝卡，生活便毫无兴趣。他给好朋友佩奇写信，信中流露出那种“万念俱灰”的苦闷心情：“一切事物在我看来似乎是艰难地兜着圈子：我们早晨起床，以便吃早餐、午餐和晚餐，然后再次上床睡觉，以便第二天早晨起床，再如法炮制，所以，你从来还没有看见过比我们的昨天和今天更加一模一样的东西。”在沙德威尔这些无聊的日子中，杰斐逊对丽贝卡的思念可以说到了无以复加的地步，梦里频频出现一双清清亮亮的大眼睛。

又是新的一天开始了。吃过早饭，为情所困而又无法排遣的杰斐逊，踏着晨曦，漫无目的地往山上走去。雾霭淡淡，羊肠小道两旁还挂有露珠的小草充满生命力，耳边不时传来几声鸟啼。望着天边渐已升高的太阳，他顿觉心中舒畅了许多，不知不觉中脚步轻快起来。站在高高的山顶，一览众山小的感觉油然而生，令人心旷神怡，浮想联翩，杰斐逊每每想起第一次见到丽贝卡的情景，就禁不住热血涌动。那一次，杰斐逊极力装出毫不在乎的样子，但眉间却掩藏不住内心激动，鼻尖上还沁着细密的汗珠。这种感觉简直就是一种探险，充满了惊诧、浪漫、叹息。心情稍感舒畅的杰斐逊当晚梦乡甜甜。但就在那天晚上，蓦然间大雨滂沱。当杰斐逊醒来时，却发现他衣服上的怀表已完全浸泡在房顶漏下来的雨水里。杰斐逊赶忙捡起怀表，打开检查，镶放在表壳里的丽贝卡的剪影已经打湿了！手忙脚乱的杰斐逊想方设法，想把丽贝卡的剪影取出来，可该死的手竟不听使唤，反倒把它弄破了。看到残缺不全的丽贝卡像，杰斐逊心里顿时涌上一种孤寂凄凉的感觉。他想让丽贝卡再给他一张剪影，却一直不敢开口。

春去夏来，他仍未能鼓起足够的勇气吐露自己的心事。痛苦和幸福一样，是藏不住的。丽贝卡的形象已深深地印在杰斐逊的脑海之中。他忍不住地想她，而一想起她，脑海的宁静再也找不到了。他意识到自己已经被一种外来的力量主宰了。杰斐逊心事重重，茶饭不思。要不要当面告诉丽贝卡呢？她知道我的心思吗？他很想回到威廉斯堡，向她求婚，听候对自己的判决，不能再悬而不决了。他忍不住给好朋友佩奇写信吐露隐衷，请求佩奇给出出主意，是就这样傻待在沙德威尔呢，还是应当去威廉斯堡找丽贝卡，向她“表示点什么”？他承认自己认为应当去找丽贝卡，“我应当去告诉她，不能再这样牵肠挂肚地持续下去了，我得接受她的审判。如果我得到的将是失望，那么，我越早知道，我的生命中就将有越长的时间来克服这种折磨……如果丽贝卡不接受我的爱，我永远不再将它献给别人。我可以最诚恳地向她祈求。”但是他的理性又告诉自己，“你如果去了，希望落空了，你将比以前感到十倍地沮丧”。因此，初尝爱果的杰斐逊犹豫不定，进退维谷，并有一种凶多吉少的预感，认为：“但是她将不会，而且从来没有使我有理由抱有希望。”当 1763 年 7 月他预见到有可能遭到丽贝卡拒绝时，杰斐逊又给佩奇写了一封长信：

> 我认为，上帝心目中的完美幸福，绝非是指他所创造的世界上的某一生物的命运而言。但是他赋予我们很大的力量，使我们去接近这种幸福，则是我一直坚信不移的。
>
> 我们当中最幸运的一些人，在生命的旅程中，往往会遇到可能沉重折磨我们的灾祸和不幸。如何增强我们的意志，使我们能经受住这种灾祸和不幸的打击，应当是我们生命中加以研究和努力做到的事情之一。要做到这一点，惟一的方法就是服从神的意志，不管发生什么事情都要认为那是必然发生的。要考虑，由于我们忧心忡忡，我们不但无法在打击降临之前加以防止，反而有可能在打击降临之后增加它的力量。这样的考虑，以及类似的其他考虑，有可能在某种程度上克服我们所遇到的各种困难。在这样的生命重担下，以能够忍受的最大限度的耐心，坚持下来而不致气馁。继续抱虔诚而毫不动摇的服从态度，直到我们走到我们旅程的尽头。到那时我们可以把我们的职责交给当初托付给我们的人的手中，并获得在他看来与我们的功劳相当的报酬。亲爱的佩奇，这就是凡考虑自己人生境况的人所使用的语言，这也是每个希望使人生境况在其所容许的范围内尽量变得安适的人应该使用的语言。几乎没有什么事情能完全妨碍他；任何事情都不会严重地妨碍他。

到后来，杰斐逊告诉佩奇：“再这样下去，我就快死了！没有别的原因，只是我已厌倦生活。当我在给你写这封信时，我已差不多失去知觉，尽管我还活着。”然而佩奇的回信使杰斐逊下定决心去找丽贝卡。佩奇对犹豫不定的杰斐逊说，还有不少人追求丽贝卡。他建议杰斐逊赶快去威廉斯堡，“立即想方设法去追求”。

朋友的忠告使杰斐逊有些难于接受，却又似乎没有别的更好的办法。1763 年 10 月，他终于回到了威廉斯堡。6 日晚，在威廉斯堡雷利酒店的阿波罗厅举行了一次舞会，杰斐逊精心策划并打定主意要鼓起勇气利用这次机会向丽贝卡求爱。他穿上最华贵的衣服，思想上对将会遇到的情况做好了种种准备。但他一见到丽贝卡，预先构思好的台词却一句也记不得了。他表现得张口结舌，颠三倒四，不知所云。第二天，他的情绪极为低落。他找到佩奇，对他说：“昨晚我同丽贝卡在阿波罗厅跳舞，本以为会玩得很痛快，没想到第二天我会变得这么可怜！”他还说：“我的天，当时想竭尽全力，而所能做到的一切，便是说出几句支离破碎的话，说得语无伦次，断断续续，连不出成句的话语，而且半天也接不上气，我这次少见的窘境真是太明显了。”而丽贝卡的表现呢？她在整个过程没有说一句使他能够摆脱尴尬局面的话，没有以任何方式表明她理解他的目的。

佩奇极力劝他再去找丽贝卡一次，但杰斐逊说：“再去已不可能有什么用了。”言下之意，他已完全绝望了。

直到又过了好几个月，杰斐逊才得到另一次表白自己的机会。这次他完美地表达了他求婚的意图，他非常明确地陈述了自己的理由，甚至是太具明确的目的性而且太注意逻辑性了，因此没有给自己留下一点回旋的余地，剩下的只能是由她来做出决定。真是一个少见的求爱者，他显然像年轻人应有的那样狂热地爱着对方，但又过于尊重所钟情的人的意志，以致不去设法以十分频繁的约会和十分热情的请求来打动她的心。这次丽贝卡聚精会神地听着，但丝毫没有表示杰斐逊的话说服了她并赢得了她的心。数周后，这位局促不安的求婚者间接地听到了她的答复：她已决定同安布勒先生结婚……杰斐逊在当时写道，究竟是“为了金钱、美貌，还是为了原则，是一个十分微妙的值得争论的问题，谁也不敢断定”。更加可笑的是，他那幸福的情敌显然是对杰斐逊的感情一无所知，竟邀请他在婚礼上充当男傧相。对命运的嘲讽莫过于此。

杰斐逊实际上是单相思。丽贝卡并没对杰斐逊有多少好感。而且她也并不知道杰斐逊对她那如此刻骨铭心的思念，她只是把杰斐逊当做一位朋友来看待，并没想到过升格他们之间的关系。而杰斐逊那晚向她求爱时那种狼狈不堪的“丑态”，更使她深感失望。20 岁的杰斐逊正值浮躁的季节，无奈中饮下了满满一杯初恋的苦酒。对丽贝卡来说，她拒绝了一个后来当上美利坚总统的人。有意思的是，她婚后生了两个女儿，一个在 1899 年的《大西洋月刊》上撰文，嘲弄杰斐逊；另一个和约翰·马歇尔结婚，此公后来成为杰斐逊最顽固的政敌之一。这似乎又应验了这样一句话：不是冤家不聚头。

几个月后，一次偶然的机会，杰斐逊见到了已经成为安布勒夫人的丽贝卡。那是在弗朗西斯·伯韦尔（后来嫁给了约翰·佩奇）的家庭晚会上，杰斐逊应邀参加。真是“冤家路窄”，当光彩照人的丽贝卡出现在他面前时，他恨自己没有穿地术，无处可藏！杰斐逊后来回忆说，当时脑子一片空白，如坠深渊。无论杰斐逊的热情有多高，他毕竟是脸薄、腼腆之辈。丽贝卡对他的爱慕表现出的冷漠和不以为然使他感到屈辱，他从此把爱心深深地包裹起来。杰斐逊一生中，大多数时候对批评和拒绝的反应便是沉默，把怒火按捺在胸中；对感情的伤害，他也做同样的处理。杰斐逊并没有想到自杀，他没有发誓要进行报复，也没有在任何信件中咒骂那个忘恩负义的人。但为爱所伤的杰斐逊，自从向丽贝卡求婚失败后，多年来在对待女人的态度上都是一个极端愤世嫉俗的人。他在自己的笔记本上抄录一些具有讽刺意味的诗文，表达了他对女性的不信任：

可将航船托付给风，莫将心交给女人，
风犹可信，女人的心却捉摸不定。
女性都是坏人，即使遇到一位贤良，
也不知是祸是福带给你的命运。

他以一种戏谑的心情，专门从欧里庇得斯的作品中收集了这位古代诗人最强烈地斥责女人的诗句，并摘录到他的笔记中：

人类应从某种其他的来源生孩子，
不应当再有女人；

这样男人也就不会再受害。

摘录的又一则是：

啊，宙斯，
你为何按照太阳的样子创造了女人，
这个欺骗男人的祸害？

他还从弥尔顿的著作《失乐园》和《力士参孙》中收集了一大堆反对女人擅权的诗句：

所以上帝制定了普遍的法律
赋予男子以专制的权力
使他的女人对他敬畏。

幸运的是，杰斐逊对女性的仇视并未持续一生，因为到了1770年，他应该已经忘却了丽贝卡使他伤心的反复无常的态度，他已不再是一个痛恨女性的人。这时在他的笔记本上收录的是蒲柏的“惺忪的睡眼向伤感的灵魂倾诉”这样温情的诗句，诗句在他心目中所描绘的对象是一位年轻迷人的寡妇，两年后他便与她结婚了。

无论如何，杰斐逊终于熬过了因失恋而显得尤为漫长而寒冷的冬天。因为他选择了继续深造，跟随威思先生学习法律。

## 6 继续深造

THOMAS JEFFERSON

到1764年，杰斐逊就年满21岁了。按照规定，他可以拥有父亲遗嘱中留给他的二千公顷土地和二十二名奴隶。从此，杰斐逊就开始独立料理自己的家业了，他一边设法把一些互不相邻的零散土地卖出去，同时，又买进了一些新的土地。在他的耐心经营下，他在阿尔贝马尔的财产不断增加和充实。21岁的杰斐逊完全可以凭借自己继承的财产在家乡无忧无虑地生活一辈子。但是，当一个农场主并不是他的理想，胸怀大志的杰斐逊对更加广阔的世界充满了无限的向往。

其实，在杰斐逊进入大学不久，便决心不能仅仅限于学习纯文学，或者满足于经营乡村大庄园，过着绅士的生活。而当时成为牧师和律师是有抱负的贵族青年愿意考虑的仅有的两种职业，所以，在1762年，当杰斐逊大学毕业时，便开始随威思先生学习法律。那时候，在美国学习法律可以说是通向政治之门。有这么一组数字，足以说明律师在美国政治生活中的举足轻重的影响：在《独立宣言》上签字的五十六人中，十七人是律师；在美国《联邦宪法》上签名的三十九人中，二十二人是律师；在美国历史上的四十一位总统中，二十四人是律师。可见，律师的参政意识是何等强烈。

当时学习法律并没有一定的途径可循，威廉斯堡并没有正规的法律学校，要取得律师职位的人必须在一位开业的老律师指导下自修。法庭开庭时他们出席，为他们的老师准备辩护状，他们靠自修，因此对法律的实践比对法学理论要熟悉得多。而杰斐逊对这种学习法律的方法不以为然，也许是性格使然的缘故，他注重从书本上而不是从实践中学习。他取得律师资格不久后就说："让年轻人去同律师一起学习。这不是帮助，而是损害。我们往往把自己该做的事情移到他们的肩上，侵占了他们原应专心学习的时间。年轻人希望得到的惟一帮助是指导他们该读哪些书，先读哪些、后读哪些。"

当时审定律师资格的考试制度放得很宽，没有正规的院系对他们进行考试，只要经一个特设的考试委员会面试后就能得到律师执照并挂牌行业。关于这一点，杰斐逊的朋友帕特里克·亨利的事例可以证明，而他也对杰斐逊的人生态度转变产生过极大的影响。

杰斐逊是在1760年初，去往威廉—玛丽学院求学途中在一个朋友家遇到身材高大、不修边幅的亨利的。亨利也是出生在有名望的门第，父亲是苏格兰人，移居于弗吉尼亚的西部边疆。不过他生活贫困，而且经商一败涂地。他是忽然决定进入法律界的，只借阅了一本《科克论利特尔顿》和一本《弗吉尼亚法案汇编》，准备了六个星期便接受了考试委员会的考试。他靠推理、明晰的论述和一般的常识，而不是靠法学知识，获得了律师执照，同年秋季开始行业。1763年，亨利在"教区牧师薪金案"中做了言辞激烈的辩论，从而声名鹊起。案件情况是这样的：那时弗吉尼亚各教区牧师的薪金，原以烟草支付。而在1755～1758年间，弗吉尼亚境内货币贬值，烟草价格攀升，1758年弗吉尼亚议会代表种植园主的利益，通过了《二便士法令》，将薪金改为烟草的折合价支付，规定每磅烟草价格折合为二便士，而当时烟草售价为每磅六便士。牧师们对此极为不满，纷纷向母国控诉，请求给予补偿。英王政府也颁发敕令表示支持。亨利挺身而出，极力反对，他在审判庭中大声疾呼："宗教界的这些贪得无厌的家伙们，不但没有使饥饿的人得以果腹，使无衣的人得以蔽体，而一旦他们的权势和他们的欲望相等，一定会从他们教区城市的居民家里夺走他最后一块玉米饼，从孤儿寡母手中抢去他们最后一头奶牛、最后一张床，甚至从正在分娩的妇女身上掠走最后一条毛毯。"一大群聚集起来的民众都支持亨利，认为他说出了千百万北美人民想说而不敢说的话，最后把他当成胜利的英雄一样从法庭抬了出去。亨利的话语不求诸法律词汇，但是具有充满激情的、极具正义的感染力。他的这种能力特别适合从事政治活动，而事实也是如此，不久他就开始从政，成为弗吉尼亚州的议员。杰斐逊对于亨利的口才可以说是佩服得五体投地，杰斐逊觉得他具有天生的雄辩才能，犹如荷马写诗的天才一样，杰斐逊从来没有聆听过任何讲话，足以同他那口若悬河的讲话相提并论。杰斐逊认为亨利是一位真正伟大的人物，一个眼光远大的人。后来每次亨利来威廉斯堡，杰斐逊都要殷勤招待一番。

杰斐逊对亨利杰出的口才非常羡慕，而将要从事律师职业的自己无疑同样需要这样一项才能，但是比起自己挥起笔来思如泉涌、洋洋洒洒、一泻千里的写作天赋，杰斐逊口才欠佳。这是他的性格使然。年少时，他就有些胆怯和紧张，不擅于在人前表达自己的思想，在公众场合一张嘴，声音就似乎"沉在喉咙里"出不来。在大学里，他的腼腆更是出了名的。令人难以置信的是，作为一个极受欢迎的总统，杰斐逊除了就职演说之外，几乎没有在公共场合做过任何演说。然而就这仅有的两次就职演讲，也是咕咕哝哝，听众几乎听不清所言为何。杰斐逊认为要靠理性和思考来说服，而不是靠辞令。

杰斐逊是经过六年的漫长学习，自认为准备充分，才通过考试委员会的考试。这一方面是因为杰斐逊天性爱研究，碰到任何事情都一定把它学会吃透；此外，还有一个原因是，他的大部分时间是花费在经营沙德威尔庄园的农业和独立学习上，不过定期他要前往威廉斯堡向威思先生求教，出席法庭的开庭，购买书籍，在冬季还要参加弗吉尼亚首府上层社会举行的各种集会。

威思先生精心指导杰斐逊，像当时攻读法律的其他学生一样，杰斐逊一开始阅读著名法学家科克《英国法律学入门》一书的第一部分，即“科克论述利特尔顿”。科克曾是反对英国国王詹姆士一世和查理一世的民众党领袖，以起草《权利请愿书》（1628 年）而声名大噪。科克曾经说过：“在《大宪章》面前，没有君王。”他维护英国人民的权利与自由的表现，可以与美洲人民同乔治三世的斗争相媲美。

刚开始接触这些书本时，杰斐逊深感无聊，认为它们呆板枯燥，他曾说：“我还从未这样厌倦过。”然而，法律这东西似乎也像甘蔗一样，越往后嚼就越甜。当杰斐逊硬着头皮啃下去时，他逐渐佩服上科克那“古怪而精深的学问”了。美国独立战争后不久，杰斐逊提到科克时说：“比较正统的辉格党人绝不会写作，也不会对英国宪法的保守思想或所谓的英国自由进行比较深刻的研究。”可见杰斐逊对科克的敬佩。

杰斐逊有一个习惯，即一边读书，一边做笔记，还摘录文章中的一些段落，把心得体会也写在笔记本上。他认为这是帮助记忆的好办法。即使后来担任了行政职务，无论多忙他每天都要抽出一定的时间写笔记和日记。经过长期的练习，杰斐逊的文字表达能力稳步提高。他总是力求把意思简洁明晰地表达出来，强调用最适当的文字来完成文章，而不是用华丽的词藻来迷惑人。所幸的是，杰斐逊的这些丰富多彩的读书笔记，在 1770 年沙德威尔发生的大火中幸免于难。虽曾一度失踪，但后被发现，收藏在国会图书馆里，后人不仅从中可以看到杰斐逊的敬业精神何等可贵，而且可以了解到他早期的民主思想是受到哪些人的启发和影响的。

读完《英国法律学入门》一书后，杰斐逊开始学习威廉·萨凯尔德、罗伯特·雷蒙德、乔治·安德鲁斯等人编辑的英国高等法院审理的各种案例报告。因为在一个尚无意将现有法律编纂成法典的殖民地，习惯法即最高法律，要想成为胜任的律师，首先必须具备的条件就是熟悉大量的案件和判例。他通过笔记记下了各种判决、辩论、定义，以及一个地方律师必须了解的重要事物，如遗嘱、遗赠、商务契约、非法侵占财产的案例、侵犯他人土地、债务、损害赔偿、破产、租赁、诽谤等。他是以他一向所具有的那种追求彻底、明确的精神来钻研这些问题的。他对法律体制的历史发展表现了特别浓厚的兴趣，因为它是现代社会，特别是弗吉尼亚的殖民地社会赖以建立的基础。他仔细地研究了凯姆斯勋爵的《法的历史研究论文集》，从中学习了刑法的历史、承诺和契约、财产、土地的担保、法庭、辩护状等方面的知识。他正是从凯姆斯的著作中找到了关于社会的定义，并从中接受了他的关于社会组成的观念。这一点，从他的笔记中可以印证：

> 共同防御强邻，这是早期人们结成社会的主要或惟一的动机，每个人决不会考虑到放弃自己的任何天赋权利，这种权利随着他们的共同防御这一大目标而得以始终保持下去。
>
> 人就其本性来说是适应社会的，而社会则提供各种便利来适应人。人类社会的完美境界在于个人之间的联合正好达到这样的程度，即维护人人的自由和独立，而又符合和平良好秩序的要求。在社会中，每个人有义务将自己的全部精力贡献给共同的利益。社会的结合关系是最严格的，但是，因为它势必会有损于个人的自由和独立，所以是违背人情和令人不适的。因此，社会的结合关系就是对财富的共同享受。

在杰斐逊的读书笔记中还可以发现，他通过达尔林普尔的《封建制财产历史纲要》、沙利文的《封建法律和英国法律体制的历史研究》，研究了长子继承权和限定继承权的历史，并得出结论，认为这两者不论在自然和法律方面都是没有基础的，以此人们可以找到杰斐逊在后来担任弗吉尼亚州州长时废除长子继承权法案和废除限定继承权法案的渊源。

杰斐逊认为，法律不是孤立的学问，它同所有的人文科学都有联系，必须下大力气研究各种各样的著作。所以除了阅读有关法律书籍，他还广泛涉猎了有关历史、地理、政治、文学及自然科学等方面的知识。比如他读过卡麦斯勋爵的《历史上的法律论文》、约翰·达尔林普尔爵士的《大不列颠封地所有权的历史》，以及伯纳德·黑尔的《习惯法历史》；还读过洛克、西塞罗、孟德斯鸠、莎士比亚、弥尔顿·拉辛、伏尔泰、马基雅维利、塞万提斯的作品以及一些百科全书，等等。这些年的研读对杰斐逊的政治理论的形成至为重要，而扎实的基本功和广博的知识，为他后来成为美国革命思想的领袖，打下了坚实的文化知识基础。

作为一个学法律的实习生，杰斐逊很注意观察州议会的会议进行程序，学习别的律师们如何进行诉讼、辩论和演说。这是他首次接触到掌管殖民地事务和管理行政的人员，这也使他开始接触到不同于书本上的政治问题，从而眼界大开。那时候美洲革命正在酝酿阶段，威廉斯堡开始出现一些紧张的气氛，人们常常辩论英王和美洲十三个殖民地之间的利益冲突。于是，杰斐逊常去州议会大厦旁听辩论，以便学习更多的东西。

1764 年春的一天，他旁听了弗吉尼亚议会的辩论。当时议会正在讨论英国议会通过的向北美殖民地征收印花税的法案。在激烈的辩论中，突然站起一位议员，猛烈抨击英国议会的这项压迫性措施。他慷慨陈词，言辞激昂，语惊四座。这个人便是以辩才著称的律师帕特里克·亨利。

在《印花条例》颁布后不久，1765 年 5 月 29 日，杰斐逊又一次目睹了亨利的精彩辩论。当时，在弗吉尼亚议会的辩论中，亨利提出七项建议，声明殖民地人民应享有自由、特权、选举权及免税权。亨利声如洪钟地说："我在这里郑重声明：殖民地人民理所当然地应当享有自己的自由，只有弗吉尼亚议会才有权向弗吉尼亚人征税，任何人赞同殖民地议会以外的机构有权在殖民地征税，都是殖民地人民的敌人。""恺撒的暴虐有布鲁图来对付，查理一世有克伦威尔来对付，而乔治三世……"当英王的名字从亨利嘴里说出时，议会全场响起了一片嘈杂声："叛国"、"叛国"！这是一个考验人的时候，亨利镇静自若，以一种威严的神情重新站起来，以最坚决的充满火焰的目光凝视着议会发言人，用最坚定的加重语气结束他的讲话："乔治三世应当从他们的事例中得到教益。如果英国不取消它对殖民地的这些压迫性的措施，那么等待他的就是刀枪。先生们，难道对这些捆在我们身上的枷锁不应该挣脱吗？如果说这叫做叛国，那就让我们尽量称赞它吧！"由于亨利的流利的辩才，议会终于通过了七项建议中的六项，但后来行文时还是把这些议案删掉了。不过，因报纸已经把它们公之于众，弗吉尼亚的抗议呼声毕竟促进了散漫的各殖民地人民的觉醒，它是殖民地团结御侮的第一声怒吼。

杰斐逊在学习法律的岁月里，不光是待在象牙塔里。除了和导师威思先生接触外，还和一些志趣相投的朋友交往。在学业上与杰斐逊关系密切的朋友，莫过于前面提到过的达布尼·卡尔了。杰斐逊学习法律之暇常和卡尔一起在沙德威尔度过，他们谈文学，谈哲学，谈法律，谈人生道理等等。两个人从莫里学校开始便是同学，到威廉—玛丽学院仍是同学，在学习法律时还是同学。他们俩志趣相投，都是有理想、有抱负的青年。后来，达布尼·卡尔与杰斐逊的妹妹结婚，于是两人的关系更加亲密，以后也长期保持着良好的友谊。

在杰斐逊学习法律期间，有一件事使杰斐逊在精神上受到了很大的打击。1765 年，他最喜欢的长姊简去世了，年方 25 岁。整个青年时期，杰斐逊接触得最多的异性便是他的姊妹了。他的二姊玛丽 19 岁时就结婚了。他的小妹玛莎，也是 19 岁就和他最好的朋友达布尼·卡尔结婚了。而简却没有结婚。就在她妹妹玛莎 1765 年 7 月 20 日举行婚礼那天，她刚好 25 岁。在杰斐逊的印象中，简是一个非凡的歌手，声音甜美，在清风徐来的仲夏夜，在里瓦纳河边的树林中，简放声歌唱，杰斐逊则拉琴相伴。简的纯洁、朴素、诚挚和善良给他留下不可磨灭的印象。然而，就在玛莎结婚后大约十周，简就死了。杰斐逊伤心极了，好几天茶饭不思，沉默不语。后来，杰斐逊在修建他的蒙蒂塞洛庄园时，把他全家的墓地都安排在一起。虽然简死去已六年多，他还是把她的遗骨迁到蒙蒂塞洛。就在简的墓地之处，他计划建一个精心设计的圣堂似的洞穴，用以冥想，祭奠亡灵。直到半个多世纪以后，他在年老之时还常对外孙们提起简，回忆起小时候他们常在教堂听唱赞美诗和音乐的情景，言罢戚戚。这是自父亲死后，他家遭受的又一次亲人亡故的打击。

1766 年 5 月，杰斐逊度过 23 岁生日后不久，在学习法律即将结束时，用两个月时间做了一趟旅行，去了安纳波利斯、费城和纽约。这是他第一次走出弗吉尼亚，而且单身一人。在路途中，他记录下在马里兰观看议会辩论的情景。他对马里兰的下院竟不像弗吉尼亚那样注重礼仪感到“吃惊”。他还对沿途所到之处的住房、庭园和公共建筑评头品足，体现了他对各地风土人情、特别是对建筑的偏爱。这趟旅行，他还有一个目的是到费城去种痘。费城是他有生以来第一次见到的大城市。当时费城人口已接近二万人。他对费城浓厚的文化学术气氛印象颇深。费城各种学术团体很活跃。医生已经学会为人们种牛痘。种痘，在当时是一个新鲜事，反对的人很多；加之种痘技术还很不完善，发生过医疗事故，造成了接受种痘人的死亡，因此被认为是一种危险的试验，大家都惧而远之。但杰斐逊却毫不犹豫地找到宾夕法尼亚大学的约翰·摩根医生为他种了痘。这表明杰斐逊对科学的支持和信任。他的这一举动在当时起了倡导和推广种痘这项试验的作用。这次旅行也标志着他从一个学生转为一个投身于广阔天地的成年人。

1767 年，24 岁的杰斐逊完成学业，通过了律师执业考试，开始在威廉斯堡担任职业律师。从 1767 年到 1774 年他共做了七年律师，直到参加革命以后政治事务繁忙而被迫停业。

## 7 经营农场，律师为业

THOMAS JEFFERSON

1767 年，24 岁的托马斯·杰斐逊在他的良师益友威思先生推荐下成为弗吉尼亚议会的律师。此时的他，拥有从他父亲手里继承下来的一份很大的资产，并经营着全家居住的沙德威尔庄园，并且，他已经拟定了计划，要自己再新建一处，于是着手准备在里瓦纳河对岸建设蒙蒂塞洛庄园。他的生活方式，似乎与和他属于同一社会阶级的任何弗吉尼亚年轻人一样。他偶尔同这些人一起去猎狐，去看赛马，欣赏舞蹈、音乐会和剧院上演的优秀戏剧。第二年，威廉斯堡格外热闹，总督曾举行豪华的招待会，弗吉尼亚戏剧团上演了丰富的节目。

杰斐逊和别人一起参加了所有这些社会娱乐活动，但他也有一些单调而严肃的事要做。首先，他必须经营他的庄园。在他的父亲遗留给他的这个二千英亩的庄园上，必须修建栅栏、墙壁、道路和桥梁，必须种植树木，必须为在沙德威尔的一大家人、为奴隶们和为络绎不断地前来旅游和访问的人种植蔬菜。18 世纪的农业，在欧洲，特别是英国飞速地发展。在弗吉尼亚，人们热衷于阅读有关农业的文章和专门的杂志，选择耕作方法，改良种子，引进新的作物，这些成为先进的种植园主所十分关心的事。

如前所述，杰斐逊的爱好是多种多样的。在潜心学习法律期间，他便开始对植物的生长情况进行了有系统的精细观察和记载。他从1766年开始写《园艺手册》。一开头便写道："3月20日，紫色的风信子开始开放。"去马里兰之前他又记下："树林内的野生忍冬属植物开了花，而低地的兰花已过了花期。"杰斐逊所保存、目前只部分公之于世的《园艺手册》，说明他是美洲现代农业改良的先驱。

杰斐逊在《园艺手册》中详细记录了二十九种蔬菜和七种水果栽种、发芽、开花、结果的时间。连蔬菜栽种的行列数目以及每一行列的棵数，也做了记录，有时还配以图表。他的庄园出产作物的品种异常繁多，比起当今设备最好的农场来，也毫不逊色，因为他不满足于种植按时令季节出现在美国人餐桌上的一些大宗蔬菜，他种植了"婆罗门参、独行菜，酸模、小红萝卜、芦笋、各种莴苣、水芹、芹菜、草莓、爆裂豆、紫豆、白豆、甜豆、黄瓜、西瓜、樱桃、橄榄核、木莓、萝卜"，还有大蒜、菊苣、野莴苣菜、春草莓以及其他十多种进口的品种。另外还须饲养马匹，因为按照弗吉尼亚的传统习惯，杰斐逊起码饲养着六七匹优良品种的纯种牝马。而最主要的，定期种植的作物小麦、玉米，特别是烟草，必须加以照管。因为烟草是惟一能够出售，换取现金或送往伦敦交换书籍、家具、精制服装、乐器和欧洲名酒的作物。

杰斐逊的《园艺手册》一直记到他逝世前两年，即1824年，整整坚持了半个多世纪，只有他外出时，才偶有中断。杰斐逊还有一本《农艺手册》。他从1774年开始，坚持记了五十二年，其中的内容包括种植、管理以及一些新的农机发明革新和一百多个奴隶的分配使用情况。在这本宝贵的记录中，记录了在何年何月把多少鱼和牛肉、多少床和毯子分发给每个奴隶，通常是在奴隶的出生之时。从这本书中，可以得知杰斐逊和他的奴仆之间的关系。但该书也隐瞒了不少问题。比如该书第一百三十页上提到的两个奴隶哈丽雅特和贝韦利，只是轻描淡写地说他们在1822年悄悄地逃跑了。杰斐逊的许多邻居和其他奴隶都认为这两个奴隶是杰斐逊自己的孩子。而且这两个奴隶的母亲——女奴萨莉·赫明斯一度是杰斐逊总统有名的情妇，但该书对此也并没有什么特别的叙述。此外，他还天天记录气象观察的结果，每天分三次准时观察。这个工作持续了好多年，甚至在他最忙碌的时候也没有中断过。他还有一本“袖珍账簿”，从 1771 年一直到 1803 年，上面记载每天金钱开销的细目，其中甚至包括买鞋带花费的二三便士的钱以及施舍给乞丐的钱。

杰斐逊作为一个实干的农场主，是颇为成功的。因为在最初几年，他从他的土地上平均可收入二千美元。这足以应付他的需要。但他的主要收入来源是当律师的收入。1767 年，他在威廉斯堡设立一个办事处，他的导师乔治·威思将他推荐给威廉斯堡的州议会。那年 2 月，他第一次接受委托人。不久，他受理的案件从阿尔贝马尔扩大到了斯汤顿、温切斯特及其他邻县，后来又到了里士满，最后威廉斯堡的州议会也请他去了。

他保存着他在弗吉尼亚法院出席过的所有案件的完整备忘录。在记载每个案件的背面，记着他的职业服务的收入。这些费用比起现今胃口最小的律师的要价来，似乎也要少得多。有许多案件根本没有提到费用，我们完全可以设想，杰斐逊免费受理了一些案件，或者是有些被告往往没有按规定付给辩护费。即便如此，平均每年总共也有将近三千美元的收入，这在沙德韦尔和蒙蒂塞洛两庄园之外，又增加了相当可观的收入。开始时，1768 年共受理一百一十五起案件，到 1769 年达到一百九十八件，到 1771 年，他充当法律代理人或律师就达四百三十起案件之多。这表明他的律师业务蒸蒸日上。可以毫不夸大地说，在他从事法律事务期间，他无日不在他的业务方面花费相当多的时间。

在从前的法律界，大多数律师的特点之一便是能言善辩，也许只有当牧师的才能高出一筹。但杰斐逊从来不善辞令，缺乏在大庭广众之下侃侃而谈的雄辩口才。他的声音在平常谈话时虽然悦耳而柔和，但一旦提高声调，就“吞入喉咙”，变得沙哑起来。

实际上，从杰斐逊的性格和气质来讲，他应当是一个文学家、科学家、思想家、建筑学家、植物学家，而不是一个律师。他的清晰、准确，对事实的细致陈述，使他特别适于出席像弗吉尼亚议会那样的环境，而不适于用动人和富于感情的言词去说服陪审团。他不擅长演讲术、长句子、想象力、顿呼法这些东西，即使他对帕特里克·亨利的雄辩口才佩服得五体投地。但他是一个有自知之明的人，不好高骛远。他不仅从不奢望博得演说家的名声，而且知道自己的短处，一直厌恶在大庭广众之中讲话。他才华横溢，天生是一个当委员的人才，用笔杆子而不是用政客们那如簧之舌来达到自己的目的。当他在威廉斯堡开始操律师业时，命运给他安排的最理想的前途，像他所指望的那样，似乎就是成为一个像威思先生那样的正直而诚实的律师，一位像彭德尔顿先生那样优秀而博学的法律权威。

收费低廉和受理大量案件，表明杰斐逊从事法律工作的特点。实际上，杰斐逊所接的案子只比当时弗吉尼亚最有名的律师乔治·威思、彭德尔顿和亨利所接的案子少。亨利偏重于刑事案件，杰斐逊则偏重于民事案件。杰斐逊受理的案件，主要是涉及土地所有权方面的争端，其他还有关于修建房屋周围护栏的争议、牲畜侵入邻居的田地、毁坏了栅栏、教士犯了抢劫罪、遗嘱、地产管理、利息、两个主妇吵架、彼此出言不逊引起诉讼、打架斗殴等，生活中各种各样丑恶、污秽、卑劣的现象，构成了托马斯·杰斐逊这些年日常法律事务的内容。这样的生活阅历和对人性的见识，是空谈理论的哲学家们很少经历过的。在他的主顾中，既有弗吉尼亚的主要世家大族中的成员，如伦道夫家、佩奇家、纳尔逊家、伯德家、伯韦尔家等，也有一般平民。他在案件的辩护中注重事实，以博学多闻而声名鹊起。他虽不是一个势不可当的演说家，然而，他对事实的陈述和对法理的深入研究，使得他的辩护引人入胜，以理服人，感人至深。

在杰斐逊辩护的众多案件中，有两个案件是比较有名的。第一个案件是，1770 年他免费为一个黑白混血儿塞缪尔·霍维尔的自由所做的辩护。当时作为奴隶的霍维尔向法院起诉，要求给他自由。理由是：他的祖母是一个白人妇女和一个黑人男奴隶的女儿，而按 1705 年弗吉尼亚的法律规定，奴隶的身份不是依据肤色，而是依据母亲的身份。这位祖母在 31 岁以前一直是农奴。她在不到 31 岁时生下了一个女孩，按照 1723 年的法律，这个孩子也必须服役到 31 岁才能获得自由。而这个女儿在获得自由之前生下了霍维尔，现在霍维尔也要像母亲和祖母那样，必须做农奴直到 31 岁。霍维尔希望在 31 岁前摆脱这种奴隶地位，从而获得自由。杰斐逊接案后，查阅了大量案例，并做了精心准备。他在法庭上指出："1705 年法只限于第一代的黑白混血儿必须服劳役。根据自然法则，它不影响子女的自由。

因为按照自然法则，人人生而自由，每一个人来到这个世界都对自身拥有权利，包括迁徙自由及按照本人意志使用权利的自由。”虽然法庭最后还是否决了原告的要求，但杰斐逊在辩护中所提出的自然法则，却令法官们大吃一惊。自然法则？人人生而自由？个人自由？这些在当时被视作危险的、具有颠覆意图的主张，从20多岁的杰斐逊嘴里说出来，无疑如石击水，激起层层波澜。

另一个有名的案子是关于法院对有关基督教事务的裁决权问题。一个楠西蒙德教区的名叫卢纳的牧师，受到教区委员起诉，他们呼吁高等法院撤除他的职务并给予惩罚，指控他“名声败坏，荒淫放荡”。卢纳在教堂里常常喝酒，喝得酩酊大醉，以致常常不能行使其牧师之职。卢纳还常常在教堂里穿着与其身份不符的花哨衣着，而且亵渎的语言连篇，以及其他一些指责。杰斐逊代表教区委员向法院起诉卢纳，卢纳则在法庭为自己辩护。此案一度沸沸扬扬。

杰斐逊在辩护中，旁征博引，追溯基督教的历史，援引早在公元854年时的事例来加以阐述，使人信服地说明了法院“享有对于基督教事务的裁判权”。法院同意这一结论，杰斐逊胜诉，这年他28岁。

杰斐逊对教会与国家之间关系的兴趣便始于此。此后，他一生致力于宗教改革。

1774年11月9日第939号案，是杰斐逊所受理的最后一桩案件。1782年杰斐逊曾一度为几位委托人写过大约六次法律意见。但是独立战争之后他一直没能再去当律师。正在进行的如火如荼的美洲独立运动的召唤，使他放弃了自己蒸蒸日上的律师职业，作为一个爱国者开始了他漫长一生为争取美利坚民族的权利的斗争生涯。从此，他将自己转入一个崭新的、雄伟壮丽的领域，一个使他一生爱恨交加的事业——政治。

THOMAS JEFFERSON

# 第二章

## 投身抗英斗争

在那个炎热的6月，杰斐逊忍受着蚊蝇的叮咬，每天上午都查阅各种文献，然后仔细推敲，加以条理化，下午则伏案疾书，这是他一生最有意义的工作。他努力用最清晰简约的语言传达出他和同仁们坚定不移的信念、毫不含糊的独立要求，以及对殖民者的强烈义愤。内容主要包括三个部分：第一部分阐明民主与自由的理念；第二部分用事例证明乔治三世破坏了美国的自由；第三部分则郑重宣布独立。宣言阐明了美国作为新生的国家的立国理论基础和一系列民主原则。

# 1 风云乍起

THOMAS JEFFERSON

18 世纪中叶，北美殖民地和英国的关系日益紧张。

1756～1763 年，爆发了英法六年战争。实际上这场战争一开始的主角是奥地利和普鲁士。这场战争的起因，是奥地利国王玛丽亚·特利萨为收复西里西亚所引起的。战争发生后，法、俄、瑞典都嫉妒普鲁士的强大，支持奥地利；英国则援助普鲁士，于是形成两大集团。英普集团中的英国维护普鲁士的力量，以对抗法国；普鲁士则利用英国的助力，以牵制法俄。这场战争的表面现象似乎是普鲁士和奥地利争夺德意志的领导权，然而实质上却是英法争夺殖民地和海上霸权。

这场冲突在英法之间产生了极大的影响。英法交恶后，两国不仅在欧洲短兵相接，在北美、印度和非洲也针锋相对。法国因海军远远落后于英国，海外殖民地绝大部分被英国夺去，法国舰队几乎全军覆没，战争以签订两项和约而告终。一个和约是英国与法国、西班牙于 1763 年 2 月 10 日签订的《巴黎和约》。据此和约，美洲的加拿大、布里敦角以及密西西比河以东的全部土地，都从法国转入英国手中。西班牙将佛罗里达让与英国，从法国得到路易斯安那的西部和一笔补偿金。另一个和约是普鲁士、奥地利、萨克森于 1763 年 2 月 15 日签订的《胡贝尔图斯堡和约》，奥地利承认西里西亚归普鲁士所有。总之，通过这场战争，法国丧失了大片海外属地，而英国则扩张了自己的海上霸权。

为了统治和管理北美殖民地，英国建立了一整套的统治机构。这一机构是双重的，一是在英国政府内部设置的管理殖民地的贸易局；二是英国派往北美总督及官员（仅限于皇家殖民地）。英国统治集团妄想以这样的政治安排来巩固殖民统治，但事与愿违。在殖民地的居民中流行着自由平等的风气，即使最卑微的小人物也认为他有权利得到大人物的平等对待，在这样的民主氛围中，一切难堪的身份差别都消失在公众的平等之中。这里没有百万富翁，也没有国王，无产者甚少。即使是上层有产者，也是靠自己的个人努力取得财富，他们和工人们一起劳动，一起在餐桌上吃饭，一同话家常。民主精神在居民中生根发芽，人们爱好自由，反对外来权威的干预，而弗吉尼亚人民更是珍视自由，几乎不能容忍任何高高在上的权力控制。1760 年，英国旅行家伯纳比在弗吉尼亚旅行时，已经注意到那里的移民中出现了愤懑不安的迹象。“他们态度傲慢，”他写道，“唯恐失去他们的权利，对于受到的约束愤愤不平，认为自己受到强权控制而难以忍受。许多人认为北美殖民地是独立的国家，它们与英国除了有共同的国王之外，毫无其他关系。”

当时的英王是乔治三世，杰斐逊认为他是历史上最顽固、最愚蠢的统治者之一。受专权的母亲的鼓励，乔治三世总是坚持他的权益，妄想恢复往昔英国王室的威风，这终于迫使殖民地人民起来反抗。当时英国的有识之士全都反对他的想法，连他的内阁大臣们也只是很勉强地执行他的计划，英国下议院的反对党领袖竟然也站在美洲殖民地一边。

事实上，北美殖民地的人民一点也没有对英王不忠，他们只不过要求享受英国人所享受的那些权利。北美居民大多数是来自英国的移民，对英国都怀有乡土之情，丝毫也不愿意背叛国王。即使是身为美国独立先驱的富兰克林博士，那个时候也把英国比喻成一个聪明而又善良的母亲，把大英帝国说成一个大家庭，并且表示削弱这个“大家庭”的任何一部分，都会削弱整个大家庭。很久以来北美的移民们总认为侵犯他们权利的是英王的大臣们，而不是英王本人。

随着时间的推移和经济的发展，美洲殖民地和英国政府之间不断发生纠纷，在殖民地生活的有识之士们认为，北美人民有能力也有权利自己处理自己的事情，无需英国军队的保护。但英王并不这样认为，他要在指定地点派驻军队，并且由殖民地人民来供养这些军队。英王很不喜欢在北美殖民地滋长起来的那种独立思想，他最早的错误之一是强迫弗吉尼亚人民支付英国传教士的薪金。按照当时的法律，不管烟草的价格怎样，每一个教堂每年都要支付牧师同样数量的烟草，那一年干旱的天气几乎使所有的烟叶死去，所以烟叶的价格是往年的两倍，而牧师却不顾人们的痛苦依然要求同样数量的烟草。这样的数量超过弗吉尼亚议会所容许的程度。那位以雄辩著称的律师帕特里克·亨利前来威廉斯堡，在法院里发表了一篇充满火药味的演讲，抗议英王的专断，一大群聚集起来的民众都支持亨利，把他当成胜利的英雄一样从法庭抬了出去。他说出了千百万北美人民想说而不敢说的话。

但是乔治三世和他的大臣们没有从中汲取教训，英法六年战争后，雄心勃勃、气势汹汹的“日不落帝国”挟胜利的余威，悍然直接向殖民地征税。1764 年，英国议会通过《糖税法》，对输入美洲各殖民地的外国食糖和酒、丝、麻征收各种附加税，并撤销了各殖民地早先曾经享有的某些免税待遇。《糖税法》的序言明白宣称：“英国议会制定该法的目的，是要在国王陛下的美洲领地征取税收，以支付各领地之防卫、保护与安全费用。”1765 年，英国议会又通过《印花条例》，规定北美一切报纸、小册子、证书、商业票据、期票、债券、广告、历书、租约、法律文件等印刷品，都必须附贴票面为半便士至二十先令（用硬币购买）的印花税票。全部印花税收入将在英国议会指导下，用于殖民地的“防卫、保护与安全”。违抗法令，应受不设陪审团的海军法庭审判。

英国议会通过的这两项法律，加重了北美殖民地人民的纳税负担，严重影响殖民地的各种经营活动。更为北美人民所不能容忍的是，北美各殖民地在英国议会并无代表，英国议会无权向北美各殖民地征税，所以上述两项税法粗暴地践踏了“无代表不纳税”的政治准则，将北美人民置于受奴役地位。

对于北美各地众议院来说，它们的自治能力已越来越强，要它们笼统地承认英国议会有权给各殖民地立法已经十分痛苦。因为这将直接削弱殖民地众议院的立法权。现在它们如果接受英国议会一项接着一项的征税法令，无异于听任英国议会一举拆毁殖民地众议院借以支配政府的武器——财政权。而当殖民地众议院从财政上无力控制政府后，它们支配政府人事任命、监督政府活动、影响政府军事的种种力量，都将随之土崩瓦解。这引起了殖民地人民的极大愤慨，因此，北美各殖民地迅速掀起了反抗《糖税法》、《印花条例》的声势浩大的运动。“自由之子社”到处出现，它们鼓动群众袭击征收印花税的官吏，焚烧印花税票，用暴力制止英国人征收印花税。同时，殖民地人士纷纷操笔讨伐。纽约议会向英国议会请愿说：“免除未经许可和并非自愿的纳税负担，必须成为每一个自由领地的重大原则”，没有这个原则，“就不可能自由、幸福和安全”。

弗吉尼亚议会走在斗争的最前面，以更为尖锐的决议宣布，只有弗吉尼亚议会才拥有“对本殖民地居民课加赋税的唯一排他性权力”，殖民地居民对于英国议会企图向他们征税的“任何法律不受屈从的约束”。在弗吉尼亚州下议院召开的《印花条例》的辩论会上，亨利发表了他最著名的演讲之一。他把乔治三世与历史上的暴君恺撒和查理一世相提并论，这使他再度成为新闻人物。弗吉尼亚的代表还与马里兰、宾夕法尼亚等九个殖民地的代表，在纽约召开“反《印花税法》大会”。代表们一致宣告：“除由各地议会自行决定者以外，从来不曾有、亦不可能有任何合乎宪法的课税。”他们抨击说，《印花税法》具有“破坏殖民地居民的权利和自由的明显倾向”。这一期间，各地还发行大量小册子，宣传“无代表不纳税”的政治准则。罗德岛的霍普金斯写道：“英国政府的立身之本是契约，而英国政府颁布的殖民地特许状，保证了所有生来自由的英国人的权利和特权，其中包括只向合法当选的代议政府纳税的权利。不经本人同意即被征税夺取财产者，将是可怜的奴隶。”

迫于北美人民如此强大的斗争，英国议会于1766年3月不得已撤销了无法实施的《印花条例》。于是初期独立运动又跨进了一步。然而，下院在就《印花条例》举行的辩论中，仍坚称英国议会在大英帝国中享有至高无上的地位。利特尔勋爵说，既然北美诸殖民地是大英帝国的一部分，它们就必须受英国立法管辖。格林威尔声称英国议会拥有完全统治权；“征税是统治权的一部分”。英国议会在撤销《印花条例》的第二天，立即通过《公告令》称：英国议会在任何情况下对殖民地都具有约束力。

正当北美人民还沉浸在庆祝撤销《印花条例》的胜利的喜悦之中时，英国议会又于1767年通过了以财政大臣汤森名字命名的《汤森税法》，对北美殖民地进口的玻璃、铅、茶叶、纸征收关税。这项法律的目的不是为了管理商业，而是为了征税，并且以征税所得支付殖民地总督和法官的薪俸。英国殖民主义者这一换汤不换药的伎俩，当然又遭到北美人民的反对，激起了北美人民更加激烈的抗议运动。

## 2 初入政坛
THOMAS JEFFERSON

26 岁时，杰斐逊已成为自己命运的主宰者了。他已成为本县最富有的土地所有者之一、弗吉尼亚最有成就的律师之一；他与弗吉尼亚的显赫家族有联系，受到邻居的羡慕和称赞；他天资聪明，才华横溢，对公共事务有其独特的见解；作为英国国民，杰斐逊被皇家政府任命为“阿尔贝马尔县的保安官、陛下骑兵和步兵总司令”；他还荣幸地被母校威廉—玛丽学院指定为阿尔贝马尔县的土地测量员。这就是杰斐逊 26 岁之前的背景。这样，他可以指望过一种长期安宁和平稳的生活。这是农场主、缙绅和学者们的理想生活。然而此时，北美殖民地反英斗争进一步高涨。笃信天赋人权、民主、自由等信念，关切殖民地命运的托马斯·杰斐逊，密切注视着事态的发展，随时准备着捍卫殖民地人民的权利。而多事之秋，真的给杰斐逊及美洲革命的先驱们提供了施展才能的大舞台。

1768 年，弗吉尼亚议会开会讨论殖民地的形势，坚持了反对《汤森税法》。新上任的总督波特托便解散议会，宣布举行新的选举。按照英国政府的规定，总督领导本地各级行政官员，执行英王旨令，实施议会法律，监督本地的宗教活动。此外，总督作为大将军、总司令，统领本地军事力量，负责本地防务。在立法方面，英国政府赋予总督相当大的权力：他有权召集、解散议会，有权下令议会休会，有权否决议会通过的法案和选出的议长，有权决定新的选区，有权指定议会开会地点。这些授权使总督对殖民地议会的权力，大大超过英王对英国议会的权力。

解散议会为杰斐逊提供了一个脱颖而出的机会，他随即被本县居民推选为议员候选人。当时的选举仪式很有意思，由不动产拥有者（即拥有二十五英亩地及房舍，或一百英亩空闲地，或有一所房屋及在镇上有一块地皮的成年白人）当着县的行政司法长官，不用动笔，更不用“无记名”投票，而是绝对“光明正大”地口头说明投谁的票，周围挤进来的无数观众都可清晰听到。选举由行政司法官主持。他坐在长桌的中央，两侧分别坐着几名治安推事、选票记录员及候选人。候选人在选举的那天不仅要出席，而且要为选民准备一点茶果点心，选民们可以不考虑自己的政治选择而自由享用所有候选人的招待。

按规定，每一县在州下议院都有两个席位，而这次选举阿尔贝马尔县的候选人则有三人，除了杰斐逊，另外两名候选人是托马斯·沃克和爱德华·卡特，他们都是上一届的下议院议员。不知何故，卡特没有出席最后一届会议。这一情况显然对杰斐逊有利。结果沃克再次当选，卡特这位阿尔贝马尔的大地主则输给了初出茅庐的杰斐逊。杰斐逊有财产，才能及知识在全县也是首屈一指的，而且他很勤勉，热心公共事务，曾经为改进里瓦纳河的航行出过力。因此他的当选是很自然的事情。

议会定于1769年5月初开幕，杰斐逊在4月初告别家人，动身前往威廉斯堡。此时正值暮春时节，莺歌燕舞，艳阳高照，坐在马车中的杰斐逊看着窗外的美景，憧憬着这即将开始的崭新的生活。多年来往返沙德威尔和威廉斯堡，他早已对沿途风景及威廉斯堡的市容风情烂熟于胸，但此番前来，心情却与以前不同。以前来这里时不过是个求学的学生，如今他是作为弗吉尼亚下议院议员的身份了。从这一天起，他将正式踏上从政道路，为国家、民族，为自由和权利而劳碌一生。

新的议会如期开幕了。刚满26岁生日的杰斐逊宣誓就职，有生以来第一次落座于州下议院的议员席上。总督波特托则乘坐着英王赐给的八匹乳白色高头大马牵拉的轿式马车来到会场。议会开会时模仿英国议会举行了隆重的仪式。先由总督致开幕词，然后由议员代表致答词。波特托总督发表了“英王所授权”的讲话。议员代表致答词的时候杰斐逊被推举上台，他不得不说了一些违心的话，称赞英王和总督。这使敏感的杰斐逊备感羞辱。多年后，每当想起这一幕，杰斐逊都似乎“不堪回首”。

这个新议会一开始就面临一个严峻的问题：在数月前英国议会曾建议恢复一项旧的法令，这个法令要求把在王国以外的犯有叛国罪的人，召回英国国内受审。倘若严格执行这一法令，帕特里克·亨利等人都将难逃厄运。在开会后的第九天，弗吉尼亚议会异常果断地拒绝了这个法令，并警告英国当局，如果强制把殖民地上任何一个人送到英国受审的话，就会出现“危险和不幸”。此外，议会还郑重宣称，有权向殖民地征税的是殖民地议会，而非英国议会。

波特托总督十分恼火，第二天再一次宣布解散了议会。

当天晚上，这些卸任不久的议员们在雷利酒店的阿波罗大厅聚会，形成了一个“被解散的议会”。其中有四个人成为核心人物，他们是乔治·华盛顿、帕特里克·亨利、理查德·亨利·李和刚当上议员的托马斯·杰斐逊，他们被称为“贤人小组”。他们决定发起一个抵制英货的运动。接着，他们向“被解散了的议会”提出《禁止输入决议》，获得通过。这个文件是根据乔治·梅逊所草拟的草稿写成的，而这个草稿是乔治·华盛顿和梅逊二人从费尔法克斯县带去的。该决议规定：从1769年9月1日起，殖民地人民决不购买英国议会为了增加财政收入而征过税的一切商品；从指定的时间起，也决不进口酒类和奴隶。杰斐逊和其他“主要的绅士们”一道签署了这个文件。于是，弗吉尼亚各县纷纷成立委员会，监督和严厉执行此决议。杰斐逊在这些委员会的建立和活动中出力颇多。

殖民地人民抵制英货，击中了英国的要害。英国当局意识到北美殖民地的抵制，将使英国制造业和商人损失达一百万英镑。波特托在1769年8月下令举行新的议会选举。9月选举的结果揭晓，杰斐逊再次当选议员。

1770年4月，英国政府迫于北美人民的压力，取消了《汤森税法》，只保留了茶税。但是，杰斐逊等人仍认为茶税的保留是对北美人权利的侵犯。热心于维护殖民地权利的杰斐逊在1770年6月又参加签署了另一个《不进口协议》：在茶税取消之前，决不进口英国的任何商品。这个协议是在议会春季开会期间一大群议员和地方商人达成的。

1770年10月，波特托为病所扰，一命呜呼。人们的反英情绪暂时冷却下来，这个协议没能很好地执行。

一年之后，即1771年10月，新总督邓莫尔上台。邓莫尔是个死硬派，他试图以高压手段来镇压、对付北美殖民地人民，结果进一步激起了北美人民的抗议。他一到任，就下令解散议会，重新选举。11月，杰斐逊第三次当选。1772年2月，新议会开幕。

不久，发生了“戛斯皮”号船被焚事件。“戛斯皮”号是英国派来的关税巡逻船，1772年6月9日在普罗维登斯附近遭到愤怒的殖民地民众的袭击，并被放火焚烧。负责调查此事的皇家调查委员会建议，凡被调查证实为肇事者，就将被押送到英国受审。这个建议使议会议员们大吃一惊，

被解散的议会的四个核心成员乔治·华盛顿、帕特里克·亨利、理查德·亨利·李和托马斯·杰斐逊。

使他们进一步思考殖民地与母国的关系，认为这将威胁了殖民地的自治。1773年初，杰斐逊、理查德·亨利·李、弗朗西斯·莱特福特·李、帕特里克·亨利和达布尼·卡尔开始在晚间秘密在雷利酒店碰头集会，讨论事态的下一步发展。他们都明白，最迫切的措施，便是与所有的殖民地达成谅解，让所有的殖民地都认识到，反抗英国的各项权利要求是大家的共同事业，这就需要各殖民地统一行动。为了这个目的，他们提出建议，在各殖民地之间建立通讯委员会。为此，他们拟定了一系列决议，由卡尔向下议院提出，并于1773年3月12日通过。议长佩顿·伦道夫担任弗吉尼亚州通讯委员会的主席，杰斐逊和参加雷利酒店秘密集会的成员都参加了通讯委员会，成员共十一人。其任务就是与其他殖民地进行联络。第二天，委员会开会时就拟就了一份通报发往各殖民地，并附上一份他们通过的决议。此前，即1772年10月5日，塞缪尔·亚当斯已在马萨诸塞州组织了一个通讯委员会。弗吉尼亚通讯委员会的成立，也推动了其他殖民地通讯委员会的建立。各殖民地创立的通讯委员会成了美洲革命政治联盟的基础结构，把分散的十三个殖民地的人民联成一体。

在通讯委员会成立之后，事态有了进一步的发展。1773 年，炙手可热的东印度公司由于财政拮据，请求英国政府援助，获得了向殖民地出口茶叶的垄断权。英政府还特许，东印度公司的茶叶可以不计进口税并且不经殖民地的进口商之手而直接由公司代理一手销售，这样使东印度公司的茶叶比走私的茶叶还要便宜 50%。但是殖民地的人民认为自由比喝茶更重要，各地均召集会议，阻止东印度公司执行其计划。费城当地的爱国团体警告第一艘茶船的船长，任何卸货的企图必遭武力反抗，不久船长聪明地载货驶离；在查尔斯顿，茶叶卸下来，可是都放在潮湿的地穴中，没多久就都腐烂了，一磅也没卖出去；在纽约，茶叶尚未卸货便被暴风吹到大海里了。在波士顿以外的其他港口，东印度公司的代理都纷纷被说服辞职不干了。但是在波士顿，茶船拒绝了人们让其离去的要求。在皇家总督的支持下，他们不顾人民的反对，准备卸下船上的茶叶。1773 年 12 月 16 日夜晚，一群人化装成莫霍克族印第安人，登上了三条停泊在港口的英国船，把船上的茶叶全部倒入波士顿海港里。这便是有名的“波士顿倾茶事件”。

这一消息传到伦敦，英国当局大发雷霆，决定施行报复。1774 年 5 月，英国政府采取了一系列高压性措施，宣布从 6 月 1 日起封锁波士顿港，禁绝一切对外贸易，并调兵遣将前往波士顿进行镇压。1774 年 6 月 1 日，英国颁布的波士顿海港法令生效，波士顿被封锁之后，对外通商被割断，波士顿粮食来源受阻，人民陷于饥饿、混乱的边缘。英国殖民者这种残酷的手段，无疑把殖民地人民逼到墙角，激起了殖民地人民的极大愤怒，纷纷提出抗议。波士顿工人拒绝为英军修筑兵营，当马萨诸塞总督向纽约征募工人时，纽约市的工人也拒绝这项工作。不仅如此，马萨诸塞通讯委员会在 1774 年 6 月草拟了《庄严盟约》。这是借用 1643 年时英格兰与苏格兰曾订下确立长老派地位的《庄严盟约》的名称。这个盟约的通过具有十分重要的意义，它号召美洲人民坚决地进行抵制英货运动，它标志殖民地人民争取自由的激烈斗争的重新开始。

英国决定封锁波士顿港的消息传到弗吉尼亚时，弗吉尼亚的领导权已从保守势力转入到通讯委员会成员手中，他们是一群当机立断、决心承担其责任、改变国家航向的革命者。在此紧要关头，杰斐逊、帕特里克·亨利、理查德·亨利·李和弗朗西斯·莱特富特·李以及另外三四个议员认识到，必须大胆采取行动，旗帜鲜明地与马萨诸塞人民站在一起，把人们从昏睡中唤醒。

他们在图书馆开了一次会，然后决定，唤起公众注意局势严重性的最好办法，是确定一天进行全体的绝食和祈祷。这在弗吉尼亚尚无前例。但他们翻阅旧书，查找出清教徒的一些革命的先例和方式，最后炮制了一个决议，把找到的这些词句多少加以现代化，约定把 6 月 1 日封闭波士顿港的法令开始实施那天，作为绝食、受辱和祈祷的一天，祈求上帝使人民免遭内战之灾，鼓舞人民坚定自己的权利，改变国王和英国议会的心，使他们克制和公正。显然，对通讯委员会的任何成员来说，绝食和祈祷日并不是出于深厚的宗教感情，但他们知道，教会对人民有多大权威，除非给纯粹的政治声明披上宗教外衣，否则，要团结人民是不可能的。这说明了，这些年轻的革命先驱们了解他们的人民，而且也懂得群众的心理；他们不但具有高尚而无私的理想，他们也知道如何从事实际政治的策略。

这个小团体推举罗伯特·卡特·尼古拉在 1774 年 5 月向议会提出了这个决议，这个决议又获议会通过。这使邓莫尔更为恼怒。他马上又行使总督的权力，下令解散议会。

邓莫尔的行动并未能阻止议会激进分子的反英抗议活动。杰斐逊等人再次在雷利酒店集会，并发表《告人民书》称："为了确保我们所心爱的权利及自由免于遭到权力的巨掌所破坏，就必须采取行动"、"对任何一个殖民地的进攻，均应认为是对全部殖民地的进攻。"这后一条正是建立一个新社会的基本原则，其思想来源毫无疑问来自凯姆斯的论著，早在跟随威思先生学习法律时，杰斐逊就着重摘录过他的话：**"共同防御强邻，这在早年时代是结成社会的主要的或惟一的动机。"**

正是这个《告人民书》最后提出了一个具有重大历史意义的建议：由弗吉尼亚通讯委员会立即把下述内容通知各殖民地的通讯委员会："由各殖民地指派代表，每年在被认为是最方便的地方开一次总的会议，在会议上商讨美利坚的联合，采取共同利益时需要的那些措施。"这样，杰斐逊等人首先倡议了召开大陆会议。

英国政府被北美人民的大无畏反抗活动所激怒。英王乔治三世写信给英国首相诺思勋爵说："局面已经无法转圜，殖民地不是投降，就是胜利。"英国议会迅即通过一系列被称为"不可容忍的法令"，惩罚造反的北美人民，逼迫殖民地投降。

## 3 喜结良缘

THOMAS JEFFERSON

杰斐逊当选弗吉尼亚州议员之后的几年里，他的私人生活方面相继发生了不少大事。

1770 年 2 月 1 日，杰斐逊的出生地，他同母亲、弟弟和尚未出阁的妹妹们所居住的沙德威尔的住宅失火，夷为平地。大火把杰斐逊收藏的书和他的一些文章化为灰烬。杰斐逊身在异乡，当他得知沙德威尔着火的消息时，担心着他的藏书和文章的命运，风雨兼程赶回沙德威尔。在山口迎接他的是一个哭丧着脸、沮丧无比的家奴，他对杰斐逊说："我年轻的主人，书都被烧光了，但我救出了你的提琴。"

杰斐逊的懊恼之情可以想见，他在给佩奇的信中写道：

"合理地计算起来，我估计被焚毁的书籍损失当在二百英镑。如果遭焚毁的是钱，我决不会为之叹息。而这次损失之所以更加令人痛心，是因为主要的损失是我有关法律的藏书。这方面的书籍只剩下了一本，因为当时借出去了。我收存的各种文件，也荡然无存。不论是公私函件、业务或娱乐方面的，悉数化为灰烬。"

这次灾难倒也没有像杰斐逊所说的那样彻底，他的读书笔记得以幸免，他的账簿、园艺手册以及许多备忘录和家信也未焚毁。即使是书籍，损失也并非完全无法弥补。杰斐逊马上写信给威思先生索取书目，向伦敦定购书籍。两年以后，他的藏书就达到了一千二百五十册，还不包括音乐书籍和他在威廉斯堡的书籍。这在当时是十分可观的藏书量。

另一件大事则意义完全不同。虽然杰斐逊失去了住宅房产，但他正在蒙蒂塞洛山丘上兴建另一所，沙德威尔大火加快了蒙蒂塞洛的建设进程，很快即可供使用。而且他已经知道，新居不久即将有一位主妇。1771 年 12 月 1 日，他在查尔斯城法院填写了领取结婚证的正式申请表，次年 1 月 1 日，他与巴瑟斯特·斯凯尔顿的遗孀、约翰·威利斯的女儿、当时年仅 23 岁的玛莎·威利斯喜结连理。

杰斐逊是个感情丰富的人，但初恋的情场失意使他心灰意冷。他曾一度为生活的不公平而痛苦，在对待女人的态度上极端愤世嫉俗，唯有从书中寻觅补偿与慰藉。有道是，缘份可遇而不可求，有情人终成眷属。就在杰斐逊 27 岁那年，一个年轻貌美的女士闯进了他的生活。这迟来的爱情，为他的生命谱写了一篇情爱甚笃的乐章。

当时已经身为弗吉尼亚州下议院议员的杰斐逊因工作需要，常去一个名叫约翰·威利斯的家，而且他们还有业务往来。因此他认识了约翰·威利斯的女儿玛莎。

约翰·威利斯是一位经验丰富的律师，虽谈不上地位显赫，亦颇有名望，与各界人士相处均甚融洽，并且家道富有，有十多个种植场、四百多名奴隶。

约翰·威利斯的家庭人员关系比较复杂。约翰·威利斯娶了三个妻子。第一个玛莎·爱泼斯·威利斯，在她女儿玛莎出生后三周就去世了；第二个妻子科克小姐生了四个女儿，其中三个长大成人，她们是伊丽莎白、塔比莎和安妮；她死后，威利斯又娶了第三个妻子伊丽莎白·洛马斯，她是鲁本·斯凯尔顿的寡妇，十一个月之后，她又去世了。她去世时，玛莎只有 13 岁。在第三个妻子死后，约翰·威利斯又爱上了他的混血奴隶贝蒂·赫明斯。贝蒂已经和另外一个奴隶生了六个孩子，后来她又给约翰·威利斯生了六个。在约翰·威利斯死后，她又生了二个，其生育力极为旺盛。她的十四个孩子，除三个夭折外，其余全部长大成人。贝蒂后来生活在蒙蒂塞洛，直到 1807 年她 73 岁时才去世。贝蒂给约翰·威利斯所生的六个孩子中，有三个儿子——罗伯特、詹姆斯、彼得，三个女儿——克里蒂、萨莉和西娜。他们都随身份为奴隶的母亲姓赫明斯。其中的萨莉后来成为杰斐逊的情妇，并一直陪伴至他去世。

玛莎 18 岁时，和她继母伊丽莎白的第一个丈夫鲁本·斯凯尔顿的弟弟结了婚，玛莎的胞妹伊丽莎白·威利斯（她父亲的第二个妻子所生）和玛莎的母亲的外甥弗朗西斯·爱泼斯结婚。这种复杂的联姻关系反映出了早期的弗吉尼亚乡村生活，家庭关系是婚姻关系的一个主要促进因素。

玛莎是一位典型的弗吉尼亚女郎，她有一双淡褐色的眸子和金棕色的头发，肌肤白皙，身体中等偏高，体态匀称，具有优雅、女王般的仪态。她受过良好教育，当时社会上推崇的各种才能无不具备。18 岁时，她与巴瑟斯特·斯凯尔顿结婚后，第二年生了个儿子，不到 20 岁就成了寡妇。从 1766 年 11 月 20 日到 1768 年 9 月 30 日，她的这次婚姻只有短暂的二十二个月。说来也巧，她的丈夫巴瑟斯特是杰斐逊在威廉—玛丽学院读书时的旧识。

在频频的交往中，年轻美丽的玛莎引起了杰斐逊的注意。多才多艺的她还会演奏拨弦古钢琴，歌声更是甜美清亮，痴迷音乐的杰斐逊因此更被深深吸引。而有意思的是，杰斐逊也正是由于具有拉小提琴的才能和会唱二重唱，才战胜了其他角逐者而赢得了她的青睐。

一天，几位年轻人又在老威利斯家碰面了，其中不乏玛莎的崇拜者。交谈中，“情敌们”言辞激烈起来。闻到火药味的杰斐逊巧妙地离开了书房，坐到客厅中的钢琴边高歌起来。这一招果然灵，杰斐逊的嘹亮歌声也引来了玛莎的“以声相和”。二人随着琴声沉迷放歌。一曲终了又和一曲，二人心领神会，暗送秋波，末了，杰斐逊会心地带着他的帽子离开了大家。

杰斐逊再次坠入爱河，这一次可是清醒的，而不像七年前那次是懵懵懂懂的。毕竟他已经 27 岁了。

杰斐逊按当地的礼仪风俗求婚。玛莎没有立即答应，又没有明显拒绝。这让有过遭断然拒绝伤害经历的杰斐逊看到了爱情的希望之光。在认识玛莎一年之后，他向一位朋友坦率地承认：“在我每一个幸福的生活方案中，她都是占据突出地位的主要角色。假如没有她，它就不是我的生活方案了。”

杰斐逊的执著追求最终赢得了玛莎的芳心。1772 年元旦，他们在她家里——离威廉斯堡西面几英里的查尔斯城举行了婚礼。此时玛莎 23 岁，杰斐逊 28 岁。结婚两周后，他们回到四百英里之外的蒙蒂塞洛，并顺访在塔卡霍的伦道夫家。但他们在回蒙蒂塞洛时却遇到了大风雪天气，无法乘车，只得骑马踏上归途。虽然当时寒风凛冽，大雪纷飞，山路崎岖难行，加上夜幕即将降临，但新郎官杰斐逊却兴高采烈，热血澎湃，一路欣喜。他们到家时已是深夜，壁炉的火早已熄灭，仆人都回到自己的屋子睡觉去了。第二天他们醒来时，窗外苍茫大地上白雪茫茫，积雪已厚达三英尺。

杰斐逊没有把结婚的消息告诉任何朋友，他沉浸在新婚燕尔的良辰美景之中，享受着人生的一大欢乐。蜜月中，他在读书笔记中抄录了弥尔顿的这样几行诗句：

> 不需要高尚的目的，
> 迷人的微笑，
> 也不需要年轻人的
> 嬉戏欢闹。
> 美满的夫妻，幸福的结合，
> 像他们那样独享良宵……

以此宣布放弃他以前厌弃婚姻、痛恨女性的情绪。

对家庭的眷恋，使他没有按时回到威廉斯堡下议院，整个2月份的议会的会期都缺席了。这是他第一次把妻子摆在比政治高的位置上，但并非最后一次。杰斐逊的生活常常被两种相反的力量牵掣：一方是他的爱妻；另一方是他的事业。甚至有人得出这样的结论：如果玛莎不是去世得这么早，杰斐逊恐怕难以当上总统。

杰斐逊与玛莎婚后的住所是尚在建造中的蒙蒂塞洛，不知道当杰斐逊带着新婚妻子来到这里的时候，玛莎看见新家是什么心情。因为当时山丘上只有孤零零的几间房子，正房尚未完工，他们只能住在一间小小的外屋。实际上，与玛莎结婚后的十年中，蒙蒂塞洛庄园一直在修。玛莎去世时还没修完。蒙蒂塞洛一直建了几十年，四十年后也没有完成他设计的最后样式。杰斐逊在忙于他的事业之外，始终关心着蒙蒂塞洛的建设，这成了他最热心的一项副业，花费了不少精力。

前文讲过，杰斐逊早就想建造一座自己的庄园，但直到1767年他正式成为律师之后，才开始较详细地规划未来的住宅。在其规划中，那不是一间城市中的别墅，而是类似于文艺复兴时代的庄园，有精心设计的花园、果园和有鹿的猎园。

杰斐逊在蜜月时的住宅

蒙蒂塞洛离杰斐逊的出生地沙德威尔不过 1.5 英里。杰斐逊对建造心爱的蒙蒂塞洛庄园乐此不疲，这是一项创造性的工作，是一种引人入胜的爱好，也是一次激动人心的创作。用他的话来说："你在哪里能再找到大自然可以在我的眼皮底下展开如此丰富美丽的幕布？我们可以往下看到大自然的工作室，看到它的云、雹、雪、雨、雷都是在我们脚下制成的，多么壮观啊！还有那灿烂辉煌的太阳，好像是从水中升起，将金色的光辉洒满了山顶，使万物生机昂然！"想到蒙蒂塞洛，就会唤起他最深沉的感情。他深情地说："当我的一切愿望结束时，我希望我的一生也在蒙蒂塞洛结束。"蒙蒂塞洛庄园简直成了他梦中的伊甸园、他最终的归宿。然而，晚年时，他债台高筑，竟差点连这个心爱的庄园都保不住了。

杰斐逊是通过自己观察和从书本上学习的建筑知识来设计的。他看不起威廉斯堡的建筑。他每到一处总是留心观察、比较当地的建筑，但是他所看到的建筑都令他失望。据记载，他在威廉—玛丽学院读书时，第一次买了一本关于建筑方面的书，此后这方面的书也越积越多。他最初为蒙蒂塞洛设计时，参考的是詹姆斯·吉布斯的《建筑学知识》及其《绘图规则》，以及罗伯特·莫里斯的《建筑式样选编》。这些书一度在美洲风行，介绍的是意大利大师安德烈亚·帕拉第奥的建筑思想。帕拉第奥的《建筑学》是杰斐逊最喜欢的书之一。

1768 年，杰斐逊让人将山顶开出并平整了土地。第二年，开始建房造屋。到 1770 年 11 月，第一座房舍已差不多完工。当年，杰斐逊决定正房建在中间，两旁建侧厅。在草图上，正中有一两层楼高的圆柱门廊，圆柱呈两种不同的形式，以较结实的陶立克式的柱头来支撑爱奥尼亚式的圆柱。这是典型的帕拉第奥的样式风格。

杰斐逊把蒙蒂塞洛当成他建筑理想的试验田。他一生曾制作了五百多幅设计图，而最早的一批图纸就是 1767 年他开始计划在小山上造房子；到他于 1770 年底搬进去这段时期中，画了二十一张设计图；另有六张大约是 1771 年初画的。据学者们考证，他画的蒙蒂塞洛的建造、重建和改造的图纸、草图及测量图总共有二百多张。杰斐逊一生对建筑都十分热衷，他被认为是美洲“第一个土生土长的伟大建筑师”。

蒙蒂塞洛是杰斐逊创造的第一项工程，他是测绘者、设计者、工程师、制图员。从弗吉尼亚种植场的标准来看，蒙蒂塞洛虽不是最壮观的，但肯定是最有独创性的。直到今天，该建筑在采光、风格和对称方面都是杰出的。法国科学院的马奎斯·查斯特勒克斯在 1780 年参观了蒙蒂塞洛之后说，他被杰斐逊和这幢房子深深地吸引了，称赞道：“他把美术和建筑完美地结合了起来。”

在这座精心设计建造的庄园中，新婚的杰斐逊给爱妻买了一架钢琴。他还邀请到威廉斯堡表演的意大利音乐家弗朗西斯·艾伯蒂指导他提高小提琴技艺，并指导玛莎弹钢琴。那时，他们一天练习三个小时，夫唱妇随，其乐融融！难能可贵的是，玛莎虽是名门闺秀，却懂得如何经营农场，懂得如何管理奴隶，还会记账，懂得如何招待客人，总之，她能把家里的事安排得井井有条。这使杰斐逊有更多的时间投入到他的事业中去。

婚后不久，即1772年9月27日，他们的第一个女儿出生了，取名也叫玛莎，孩子健康可爱，给家庭带来了无限生机和乐趣。玛莎在与杰斐逊共同生活的十年中，共生了六个孩子，其中三个死于襁褓之中，一个死于幼年，只有两个长大成人。

杰斐逊还遇到了一位好岳父。在杰斐逊眼里，岳父“最通情达理、开朗、充满幽默感，是个受欢迎的人”，老威利斯也对杰斐逊很有好感，对他的为人处世、学识更是称赞不已。老威利斯还专门指定杰斐逊为他遗嘱的执行人。1773年老威利斯死后，杰斐逊夫妇分得老人三分之一的遗产，使得杰斐逊的财产大增。他不仅得到了一百三十五个奴隶，而且还有一万一千英亩的土地。杰斐逊本来就有五千英亩土地和大约五十个奴隶。但为了替他岳父还债。他卖掉了一万一千英亩土地中的一半，保留了三个种植场，即贝德福德县的波普拉森林、埃尔克岛和古奇兰德的埃尔克山，以及蒙蒂塞洛。这使杰斐逊成为弗吉尼亚最大的土地所有者之一。

婚后那一段日子是杰斐逊一生中最幸福的时光，他拥有幸福的婚姻、忙碌的事业，还有那座心爱的庄园——蒙蒂塞洛。

然而不幸的是，1773年，正当杰斐逊一家过着安乐日子之时，他的挚友兼妹夫达布尼·卡尔不幸早逝。和佩奇一样，杰斐逊在威廉—玛丽学院的同学达布尼·卡尔也是他最亲密的朋友。卡尔是沙德威尔的常客，1764年与杰斐逊的妹妹玛莎结婚。1771年11月，卡尔同杰斐逊一起当选为弗吉尼亚议会议员。他能言善辩，才华出众，和杰斐逊有相似的政见。他去世时不到30岁。杰斐逊将他葬在蒙蒂塞洛他们最喜欢的一棵橡树的树荫下，他们经常在这棵树下读书、憧憬和议论，曾商定，谁要是先死，就埋在这棵大橡树下。从此，这里便成为一块小小的墓地，杰斐逊曾把许多亲人埋葬在这里，最后，他自己也同这些人一起长眠于斯。对于卡尔，他感到无法写出合适的语言来加以赞美，于是引用了马利特《远足》一诗中的句子“所有活着的人都最喜爱他”作为碑铭，钉在这位朋友的墓旁的树上。杰斐逊还把卡尔的寡妻及六个遗孤都接到蒙蒂塞洛家中，承担起抚养、教育的责任。

## 4 殖民地权利发言人
THOMAS JEFFERSON

1774年，北美处于大革命的前夕。在英国咄咄逼人的进攻下，北美人民已经团结起来，斗争的热情高涨。其中，通讯委员会起了重要的联络组织及协调作用。在弗吉尼亚《告人民书》的号召下，各殖民地的通讯委员会都加紧活动，安排召开代表大会。在杰斐逊等少数几位领袖的倡导下，弗吉尼亚各县居民都集会选举代表，以便出席预定于8月1日在威廉斯堡举行的弗吉尼亚代表大会。

夏日炎炎的7月，阿尔贝马尔县的自耕农热情高涨，他们推选杰斐逊和约翰·沃克为本县代表，并且通过了一份由杰斐逊起草的决议。杰斐逊在这些决议中第一次宣告：

> 英属美洲各殖民地的居民，只服从他们在定居伊始时所制定的法律，以及自那时起由他们各自的立法机构制定、居民自己同意、经相应法律手续通过并颁行的其他法律。除此之外，任何其他立法机关均无权对他们行使。这些特权是他们作为人类所享有的共同的权利，已由他们各自采取的政治体制加以确认，也已由英王颁发的一些契约特许状加以确认。

该决议强调了英属美洲各殖民地的独立性，初步体现了杰斐逊在北美与英国关系问题上所采取的“激进的立场”。

弗吉尼亚人民代表会议将于8月1日在威廉斯堡召开，在等待会议开幕的这个间歇期间，杰斐逊在蒙蒂塞洛享受着家庭生活的美好时光，同时思考着北美的未来。杰斐逊参考了他手头的所有书籍、他所有的法律典籍、多年的读书笔记，以及他收藏的一切文献，着手起草一份提案，以供给将来的代表们参考。这篇提案写完不久，即7月下旬，他乘四轮敞篷马车下山动身前往一百五十英里之外的威廉斯堡。由于路面凹凸不平，加上烈日炎炎，马蹄过后，红尘四起。杰斐逊一路辛劳，不小心又感染上了痢疾，极度不适，只好半途而返。由于不能亲自与会，他只好将他写的提案抄了两份，差人送到威廉斯堡，一份递交佩顿·伦道夫，另一份送给帕特里克·亨利。伦道夫把这个报告推荐给其他出席会议的代表。代表们普遍阅读了这份文件，许多人表示赞成，不过认为它太大胆，当时尚无法采用，但他们将它印成了小册子，在威廉斯堡广为散发，题目叫《英属美洲权利概论》。

就某些方面来说，它是一份比《独立宣言》还要有创见和更加重要的文献。

在杰斐逊之前，已有不少人试图将英属殖民地的权利在法律上加以规定。如乔治·梅逊在1773年费尔法克斯决议案写道："殖民地的祖先，当他们离开故土定居美洲时，同时带来了他们原来国家的公民组织和政体，并根据自然法和国家法赋予所有人在原来国家的各种特权、豁免权和利益，尽管这些没有在特许状中加以确认。这些东西遗留给了我们——即他们的子孙，我们有权充分加以享受，犹如我们仍然继续留在英王国一样。"从而承认殖民地和宗主国之间永恒的联系。

杰斐逊则坚决而明确地强调指出，殖民地完全独立于英国的体制。它研究前人著作中关于英国殖民地历史的论述，在《英属美洲权利概论》中阐述了这样的观点：

> 我们的祖先在移民美洲前都是欧洲英国自治领土的自由居民，拥有一种自然给予所有人的权利，即有权离开那个由于机会而不是通过选择给他们居住的国家，有权寻找新的聚居地，并按照在他们看来是最能促进公共幸福的法律和制度，在那里建立新的社会。

关于美洲的土地所有权的问题，杰斐逊通过历史和法律的权威著作，来确定英格兰王国土地所有权的起源，在这个问题上，他上溯到几个世纪以前去寻找先例和启示，并诉诸历史事实。他认为，封建制度侵犯了美洲移民们的天赋权利，反对英王任意支配北美的土地。

> 现在是时候了，我们应将这个问题向国王陛下提出，宣布他无权自行授给土地。根据公民组织的性质和目的，在境界以内的所有土地，均由该社会所有，均应由他们加以分配；他们也可能是通过集体聚会亲手这么做，也可能是通过他们的立法机构（他

们可以在这个机构中拥有由代表行使的最高权力）这么做；而如果这些土地不是以上述方式加以分配，则该社会的每个人均可自行占有他发现尚无人占有的土地，他将由于占有而取得所有权。

这里，杰斐逊所坚持的重要一点是，当第一批移民离开英国前往美洲时，他们并不是殖民者，而是自由的人们。仅就移居海外这一事实来说，他们就已经割断了与母国的一切联系；他们已经重新充分享有他们的一切天赋权利，已经由自由去赞同一种新的社会契约；他们的财产所有权并非来自国王。

杰斐逊采用律师和自然权利的论证方式明确地否认了英国对殖民地的统治权。

我们从英国移居这个国家，并没有给予英国统治我们的权利……美洲的政府、殖民地的开辟和牢固建立，付出代价的是一些个人，而不是英国的公众。他们在取得土地以便定居时，流出了自己的鲜血，他们在使这块殖民地产生效益中增加了自己的财富。他们为了自己而战斗，为了自己而征服，因此只有他们自己才享有所有权。

总之，杰斐逊在其“要求英王尊重北美人民的权利”的呐喊之后，否定了英国议会的权威，否认了英国议会对北美殖民地的统治权；在此报告中，杰斐逊除了广泛地论述各项原则外，还详细地列举了美洲人对英国议会和王室的不满意见，大胆而明确地列举了英国议会对北美的暴政，提出一连串的指责，指出：“不要坚持牺牲帝国的一个地区的权利，以满足另一地区的过分奢望；而应该把平等的、公平的权利分给一切地区的人。”“不要让任何一个立法机构通过一项可以损害另一个立法机构的权利和自由的法律”；文章还猛烈抨击了英王纵容北美奴隶制度。文章指出，北美人民一再力图通过禁止及寓禁于税的办法，来达到禁止从非洲贩运进奴隶的目的，但是所有这些努力都“被陛下运用否决权击败了”。杰斐逊谴责英王“只是袒护少数非洲海盗的切身利益，而置美利坚诸国的长远利益及人民的权利于不顾。而这个声名狼藉的勾当，深深地戕害了人性”。

最后，杰斐逊发出大声的呼吁：

这些就是我们刚刚向国王陛下申诉的不满。我们是以一个自由民要求得到我们来源于自然法而不是来源于国王恩赐的各种权利。让那些胆怯的人献媚吧，献媚不是美洲人的特长。给人以不应有的赞美，很可能是由于受人贿赂，但是这对那些坚持维护人类权利的人是格格不入的。他们知道，因而也会说：国王是仆人，而不是人民的老爷。开阔你的胸襟，陛下，去接受自由和开阔的思想。不要让乔治三世的名字成为历史篇章上的污点。

阅书百纸尽，落笔四座惊。

这是一篇理论巨作，旁征博引，从历史事实到自然权利，从自然权利到道德判断，逻辑缜密，掷地有声，颇具说服力和感召力。这又是一篇英语散文之杰作，展现了杰斐逊高超的文字表达技巧，既愤慨又委婉，既锋利又敦厚，文情并茂，言之凿凿。

这是对美国精神的基本原则之一第一次做出的确切说明。它是比卢梭的《论人类不平等的起源》或《社会契约论》中所阐明的理论更远的思想。然而，这本小册子的重要意义不仅仅在于它是一本历史著作或政治理论著作，而主要还在于它在1775年和1776年所起的政治影响。从中可以看出，杰斐逊向往美洲独立的思想是鲜明而强烈的，它可以说是《独立宣言》的先声。

然而，在伦道夫、理查德·亨利·李和弗朗西斯·莱特福特·李、尼古拉斯、彭德尔顿掌握下的弗吉尼亚人民代表会议，不准备像杰斐逊走得那么远。最后通过的给代表们的指示，内容格外平淡。在大会决议的前言中这样写道："会议以忠诚的态度精确地审查了同英国的分歧的来源。"不过当时杰斐逊的宣言也印了出来，在人民中间广为流传，甚至传到了英国。这正是点燃群众心中的烈火所需要的东西，因为没有一个人会为了一种经济学说，或为了保护它的商业利益而奋起、战斗和牺牲。必须向他们提出一些能唤起他们想象力的箴言，必须使他们摆脱随波逐流的现状，他们必须有一面旗帜和一个战斗口号，而这正是杰斐逊的宣言的目的所在。

小册子不胫而走，不久在费城和伦敦也翻印发行，特别是在英国接连印发了好几版。后来，杰斐逊的名字逐渐被披露了出来，因而声名大噪。

原因之一，恐怕是他的观点太大胆、太冒险了。小册子也激怒了英国国王乔治三世及他周围一大批阿谀奉承的臣仆们。当这一小册子传到英国时，杰斐逊的名字被列入了将被送往伦敦塔（英国监狱）的黑名单。

正是这个报告的发表，把杰斐逊推到了捍卫美洲权利斗士的前列，赢得了普遍信任。两年后，他理所当然地选入委员会，起草《独立宣言》。

这本小册子的发表，对由波士顿倾茶事件所引起的反英浪潮，无疑起到了推波助澜的作用。

以杰斐逊和亨利为代表的弗吉尼亚议员，对英国的做法表示极大愤慨，他们支持波士顿的《庄严盟约》，一致认为英国对马萨诸塞的压迫，就是对全体北美殖民地的压迫。他们主张全体殖民地人民集会，团结起来，共同反抗外来压迫。他们的这一呼吁得到了各殖民地的积极响应和支持。费城、纽约等地纷纷举行集会，认为波士顿的弟兄们是为所有殖民地的共同利益而战斗，因此各殖民地应对波士顿人民加以援助。纽约建议召开一个各殖民地联合会议，来商讨解决殖民地的共同问题。于是，1774 年 9 月 5 日，各殖民地联合会议在费城召开了一个联席会议，这就是第一届大陆会议。

这次大陆会议的会期为 1774 年 9 月 5 日至 10 月 26 日，除佐治亚外，其他殖民地均派代表参加，与会的代表中有塞缪尔·亚当斯、后来当了第二位总统的约翰·亚当斯、船业巨头约翰·汉考克、弗吉尼亚的乔治·华盛顿，还有帕特里克·亨利、佩顿·伦道夫和理查德·亨利·李等人。这些人都是创立美利坚的精英。会议上杰斐逊的亲戚伦道夫当选为第一任主席。与会的全部成员有五十五名代表。这些代表的来源复杂，有些是由殖民地议会选举的，有些是由当时“非法”的群众团体选出的，有的则是由反对英王总督而组成的临时议会选出的。因此，大陆会议代表意见分歧甚大，并不是一个革命领导团体，并没有武装抵抗的意图，更没有计划要颁布独立宣言。

经过几天的一般性讨论后，大陆会议成立了两个委员会，各由十二人组成，每州一人。第一委员会受命草拟一份权利法案，即殖民地权利宣言，约翰·亚当斯是这个委员会的骨干。会议讨论得最多的是北美人民的宪法权利问题，以及确定北美殖民地同英国宪法的关系问题。在这些重大

华盛顿、拉法耶特和副官在约克镇

问题上，由于代表们意见分歧，分成了激进派和保守派。进步派与保守派针锋相对，展开了激烈的斗争。激进派的代表赞成杰斐逊在《英属美洲权利概论》中提出的观点，保守派则坚持英国议会对帝国拥有至高无上的权力，并有权管理北美的贸易。会议开始时，保守派气焰嚣张，咄咄逼人，竭力打击进步派的新英格兰代表，企图使会议无果而终。在开会之前，其他代表都警告约翰·亚当斯不得说出“独立”二字。弗吉尼亚代表帕特里克·亨利挺身而出，驳斥保守派的言论，主张殖民地团结御侮。亨利以他势不可当的辩才坚定地说：“我们不可认为我们还是弗吉尼亚人、宾夕法尼亚人、纽约人和新英格兰人。我不是一个弗吉尼亚人，却是一个美国人。”他认为必须向英国提出抗议书，列举1763年以后英国对殖民地的压迫。亨利的发言在大陆会议上引起了更大的争论。最终，激进派占据了主导地位。

杰斐逊在弗吉尼亚代表大会中未被选入出席大陆会议的七人代表团（选举时他名列第八位），他的《英属美洲权利概论》也没被弗吉尼亚代表团提交大陆会议，但这位民主权利的积极捍卫者并未作壁上观。杰斐逊虽未能直接与会，但他的《英属美洲权利概论》和詹姆斯·威尔逊的《英国议会立法权力的性质和限度探讨》一起在代表中散发。参加第一届大陆会议的代表们以羡慕的心情阅读杰斐逊的这一小册子，他们似乎预感到一颗巨星正在冉冉升起。这时，杰斐逊的名字渐渐在各殖民地传播开去。会议之外，31岁的杰斐逊与威尔逊、亚当斯公开发表更为激烈的理论，彻底否认英国议会对殖民地拥有任何合法的管理权。他们提出：英国议会的权力在历史上并无根据，“不列颠帝国的所有一切互不相同的成员，都是彼此独立的特殊国家，只不过是因拥戴同一个国王而被联结在同一位君主之下”。威尔逊虽然也不承认英国议会有统治殖民地的权力，但仍主张忠于英王，这一观点在当时颇有市场。

就在大陆会议开会期间，已传来波士顿人民和英国驻军冲突的消息。1774年9月9日，马萨诸塞进步人士召开会议，并通过决议案，决定以武力抗击波士顿英国驻军，呼吁各殖民地合作，号召各殖民地成立政府，自行征税，与英国、爱尔兰和西班牙及印度断绝商业往来。在这种情况下，进步派影响大大加强，大陆会议反英情绪高涨。会议通过了一个《权利和怨愤陈情宣言》，指出1763年以后英国对殖民地公布的高压法令“非法”，并表示，殖民地人民根据自然法则及天赋的“生命、自由和财产”的权利，以及英国成文法和不成文法对于英国人民权利的规定，均不能遵从那些“非法”的法令。代表们同意按照1774年8月成立的弗吉尼亚协会的模式，组成一个严格的禁止输入、消费和输出协会，要求各殖民地必须在1774年12月1日以后停止进口一切英国商品，1775年9月1日以后停止出口。为实施协会决定，将在每一县、城、镇设立委员会，违反决定者将作为美洲自由的“敌人”，并将他们的名单公之于众。不服从协会决定或违反决定的殖民地，将被视为“不配享有自由人的权利，和……对他们的国土怀有敌意”。

围攻约克郡

阿尔贝马尔县也选举成立了委员会，由十五人组成，杰斐逊名列第一。杰斐逊对大陆会议的各项行动都表示热情的支持。他立即将“联合会”有关文件散发给全县的地方官员。

北美人民的团结和声势日渐浩大的行动震撼着英国当局。他们无心采取比较温和的措施，认为只有更加强有力地显示英国议会的最高权威，才能阻止事态的发展。1774 年 11 月，远在大西洋彼岸的英王宣布：“新英格兰的那些政府现在处于叛乱状态，必须用战斗来决定他们是隶属于这些国家还是独立。”列克星顿划破晨雾的枪声做出了回答，北美人民勇敢地接受了英国政府的挑战。

## 5 列克星顿的枪声

THOMAS JEFFERSON

第一次大陆会议于 1774 年 9 月 5 日在伦道夫的主持下在费城召开，19 日休会。这时，各殖民地正在准备投入战斗，社会生活陷入停顿，弗吉尼亚小小的首府的安宁平和的日子已经成为过去。

1775 年 3 月，弗吉尼亚在里士满举行了第二次代表大会。杰斐逊和沃克再次当选为阿尔贝马尔县的代表出席大会。

对杰斐逊来说，他有幸目睹了帕特里克·亨利发表了他那篇脍炙人口的演说——《不自由，毋宁死》，这使他永生难忘。会议讨论是否立即行动起来进行武装斗争，保守派激烈反对弗吉尼亚组织民兵反抗英国暴政。亨利毅然站在革命的立场，他以饱满的爱国激情和铁的事实驳斥了保守派种种谬论，主张向暴虐的统治者宣战。他大声疾呼：“再没有缓和局势的余地了。先生们也许还要叫嚣和平、和平、和平——但和平是不存在的。战争已经真正开始了！下一次从北方疾驰过来的暴风，就要在我们耳边响起武器的叮当声音了！我们的兄弟们已经在战场上了！为什么我们还要懒懒散散地站在这里？……生命固然宝贵，和平固然甜蜜，但值得用配上枷锁和奴役来交换吗？……我不知道旁人会采取什么措施，至于我，不自由，毋宁死！”这响亮的词句，成为战鼓声，回响在里士满的圣保罗大教堂里。亨利“不自由，毋宁死”的呐喊话音刚落，会场顿时爆发出雷鸣般的掌声。听众席上的杰斐逊情不自禁地一边站起来，一边鼓掌。从此“不自由，毋宁死”这一口号激励了千百万北美儿女为了独立自由而英勇作战。

这次大会选举了原来的代表出席5月召开的第二届大陆会议。伦道夫由于是弗吉尼亚地方议会的下院议长，如果弗吉尼亚总督要召集议会开会，他就不能出席大陆会议，于是，会议决定推选杰斐逊在佩顿·伦道夫不能出席大陆会议时，接替他为代表出席。

此时，各地纷纷建立了革命政府——公安委员会，招募民兵，尤其是组成了一支装备精良、反应敏捷的武装部队——“一分钟人”。北美大陆已经出现全民皆兵、同仇敌忾的革命形势，决心为捍卫民主自由与英国决一死战。

1776年7月4日，第一次大陆会议上代表聆听约翰·汉考克的讲演。

1775年4月，马萨诸塞总督兼驻军总司令盖奇得到一个消息：在距波士顿三十二公里的康科德镇上，有“通讯委员会”的一个秘密军需仓库。盖奇立即命令少校史密斯率八百名英军前往搜查，并准备逮捕塞缪尔·亚当斯和约翰·汉考克，押送到英国受审。部队连夜出发了，4 月 19 日凌晨，他们来到了离康科德六英里的小村庄——列克星顿。

英军在黎明前的薄雾中向前行进，经过一夜行军，他们个个困倦不堪，呵欠连天。忽然，他们发现村外的草地上站着几十个村民，正手握长枪严阵以待。让史密斯吃惊的是，这些民兵为什么这样快就知道英军的行动呢？原来，“通讯委员会”的侦察员早就得到了情报，并立刻在波士顿教堂的顶上挂起一盏红灯。“通讯委员会”的信使、雕板匠保尔·瑞维尔看到后立即骑马赶到康科德报警。

起初，双方都有一点迟疑，只是互相喊叫和下命令。喧哗之中，一声枪响，接着，双方开火，民兵们因为人少，地形不利，很快撤离了战场，分散隐蔽起来。此役，民兵在草地上留下八具尸体。这是为美利坚独立战争而第一次洒下的鲜血。

史密斯初战告捷，指挥士兵直奔康科德。英军赶到镇上时，天已大亮，旭日东升了，但街道上却看不见一个人，家家关门闭户，显得冷冷清清，史密斯下令搜查，英军进入各家翻箱倒柜，折腾了大半天，什么也没找到。原来，民兵早已把仓库转移，“通讯委员会”的领导人也隐蔽起来了。

史密斯觉得情况有些不妙，连忙下令撤退。这时，镇外喊杀声、枪声陡然大作，附近各村镇的民兵已得到消息，从四面八方向康科德赶来。包围了正在撤退的英军。他们埋伏在篱笆后边、灌木丛中、房屋顶上、街道拐角处向英军射击。英军一批又一批倒在地上，而当英军举枪还击时却连民兵的影子也找不到。英军一路向波士顿方向退却，沿途遭到民兵的不断袭击，狼狈不堪。战斗一直持续到黄昏，最后还是从波士顿开来的一支援军，才把史密斯等人救了出去。疲倦的英军踉踉跄跄地退到波士顿的时候，他们已死伤二百四十七人，民兵则牺牲了几十人，剩下的英军弹药耗尽，回想起来也是心有余悸，他们第一次尝到殖民地人民铁拳的滋味。

列克星顿的枪声震动了大西洋沿岸的十三个殖民地。短短二十天内，从缅因州到佐治亚立刻燃起了反抗暴政的怒火。列克星顿的枪声揭开了北美独立的序幕。

在弗吉尼亚，4 月 20 日深夜，邓莫尔总督将原属殖民地的火药储备从威廉斯堡的弹药库里偷偷转移到约克河上的一艘英国战舰上。这一行动不仅激怒了威廉斯堡人，而且激怒了这个殖民地上所有的弗吉尼亚人。同时，列克星顿的流血事件也正好传到弗吉尼亚，杰斐逊的判断是，该事件“毁灭了我们最后的和解希望，狂热的报复要求似乎已激荡在各阶层人民之中”。战争的来临，出乎很多人的意料和初衷。北美各地稳健的政治家们一直在努力敦请英国政府做出让步，缓和殖民地人民的不满，不愿让殖民地激进派把局势引向无可挽回的冲突。英国政府的明智之士，同样一再呼吁英国下院和内阁承认殖民地众议院的权利，不要强行压制殖民地，否则，将会出现“决定性的一击”。但事态的发展让人们不得不提高警惕。5月10日召开的第二届大陆会议，立即要求各殖民地处于防守状态。

英国方面，诺思勋爵5月份提出了和解建议，发给各殖民地总督，指示他们在各种会议上将建议提出。于是，邓莫尔总督在5月12日通知弗吉尼亚下议院议员于6月1日开会。佩顿·伦道夫被从大陆会议召回，指定杰斐逊继任代表。

诺思勋爵的建议是2月下旬英国下院通过的一项计划。这项计划提出，任何殖民地议会只要同意分担帝国的共同防务费用，支持该殖民地的市政府，英国政府就将不得向该殖民地征收其他有关的税。

弗吉尼亚议会一开始，邓莫尔就以和解的语调，在讲话中提出了诺思的这个和解性建议。但由于最近接二连三发生了几桩不愉快的事件，议员们反应颇为冷淡。州下议院在审议诺思建议的同时，通过了大陆会议和里士满大会的决议，并坚持要求调查邓莫尔从威廉斯堡弹药库偷运火药一事。双方僵持不下，火药味也越来越浓，气氛越来越紧张。邓莫尔感到情况不妙，于6月8日晚，趁着夜色悄悄溜出总督宫，逃到约克河英国军舰上避难去了。

身为弗吉尼亚众议员的杰斐逊，他主动承担了拟定对诺思和解建议的答复稿的工作。从大陆会议匆匆赶回的佩顿·伦道夫急着要使弗吉尼亚的答复同正在举行的大陆会议的情感“保持一致”，因此一再催促他尽快起草。杰斐逊起草的弗吉尼亚的各项决议，拒绝了诺思的建议，“因为英国议会无权过问支持殖民地市政府之事，英国建议之所以不能接受，还因为，英国议会的所有为众人反对的法令一条也没有废除，军队仍驻在美洲，各殖民地无时不处于遭受从陆地和海上入侵的威胁之中”。决议最后表示，要维护其他所有殖民地的利益，并希望“我们将在自由、财富和与大不列颠联盟的赐福下，再一次团结在一起”。由此可见，杰斐逊写的这个决议比他的《英属美洲权利概论》要显得温和一些。但是在献身于美洲的独立事业方面，他坚定的决心和信心不仅丝毫无减，反而与日俱增。

6月10日，威廉斯堡议会一致通过了杰斐逊起草的“答复”。第二天，杰斐逊马不停蹄启程前往费城，顶替伦道夫出席第二届大陆会议，走进这场大风暴的中心，在即将发生的重大事件中担负起更重要的责任。

## 在第二次大陆会议上

THOMAS JEFFERSON

杰斐逊乘坐四轮马车颠簸了十天，于1775年6月21日抵达费城。

出行前，杰斐逊曾试图说服乔治·梅逊替他出席大陆会议。杰斐逊对梅逊无比崇敬和信任，认为他比自己更适合出席会议，在与朋友菲利普·梅蔡的谈话中，杰斐逊称赞梅逊是“由自然为了特殊目的而创造的，他坚定无比，智慧无穷，像丹蒂、马基雅维利、伽利略、牛顿、富兰克林、特戈特、赫尔维蒂斯一样，都是天才”。所以他力荐梅逊出席会议，但没有成功，只好自己上路了。多年以后，他在卸任总统之后不久，曾对一位来访的编辑这样说：“我整个一生，一直在与我的天生兴趣、感情和愿望进行斗争。然而环境总是和我的愿望相违，而把我推上已经走过的那一条道路上……在我初进社会时，我国的形势是：每个正直的人都感到参加斗争并且为之献出自己全部聪明才智是义不容辞的。”的确，如果当时北美人民没有面临沦为奴隶的危险，如果杰斐逊缺乏社会责任感，那么他就很有可能依然是一个种植场主，在家乡经营着他的庄园，并从事他所爱好的学术活动和律师职业，幸福地过着他那富裕、高贵而又悠闲的生活。然而日益迫近的独立战争，把本性淡然的杰斐逊推上了政治舞台的中心，并且扮演了一个非常重要的角色，为自己，也为美国的历史写下了光辉灿烂的篇章。

参加第二届大陆会议的代表约六十人，大都是年富力强、精力充沛的

伦道夫、汉密尔顿、亨利和杰斐逊。

人，而且都是各地遴选出来的出类拔萃的精英。德高望重的本杰明·富兰克林年纪最大，已近七旬。32 岁的杰斐逊是最年轻的代表之一。杰斐逊结识了与会的众多英豪名士。他们中有些人的名字早已如雷贯耳，却从未有机会相识。像塞缪尔·亚当斯、本杰明·富兰克林、约翰·亚当斯等人，都是大名鼎鼎的人物，而这些人也好奇地想见见这位年轻的弗吉尼亚天才，因为他早就享有“殖民地权利发言人”的名声。特别是因为他的《英属美洲权利概论》曾在上一届会议上广为散发，使他声名鹊起。他谦逊而坦率的风度，立刻就受到新英格兰领导人们的热情欢迎。多年以后，约翰·亚当斯仍记得杰斐逊于他初次见面时给他的印象：

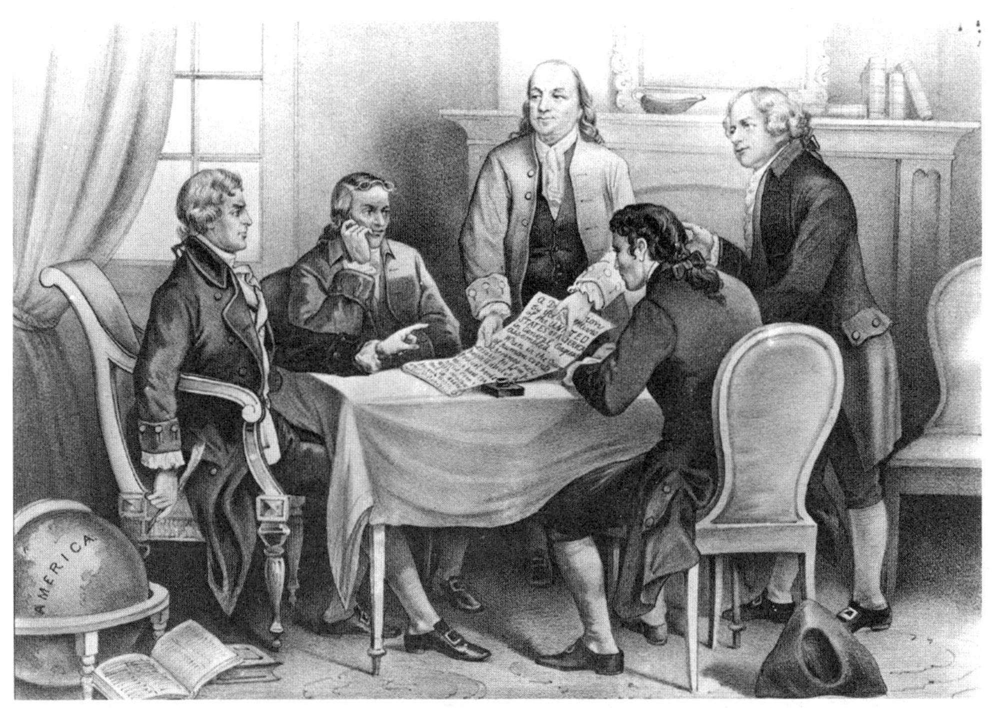


1776 年大陆会议委员会草拟独立宣言

“杰斐逊先生于 1775 年 6 月来到大陆会议，当时他已蜚声文坛和科学界，而且在作曲方面具有非凡天赋。……他虽是大陆会议中一位沉默寡言的代表，但不论在各委员会或是在与人交谈中，都是那样思维敏捷、谈吐坦率、明朗而果断——即使塞缪尔·亚当斯也莫过于此——所以他迅速即攫住了我的心。”

约翰·亚当斯全身像

第二届大陆会议是在5月10日召开的。佩顿·伦道夫回威廉斯堡后，由约翰·汉考克接替他来主持会议。当杰斐逊还在路上时，大陆会议已决定将波士顿民兵改编为大陆军队，还根据约翰·亚当斯的建议，任命乔治·华盛顿为大陆军总司令，负责指挥所有大陆军武装。大陆会议还任命了一个委员会，以明确华盛顿的职权，并拟就对他的指令。随后，代表们又通过了陆军指挥系统和参谋机关的组织计划，确定在华盛顿领导下，任命二名少将、八名准将，并设立了副官署、军需处等机构。就这样，大陆军站在了美国独立战争的最前列，与英军展开了长达八年之久的独立战争。

华盛顿是弗吉尼亚很有名气的富翁，有着丰富的实际作战经验。两次大陆会议他都作为弗吉尼亚的代表参加，而且坚决站在激进派的一边。他接受了大陆军总司令的任命，却拒绝领取薪俸，只要求报销履行这一职务的工作支出。可以说，华盛顿把生命和财产完全奉献给了北美洲的独立事业。

华盛顿油画像

杰斐逊到达后两天，华盛顿将军在鼓乐声和群众热烈拥护的欢呼声中，离开费城去波士顿。那时，殖民地人民义愤填膺，群情激奋，到处都在热烈地谈论着战争。和解的希望已十分渺茫，孰胜孰负，唯有一战。

华盛顿肖像

杰斐逊的写作才能在他参加大陆会议之后不久即派上了用场。6月23日，大陆会议经过激烈的争论，决心把战争进行下去。会议指定一个委员会起草一份宣言，由华盛顿将军在波士顿担负起指挥军队的重任时发表。会场上坐在杰斐逊旁边的是利文斯顿州长，他首先提议让杰斐逊参与会议文件的起草工作。“我们刚刚认识，先生。”杰斐逊对邻座的信任大吃一惊，他问道：“为什么你相信我能胜任呢?”“因为我知道，你写过优秀的文章，我们当然需要优秀的作者参加。”

会议决定让杰斐逊和保守派领袖约翰·迪金森负责起草工作。为了尊重迪金森的权威，杰斐逊撤回了他准备好的一个草稿，交迪金森改写，至7月6日将宣言提交会议讨论。会议用了一天时间逐段讨论，稍做改动便通过了。题为《必须采用武力宣言》。宣言中说：

为了使这篇宣言不致引起我们的朋友及这个帝国内的任何地区的臣民同胞的不安，我们向他们保证：我们无意解散在我们之间长期的、幸运地存在的联合，而且我们诚恳地希望恢复这个联合。我们还没有必要鼓动其他任何国家去与他们作战。我们在拿起武器时，并没有意图和英国分离并且建立独立的国家。……在我们自己的国土上为了保卫我们与生俱来的并且一直享有的自由权利，为了保护我们的祖先和我们自己正直勤劳而挣来的财产，使其免遭暴力的蹂躏，我们才拿起武器。只有当侵略者停止敌对行动及消除重新开始敌对行动的一切危险的时候，我们才放下武器，而在这以前，我们是不会放下武器的。

显然，这是一个不太强硬的宣言，它避免提到殖民地必须进行反英的独立战争，是个妥协的产物。如果说这个宣言并没有完全阐明杰斐逊的主张，毫无疑问，迪金森也还是采纳了他这位年轻的同事的许多观点。最后几段就带有杰斐逊的口气。而这最后四段话措词尖锐，动人心弦，最终表达了那些试图确定理想的美国政策的千百次政治演说中曾经重复阐明的许多主张。

我们的主张是正当的。我们的联合是坚固的——我们国内的资源丰富，同时，在必要时，外援是一定可以得到的。……我们并非为博取荣誉和征服他人而战。我们向人类显示出一个民族，被疯狂的敌人进攻时的非凡表现，而毫无诋毁或进攻他人之意。

尽管杰斐逊起草的稿子中一些有力的话未被采用，但他首次与会就让自己的特长受到了注目并得到了发挥，他为此还是很高兴。

大陆会议的代表们在通过《必须采用武力宣言》的同时，还决定给英王乔治三世写第二封请愿书，四十九名代表签了字，杰斐逊也毅然决然地签了名。同时，宾夕法尼亚和弗吉尼亚的代表向大陆会议建议，对诺思勋爵的和解建议给予正式答复。7 月 22 日，会议指定了一个委员会起草这个答复，成员有本杰明·富兰克林、托马斯·杰斐逊、约翰·亚当斯和理查德·亨利·李。由于杰斐逊曾起草了弗吉尼亚议会的答复并带来了一份，因此他被大家推举为答复的执笔人。

在美国人心目中，华盛顿是一位骑马打天下的将军形象。在他死后，为他塑造的雕像也是骑着马的。

杰斐逊在这个复文中列举大量事实，尖锐地指出，英国的所谓和解建议毫无道理，其目的不过是为了欺骗世人，是难以接受的。尤其是复文的结论部分，可称得上地地道道的革命雄辩术的样本。

> 当考虑到他们以大规模的武装侵略我们，和他们挑起并进行敌对行动的残忍事实，如果把这些都加在一起认真考虑的话，难道世人能相信是我们无理吗？难道世人不愿相信，我们只有竭尽全力，才能挫败对我们的死刑判决，否则就是屈膝投降吗？

该项复文于7月31日获得通过。杰斐逊参加大陆会议的头六周，就在起草会议通过的两个重要文件中起了主要作用。这两个文件在殖民地的报纸上广为刊印。虽然这两份大陆会议的文件并未公布主要撰稿人之一的杰斐逊的名字，但会议代表却在此看到了杰斐逊的文学天才和论战的天赋。他已逐渐成为大陆会议引人注目的主要人物之一，并且站到了革命者的前列。

大陆会议通过对诺思勋爵建议的“答复”后休会到9月初，杰斐逊赶回里士满，弗吉尼亚的代表大会正在举行。杰斐逊作为阿尔贝马尔县的代表，出席这次会议并且再次被选为参加大陆会议的正式代表。这次他的选票名列第三，他得了八十五票，紧随八十九票的佩顿・伦道夫和一百八十八票的理查德・亨利・李，名列本杰明・哈里森、托马斯・纳尔逊、理查德・勃兰德和乔治・威思之前。帕特里克・亨利已被任命为弗吉尼亚军队的总司令，因而不能再被选举。

杰斐逊将这次代表大会选举看做是他在大陆会议工作的信任票，因此备受鼓舞。由于持续不断地工作，他希望能暂时完全离开公众舞台，回到自己那安静舒适的家里，去度过这个月剩下的几天。于是，他回到了蒙蒂塞洛那漂亮的庄园。

尽管杰斐逊在对诺思的和解方案的答复语气激烈，但此时不论是他还是他的一些朋友，似乎都没有真正地希望、甚至未曾想到过北美各殖民地与母国完全脱离的可能。战争虽已经开始，但只是一场内战，避免与英国永远决裂仍然存在可能。当然这只能在一个条件下才有可能，那就是英国政府应当无保留地接受大陆会议提出的最低条件。于是，杰斐逊写信给决定移居英国的友人约翰·伦道夫说：

“我宁愿在适当限制的条件下依靠英国，而不愿依靠世界上任何国家。但是，我也同某些人一样，与其屈从于英国议会替我们行使的立法权——后来的经验已经表明这种权力是那样残酷地行使的——不如尽我的力量使整个海岛沉入海底。”

约翰·伦道夫是杰斐逊母亲的堂弟、现任弗吉尼亚议长的佩顿·伦道夫的哥哥，曾是弗吉尼亚的检察长，他认为反英斗争是叛国行为，一怒之下，卖掉所有财产，带着家眷返回英国。他在给杰斐逊的回信中说：“虽然我们可能在政治上选择各异，但我看不出有什么理由彼此在私交方面不能互相尊重，我相信以前在我们之间是存在这种关系的。我们两人似乎在分道扬镳。但究竟谁会获得成功，还要拭目以待。”

这些信件比演说和报告更能说明当时一些领袖人物的心理状态，就在《独立宣言》发表前不到一年的时候，独立在杰斐逊看来还是最坏的解决办法。其实，就在这个时候，不光是杰斐逊，还有不少代表不愿意完全脱离英国。

此前，在北美人民的心目中，英国国王乔治三世仍有相当的威信。北美的革命领袖们在过去十年的反英宣传中把英国加在北美人民身上的一切压迫都归咎于英国内阁，同时却把英王捧得很高，把他描写为灵魂纯洁、心地仁慈的君主。因此，北美人民虽然愤恨英国政府的压迫，却把希望寄托在乔治三世身上，希望他能把居心残忍的大臣们免职，并且取消大臣们十余年来所实行的压迫政策。这样，乔治三世就成了人心倾向独立的巨大障碍。在这个关键时刻挺身出来扫除这个障碍的，便是托马斯·潘恩。

潘恩1737年出生在英国，是一个贫穷的胸衣工人之子。1774年他离开祖国来到北美，不久就成为一家杂志的编辑，写了不少涉及时事的文章。他看到北美人民反英斗争的最大弱点就是目标模糊，人们拿起武器与英军作战，但不是为独立而战，一般人对英王仍有幻想，对大英帝国仍有留恋。与此同时，他也看到领导斗争的革命领袖过于谨慎，不敢宣布独立。他认为这大大影响了反英武装斗争的力量，使得英国有可能把北美革命运动扼杀在萌芽状态中。为了鼓励北美人民更勇敢地走上战场，破除人们对于国王的幻想，把人民的思想感情从依附于英国转到独立，并且从君主制转变到共和的政府，于是他提笔写了《常识》。

《常识》是在1776年1月发表的。他在这本小册子里大胆地呼吁独立，并且痛切地陈明英国统治有百害而无一利，独立有百利而无一害。他写道："英国过去之保护北美殖民地，完全着眼于本身的利益，并不是为了爱护北美人民。"他指出独立的好处甚多，独立不但给北美人带来自由，而且还能使他们享受经济繁荣；相反的，如果继续与英国保持联系，则只能延长北美人民的痛苦。他还特别揭露了乔治三世的专制暴虐，他说："国王不是内阁的傀儡，内阁是受他支配的。国王用津贴和官职去收买下院，因而在下院选出一个充当国王傀儡的多数，由这个多数产生的内阁就成了他手中的工具。国王的所作所为，使得英国成为一个暴虐专制的国家。"

《常识》刚一问世，立刻就被人抢购一空，在短短的三个月内，在人口不到三百万的北美殖民地上竟销售十二万册。《常识》的影响是巨大的、深刻的。它一举扭转了北美的舆论，彻底摧毁了英王在殖民地人民心目中的优美形象，使他成了一个暴虐的独夫，从而切断了殖民地人民心中残存的对英王和英国的最后一根感情纽带。虽然如此，正式宣布脱离还要征得各殖民地的同意。

杰斐逊在蒙蒂塞洛休息了一个多月。在此期间，他的二女儿简·伦道夫遭遇不幸。她死的时候，才1岁半。全家都为此郁郁寡欢，妻子更是伤心欲绝，杰斐逊回费城的时间也推迟了。大陆会议于9月13日召开，他到那里时已是10月1日了。代表们都在为征兵、组织军队和解决给养问题而紧张工作。大不列颠没有给予任何和解答复，前景莫测；与此同时，费城得到消息，英国将增派军队到美洲。10月，英国海军士兵烧毁缅因的法尔茅斯城。

11月，大陆会议得知，英王乔治三世颁布诏书，认定大陆会议是非法团体，拒绝接受北美殖民地的请愿书，并宣布殖民地处于叛乱状态，号召英国人民拒绝给殖民地援助。12月，英国议会通过法案，断绝与殖民地的贸易。英王的暴虐政策将和平之门紧紧关闭了。

这期间杰斐逊的思想发生了一个重大的转变，在给约翰·伦道夫的信中，这一转变就有所流露。过去，杰斐逊将美洲不安的主要责任归于英国议会，而他在这封信中责怪的是英王乔治三世，称他是北美“最大的死敌”，“在这种时候有了这种素质的国王，真乃整个帝国的巨大不幸”。在攻击英王的同时，他还提出了北美独立的问题。他写道：“他们采取的措施正在逼着我们走这一步，他们好像生怕我们不会走似的。亲爱的先生，请相信我，整个大英帝国找不出一个比我更真诚地希望同大不列颠结为同盟的了。但造我的上帝作证，要让我屈服于英国议会提出的条件来保持这种联系，我将不再生存下去，而这点，我想我说的是美洲人的感情。我们既不需要诱导，也不需要权力来宣布和坚持分离。我们只需要意志，而这种意志正是在我们的国王亲手培育之下迅速增强的。一场流血战争大约会永久地决定我们未来的道路。我很遗憾地看到，一场流血战争已在所难免。”

大陆会议原定 1775 年 12 月冬季休会。可是会议继续开了下去。杰斐逊因离开弗吉尼亚三个月来，一直没有收到家里的片言只语，再说，自他 9 月离家后，弗吉尼亚已发生了战事，这使杰斐逊对蒙蒂塞洛家中的情况忧虑万分。因此，趁当时大陆会议没有紧迫的问题要讨论，他在 12 月底动身自费城返家。杰斐逊在蒙蒂塞洛休整了一段时间，但没想到母亲于次年的 3 月底故去，时年 57 岁。杰斐逊的间发性头痛又接踵而至，他只好躺在床上一个月不能动弹。

1776 年 5 月 14 日，杰斐逊回到了大陆会议，并进入了他一生最辉煌的时期之一，写下了美国历史上最神圣的文献——《独立宣言》。

## 7 《独立宣言》的诞生

THOMAS JEFFERSON

乔治三世在前一年 10 月的英国议会开幕式上宣称北美发生的是“叛乱战争”，“明显地是为建立一个独立的帝国而战”。英王的这一认定得到英国议会的支持，于是批准进行战争，妄图使美洲殖民地重新归顺英国。同时，英王和内阁大臣们雇用了德国雇佣军到美洲作战。这些做法迫使原来只想在帝国内部争得他们应有权利的许多美洲人考虑选择独立之路。

约翰·亚当斯头像

杰斐逊回到费城不到两个星期，弗吉尼亚代表团就收到了弗吉尼亚代表大会5月15日通过的决议，指示他们向大陆会议提出独立的建议。弗吉尼亚代表团遂推举理查德·亨利·李向大会提出有关独立的议案。5月10日，先由李在会上提了一个初步决议案，内称，由于各殖民地已无有效政府，所以建议“各殖民地议会或代表大会设法建立按人民代表的意见认为最能导致各该殖民地以及全亚美利加之幸福和安全之政府”。5月15日，亚当斯为上述决议增加了一个序言，内称，由于英王已把殖民地居民排除在其保护范围之外，因此“英国之任何种类之权力施行应宣告全部终结，政府的所有权力应置于各殖民地人民的权力之下”。经过一番激烈的辩论，上述决议和序言都获通过。但这离独立还有相当距离。

此时正在召开的弗吉尼亚代表会议还确定成立一个委员会，拟定成立弗吉尼亚政府的计划。杰斐逊非常想参加弗吉尼亚政府的设计。在他心目中，这是一项为他“国家”建立一个示范式政府的工作。他听说梅逊已在进行宪法的起草工作，而他自己身在大陆会议，无法回去参加，于是用半个月的时间赶紧起草了一份草案，托他的老师威思先生带回。在他看来，这是一项确立新政体和我们未来宪法基本原则的法案。

这是杰斐逊政治思想发展史上一个重要文献。他第一次有机会充分发挥他关于社会和政府的看法。从中人们可以看出他后来所遵循的那些理论在他的脑子里已经十分明确。草案一开始就列举了该殖民地对“英国国王乔治·居尔夫”的不满，杰斐逊后来把这些都写进了《独立宣言》。它宣布“立法、行政、司法三权将永久分立”，接着对政府的这三个部门做了说明。对立法机构，杰斐逊建议实行两院制，即众议院和参议院。众议院“由在任何城镇中自由拥有（四分之一英亩）地产或在县中拥有二十五英亩土地，并在过去两年来向政府照章纳税的一切成年的和精神正常的男性”选出。参议院则由众议院任命。除谋杀和违犯军法罪外，废除一切死刑，不论任何案件，均废除拷问。这些条款中有一些后来均归入“关于定罪量刑的法案”。行政长官以及总检察长和枢密院均由众议院任命。法官由行政长官和枢密院任命；县的行政长官和验尸官每年由选民选举，而其他一切文武官员则由行政长官任命。法案提出“遗产按照由男嗣平均分配的法律继承，但女性享有与男性平等的继承权的情况除外”。“人人均享有充分而自由地发表宗教言论的自由，不得强迫任何人支持或维护任何宗教团体。”“新闻出版应有自由，除非属于犯有妨害私人罪，方能诉之于法。除实际发生战争外，全部废除常备军。”“禁止向弗吉尼亚贩运奴隶。”最后是有关修改宪法的条款。

的确，杰斐逊所主张的改革，大部分已经直言不讳地包括在这个文件中：宗教自由，新闻自由，废除奴隶制，产业继承法和废除限定继承权的法案，“关于定罪量刑的法案”等等，均已包括在内。这是一个大胆而激进的提案，无怪乎杰斐逊急于返回家乡，以便在弗吉尼亚议会中他的同事面前为之进行辩护。可惜的是，当威思到达时，代表大会已经完成了宪法的审议。会上虽然也讨论了杰斐逊的草案，但只能在序言部分吸收他写的部分内容。应当说，杰斐逊的草案比大会通过的宪法更加民主、开明。

与此同时，在费城，事态的发展也到了决定性关头。

在大陆会议中，主张殖民地脱离英国独立和反对独立的斗争是相当尖锐激烈的。1776年6月7日，理查德·亨利·李向大陆会议提出要求独立的议案："我们这些联合的殖民地从此成为，而且理所应当地成为自由和独立的国家。我们取消一切对英国国王效忠的义务；我们和大不列颠国家之间的一切政治关系，全部、而且理所当然地断绝。"

这时43岁的约翰·迪金森接替了退休的约瑟夫·加洛韦，而成为反对独立的先锋人物。约翰·亚当斯称迪金森为"一个阴影，又瘦又高，像一根芦苇。你若第一眼看到他所得到的印象将是，他活不了一个月"。迪金森的家族在17世纪时，从英国移居到美洲。他接受过比较严格的教育。他因写作《宾夕法尼亚农民的来信》而声名大噪。这篇文章至今仍是美国革命时期文学中的经典之作。迪金森讲起话来滔滔不绝，声音悦耳，富有感染力。他还是一个直言不讳的人。在迪金森的领导下，宾夕法尼亚州威胁说，如果宣布独立，它就立刻退出。除了宾夕法尼亚之外，还有纽约、新泽西、特拉华、马里兰、南卡罗来纳五个殖民地反对独立。但就在这几个反对独立的殖民地中，也有一些人是赞成独立的，比如宾夕法尼亚的威尔逊、纽约的罗伯特·利文斯顿、南卡罗来纳的爱德华·拉特利奇等。

与此保守力量相对的是要求独立的力量。塞缪尔·亚当斯公开要求与英国一刀两断；约翰·亚当斯表示他已放弃了最后一线和解的希望；最激进的理查德·亨利·李呼吁殖民地人民拿起武器，为独立、为自由而战；杰斐逊呼吁殖民地人民团结起来，挣脱英王的统治，实现殖民地人民的权利。

6月10日，会议达成一个妥协性的决定，把对独立问题的审议延期至三周后的7月1日进行。这倒不是因为担心决议通不过，这已不成问题。主要是考虑为了求得全体意见的一致，觉得等待一下有好处，这样做更周到和稳妥些。但会议又决定："为了避免丧失时间，可成立一个委员会提前准备好一份宣言，宣言应体现第一项决定，也就是这样一句话：'诸联合殖民地有权、而且也应当成为自由和独立的国家。'"

6月11日，会议决定，宣言起草委员会由五人组成。经遴选委员为：约翰·亚当斯、本杰明·富兰克林、托马斯·杰斐逊、罗杰·萨尔曼和罗伯特·利文斯顿。

富兰克林70岁，是当时北美名声最大、威望最高的老前辈，甚至为欧洲政界所推崇。他博学多才，德高望重，颇受北美各殖民地人民的尊重。

亚当斯 41 岁，是马萨诸塞州屈指可数的著名爱国人士。他作为政治家及演说家的声誉，很久以来就引起了伦敦政府及议会人士的注意。

萨尔曼 55 岁，是康涅狄格州最杰出的爱国革命人士，做了大量的革命工作。

只有 30 岁的罗伯特·利文斯顿是后起之秀，但他不久在政界就成为显赫一时的人物。后来华盛顿就任第一任总统时，就是由他主持宣誓的。他比杰斐逊还小 3 岁。

由谁来执笔起草这个宣言呢？据说亚当斯和杰斐逊曾相互推让：

亚当斯："我不干。"

杰斐逊："你应当干。"

亚当斯："不！"

杰斐逊："你为什么不？你就该干。"

亚当斯："我不干。"

杰斐逊："为什么？"

亚当斯："理由多着呢。"

杰斐逊："会有什么理由呢？"

亚当斯："第一，你是弗吉尼亚人，弗吉尼亚人就应在这种事上打头阵。第二，我是讨人嫌、靠不住和不受欢迎的，你却正好大大相反。第三，你写的东西比我的好十倍。"

杰斐逊："那好吧，如果你决定了，我将尽力而为。"

亚当斯："好极了。等你拟好了稿，咱俩再碰头。"

以上这段话是亚当斯在时隔四十六年之后的耄耋之年回忆的。他还说，他和杰斐逊被任命组成一个小组委员会来完成这一工作。后来杰斐逊听到亚当斯的这一段回忆后认为，亚当斯记错了，根本没有什么小组委员会，而是委员会全体"一致要求我独自担负起草的工作"。杰斐逊说，他已是 80 岁的人了，并非想声明自己的记忆力比 88 岁的亚当斯强。但他坚持说，他那时做的笔记证明亚当斯的说法是不正确的。亚当斯之所以记得有个小组委员会，大概是因为杰斐逊写出草案后分别交给亚当斯和富兰克林提出若干修饰、增加和改正的意见，然后才提交委员会全体讨论。

就职典礼中的华盛顿

约翰·亚当斯与富兰克林和杰斐逊等人草拟《独立宣言》时的情景

杰斐逊深知这个宣言对于独立、对于未来的意义。在那个炎热的6月，他忍受着蚊蝇的叮咬，每天上午都查阅各种文献，然后仔细推敲，加以条理化，下午则伏案疾书，这是他一生最有意义的工作。他努力用最清晰简约的语言传达出他和同仁们坚定不移的信念、毫不含糊的独立要求，以及对殖民者的强烈义愤。内容主要包括三个部分：第一部分阐明民主与自由的理念；第二部分用事例证明乔治三世破坏了美国的自由；第三部分则郑重宣布独立。宣言阐明了美国作为新生的国家的立国理论基础和一系列民主原则。

《独立宣言》结构严谨，层次分明，义正词严，雄辩有力。杰斐逊写完之后，先分别送给富兰克林和亚当斯修改。他们做了几处措辞上的改动，杰斐逊也做了些改动，后人统计共有二十四处。然后提交起草委员会，委员会没有再做任何修改，于6月28日送交大会。

大陆会议在讨论杰斐逊起草的《独立宣言》之前，得先讨论李的要求独立的议案，并于7月1日恢复辩论。首先发言反对独立的，是宾夕法尼亚代表约翰·迪金森。他发表了长篇大论，论述独立之不妥。亚当斯从法理和宪法角度加以反驳，陈述了“朴素和普通的道理”。7月2日，大会通过了要求独立的议案，决议案这样写道：“诸联合州有权而且应当成为自由和独立的州；它们解除与英王的所有的臣属义务，它们与大不列颠王国间之所有政治联系全部应当废除。”

议案通过之后，约翰·亚当斯的兴奋溢于言表。他在给妻子的信中说：“最大的问题终于有了结果……1776年7月2日，将是美国历史的新纪元——我愿意相信，它将得到我们后代的支持。”

在赞成独立议案的大前提下，大会开始了关于《独立宣言》的辩论，辩论过程中，会议对委员会通过的杰斐逊草案做了相当大的改动，删去了约四分之一，在措词方面做了润色，有好几处还“伤筋动骨”地进行了实质性修改。比如，其中涉及平等和幸福的词句，杰斐逊撰写的《独立宣言》草案的开头一句话是：“我们认为这些真理是神圣的和不可剥夺的。”然后继续写道：“我们认为下述真理是不言而喻的：人人生而平等，生而独立；由此他们获得与生俱来的不可剥夺的权利，其中包括维护生命、自由和追求幸福的权利。”

独立战争时期的美国国旗

大陆会议对这段话做了改动，这样，《独立宣言》不会因政治文体而显得冗长罗嗦，相反，读起来像诗一样明快简洁：

“我们认为下面这些真理是不言而喻的：人人生而平等，造物者赋予他们若干不可剥夺的权利，其中包括生命权、自由权和追求幸福的权利。”

修改后的句子节奏紧凑、掷地有声。表示性质的定语强烈而清楚：“不言而喻的”真理，“不可剥夺的”权利——这样的用语极易引起美国民众感情上的共鸣。不言而喻的真理自然无须论证，只须“揭示”。直截了当地陈述人人平等的思想并不仅仅是树立高远的理想，人人平等是现实存在，是美利坚国家过去和现在立国的基础。

类似这些修改润色，使《独立宣言》的确增色不少，杰斐逊很满意。但也有他的不满之处，宣言中最重要的修改是会议删掉了杰斐逊谴责乔治三世允许继续进行奴隶买卖的一段。杰斐逊的这段用语非常强烈，斥责奴隶买卖是“反对人的本性的一场残酷战争”。据杰斐逊说，这一修改是按南卡罗来纳和佐治亚的愿望而做的。但他又补充道：“我相信我们的北方兄弟也认为这些指责不太成熟，因为他们的民众尽管自己拥有很少的农奴，然而贩运给别人的还不少。”大陆会议对此段缩短和修饰了一些文字用语，并做了大部分修改，杰斐逊对此十分不满。这位极其敏感的作者认为，他的原草案是一篇极为强烈的声明。为此，他将议会通过的《独立宣言》给几位朋友寄去，附上草案原文和修改之处，让他的这些批评家们自己判断修改后是好还是坏。

富兰克林看出了杰斐逊的心思，专门约见杰斐逊并安慰他，给他讲了一个故事：一个年轻的制帽商写了一句广告词——“约翰·汤普森帽子商，生产和销售，现钱现货”，他谦虚地征求邻居们的意见。结果每一个邻居都提出了理由充分的修改意见，最后这个广告变成了在“约翰·汤普森”这几个字旁边画着一顶帽子的图案。富兰克林的意思是，任何一个政治文件的制定，总得照顾到各个方面，为绝大多数人所赞成，这是一个必须遵循的普遍的政治原则，杰斐逊不必把个人的某个尚未为大家所公认的意见看得过重。

1776 年 7 月 4 日，经过各种修改、辩论，最激动人心的投票表决开始了。除纽约代表奉命不得不弃权外，所有代表团都投赞成票通过了这一议案。7 月 15 日，纽约代表团收到新的指示，赞成独立，宣言就成为一致通过了。杰斐逊对此喜形于色。就在签署《独立宣言》之时，代表们心情舒畅，竟开起玩笑来。大腹便便的哈里森对又瘦又小的埃尔布里奇·格里开玩笑说：“我将比你强，格里先生，当我们都将因现在所做之事上绞架时，从我身材的高大和重量来说，我一上绞架片刻便命归黄泉，而你将在空中悬上一两个小时才死得了。”

大陆会议主席约翰·汉考克是第一个在《独立宣言》上签名的人。他的签名比本杰明·富兰克林或约翰·亚当斯，甚至比《独立宣言》起草人托马斯·杰斐逊的名字都更醒目。

约翰·汉考克大笔一挥签完名字后，抬起头来说：“好啦，现在英国国王不用戴眼镜就可以看清我的名字了。”约翰·佩奇 7 月 20 日给杰斐逊写信时说：“很高兴你起草了《独立宣言》。上帝保佑美利坚。”

约翰·迪金森拒绝在《独立宣言》上签字。

大陆会议决定在 7 月 8 日公开发表《独立宣言》。虽然当时人们都知道大陆会议在讨论这个宣言，但大陆会议是不让民众进去旁听的。《独立宣言》的宣布，成为一件激动人心的大事。这天，在宾夕法尼亚地方议会的院子里，大会派人向等待已久的三千名群众宣读了《独立宣言》。宣读甫毕，听众就报以震天的欢呼声，同时军队在“公共广场”上列队前进，礼炮连鸣。在宾夕法尼亚地方议会大厦的尖塔上，挂着一座大钟。这座钟是宾夕法尼亚地方议会二十三年前从伦敦进口的。钟上铸着从《圣经》上摘录的预言性的铭文：“向全国各地所有的居民宣告自由。”从尖塔上传来的钟声一直响彻夜空，这欢乐的钟声昭告着，《独立宣言》通过了。这是宣告英国统治在新大陆终结的丧钟。

华盛顿对《独立宣言》的发表十分高兴，的确，它正式承认了早已存在的一种局面，而且它使妨碍美国采取军事行动的一切苟且偷安、实现和解的幻想，从此烟消云散。7 月 9 日，根据他的命令，在下午 6 时向全军每一个旅宣读宣言。他在命令中说：“将军希望，这一重大事件能够更加激励每一个官兵忠诚英勇地战斗，因为他们知道，现在，祖国的和平与安全完全有赖于我们作战的胜利，而且他们为之效劳的国家现在完全有力量论功行赏，把一个自由国家最高的荣誉授予他们了。”

公众对《独立宣言》的反响是出乎异常的热烈。

心情激奋的纽约居民，除了用钟声来宣告他们的喜悦之外，还不满足。在城堡前面的草地上，有一座乔治三世的铅像。既然英国的统治已经结束，为什么还要保留象征他的统治的铅像呢？于是，当天晚上，人们就在一片呐喊声中把铅像推倒砸碎，以铸成子弹“用于独立的事业”。

巴尔的摩的革命者用烈火焚烧了英王的模拟像。

在萨凡纳，英王像被埋葬起来，商店门口的皇家军队标志被拆掉，有的还干脆付之一炬，或砸碎。

对此，杰斐逊感到非常欣慰，他也有理由感到欣慰。尽管他激起他人还远没有认识到这个文件的深远的历史意义。

《独立宣言》以高度的文字技巧表述了美国人的思想和人民普遍的愿望，它贯穿着一种明确的哲学思想，即当时流行于大西洋两岸的“自然法”哲学，并融入了民主主义的理论，把这一理论跟美洲革命的具体实践巧妙地结合起来。

《独立宣言》开宗明义写道：“在有关人类事务的发展过程中，当一个民族必须解除其和另一个民族之间的政治联系，并在世界各国之间依照自然法则和上帝的意旨，接受独立和平等的地位时，出于对人类舆论的尊重，必须把他们不得不独立的原因予以宣布。”这里所说的“自然法则”，乃是一种时代精神，包括人类性质和社会关系的自然过程和原则，以及有关人类权利和正义的表达，是自文艺复兴以来激荡于整个西方的启蒙运动的思想武装，是人类摆脱封建桎梏转向理性时代的桥梁，也是《独立宣言》及整个美国革命借以出现的哲学依据。正是根据这一哲学，杰斐逊才敢于在《独立宣言》中宣布：“我们认为下面这些真理是不言而喻的：人人生而平等，造物者赋予他们若干不可剥夺的权利，其中包括生命权、自由权和追求幸福的权利。”“不言而喻的真理”，即人人平等、自然权利，确保自然权利作为政府之目的，确保被统治者的“同意”作为政治合理的原则，以及当自然权利被剥夺时进行反叛的道义权。“人人生而平等”，即人们平等地拥有自然权利，平等地在法制下表达意志，平等地参与决定政府和法律形式，以及平等地享受劳动成果。“不可剥夺的权利”，即按人的本性是合理的道义上的权利；在形成和控制政治社会时，这些权利在法律上不得被否认或取消；这种人性被认为是处于自然法下的人们任何时候都具有的。“生命权、自由权和追求幸福的权利”，是宣言中特别提到的自然权利，它对约翰·洛克讲的“生命、自由和财产权”做了一个重要改动，但这一改动并不意味着否认“财产权”属于人的权利，因为财产权通常被视为实现上述三项权利的必要手段。一般地说，追求幸福以自由和生命为前提，而自由又以生命为前提，生命又以其他条件为前提。

《独立宣言》在宣布了“生命、自由和追求幸福”等自然权利后，按逻辑紧接着把它引向“主权在民”论，以杰斐逊那有力的笔触简明地阐述了这一理论。《独立宣言》写道：“为了保障这些权利，人类才在他们之间建立政府，而政府之正当权力，是经被统治者的‘同意’而产生的。当任何形式的政府对这些目标具破坏作用时，人民便有权力改变或废除它，以建立一个新的政府；其赖以奠基的原则，其组织权力的方式，务使人民认为唯有这样才最可能获得他们的安全和幸福。”这是对“主权在民”论的高度概括和巧妙运用。

最后，宣言认为，这些真理都是“不言而喻的”。按杰斐逊对这一概念的解释，是因为它们都是“常识性原则”，因而使用这些原则是无须证明的。然而，这些有关“人的自然权利”的常识，以往只写在宣传和政论小册子中，而美利坚人却在世界历史上第一次把它写在正式文件上，被确定为美国立国的哲学基础。

马克思说：“《独立宣言》是第一个人权宣言。”它的思想成为鼓舞后来美国历代民主志士的强大精神力量。受其影响的美国最伟大的总统之一亚伯拉罕·林肯在杰斐逊逝世三十年后曾动情地说：“一切荣誉都归于杰斐逊——这个人在一个民族为民族的独立而斗争的紧急的形势下，以冷静的态度，深邃的预见性及明智的头脑，把适用于一切人及一切时代的抽象的真理写进一个单纯的文件，这个真理是永垂不朽的，所以今天和永久的将来它将是一个对于暴政的谴责，并且对于暴政及压迫的出现，将是一个很大的绊脚石。”

《独立宣言》不仅是一份历史文献，它那清晰明了的语言、平衡协调和铿锵有力的节奏，使它成为美国文学史上首屈一指和迄今最杰出的不朽之作。

## 附录 《独立宣言》

**大陆会议（1776 年 7 月 4 日）美利坚合众国十三个州一致通过的独立宣言**

在有关人类事务的发展过程中，当一个民族必须解除其和另一个民族之间的政治联系，并在世界各国之间依照自然法则和上帝的意旨，接受独立和平等的地位时，出于对人类舆论的尊重，必须把他们不得不独立的原因予以宣布。

我们认为下面这些真理是不言而喻的：人人生而平等，造物者赋予他们若干不可剥夺的权利，其中包括生命权、自由权和追求幸福的权利。为了保障这些权利，人类才在他们之间建立政府，而政府之正当权力，是经被统治者的同意而产生的。当任何形式的政府对这些目标具破坏作用时，人民便有权力改变或废除它，以建立一个新的政府；其赖以奠基的原则，其组织权力的方式，务使人民认为唯有这样才最可能获得他们的安全和幸福。为了慎重起见，成立多年的政府，是不应当由于轻微和短暂的原因而予以变更的。过去的一切经验也都说明，任何苦难，只要是尚能忍受，人类都宁愿容忍，而无意为了本身的权益便废除他们久已习惯了的政府。但是，当追逐同一目标的一连串滥用职权和强取豪夺发生、证明政府企图把人民置于专制统治之下时，那么人民就有权利，也有义务推翻这个政府，并为他们未来的安全建立新的保障——这就是这些殖民地过去逆来顺受的情况，也是它们现在不得不改变以前政府制度的原因。当今大不列颠国王的历史，是接连不断的伤天害理和强取豪夺的历史，这些暴行的唯一目标，就是想在这些州建立专制的暴政。为了证明所言属实，现把下列事实向公正的世界宣布——

他拒绝批准对公众利益最有益、最必要的法律；

他禁止他的总督们批准迫切而极为必要的法律，要不就把这些法律搁置起来暂不生效，等待他的同意；而一旦这些法律被搁置起来，他对它们就完全置之不理；

他拒绝批准便利广大地区人民的其他法律，除非那些人民情愿放弃自己在立法机关中的代表权；但这种权利对他们有无法估量的价值，而且只有暴君才畏惧这种权利；

他把各州立法团体召集到异乎寻常的、极为不便的、远离它们档案库的地方去开会，唯一的目的是使他们疲于奔命，不得不顺从他的意旨；

他一再解散各州的议会，因为它们以无畏的坚毅态度反对他侵犯人民的权利；

他在解散各州议会之后，又长期拒绝另选新议会；但立法权是无法取消的，因此这项权力仍由一般人民来行使。其时各州仍然处于危险的境地，既有外来侵略之患，又有发生内乱之忧；

他竭力抑制我们各州增加人口；为此目的，他阻挠外国人入籍法的通过，拒绝批准其他鼓励外国人移居各州的法律，并提高分配新土地的条件；

他拒绝批准建立司法权力的法律，借以阻挠司法工作的推行；

他把法官的任期、薪金数额和支付，完全置于他个人意志的支配之下；

他滥设新官署，派遣大批官员，骚扰我们人民，并耗尽人民必要的生活资料；

他在和平时期，未经我们的立法机关同意，就在我们中间维持常备军；

他力图使军队独立于民政之外，并凌驾于民政之上；

他同某些人勾结起来把我们置于一种不适合我们的体制且不为我们的法律所承认的管辖之下；

他还批准那些人炮制的各种伪法案来达到以下目的：

在我们中间驻扎大批武装部队；

用假审讯来包庇他们，使他们杀害我们各州居民而仍然逍遥法外；

切断我们同世界各地的贸易；

未经我们同意便向我们强行征税；

在许多案件中剥夺我们享有陪审制的权益；

罗织罪名押送我们到海外去受审；

在一个邻省废除英国的自由法制，在那里建立专制政府，并扩大该省的疆界，企图把该省变成既是一个样板又是一个得心应手的工具，以便进而向这里的各殖民地推行同样的极权统治；

取消我们的宪章，废除我们最宝贵的法律，并从根本上改变我们各州政府的形式；

中止我们自己的立法机关行使权力，宣称他们自己有权就一切事宜为我们制定法律；

他宣布我们已不属他保护之列，并对我们作战，从而放弃了在这里的政务；

他在我们的海域大肆掠夺，蹂躏我们沿海地区，焚烧我们的城镇，残害我们人民的生命；

他此时正在运送大批外国雇佣兵来完成屠杀、破坏和肆虐的勾当，这种勾当早就开始，其残酷卑劣甚至在最野蛮的时代都难以找到先例。他完全不配作为一个文明国家的元首；

他在公海上俘虏我们的同胞，强迫他们拿起武器来反对自己的国家，成为残杀自己亲人和朋友的刽子手，或是死于自己的亲人和朋友的手下；

他在我们中间煽动内乱，并且竭力挑唆那些残酷无情、没有开化的印第安人来杀掠我们边疆的居民；而众所周知，印第安人的作战规律是不分男女老幼，一律格杀勿论的。

在这些压迫的每一阶段中，我们都是用最谦卑的言辞请求纠正，但屡次请求所得到的答复是屡次遭受损害。一个君主，当他的品格已打上了暴君行为的烙印时，是不配做自由人民的统治者的。我们不是没有顾念我们英国的弟兄，我们时常提醒他们，他们的立法机关企图把无理的管辖权横加到我们的头上。我们也曾把我们移民来这里和在这里定居的情形告诉他们。我们曾经向他们天生的正义感和雅量呼吁，我们恳求他们念在同种同宗的份上，弃绝这些掠夺行为，以免影响彼此的关系和往来。但是他们对于这种正义和血缘的呼声，也同样充耳不闻。因此，我们实在不得不宣布和他们脱离，并且以对待世界上其他民族一样的态度对待他们：和我们作战，就是敌人；和我们和好，就是朋友。

因此，我们，在大陆会议上集会的美利坚合众国代表，以各殖民地善良人民的名义，并经他们授权，向全世界最崇高的正义呼吁，说明我们的严正意向，同时郑重宣布：这些联合一致的殖民地从此是自由和独立的国家，并且按其权利也必须是自由和独立的国家；它们取消一切对英国王室效忠的义务，它们和大不列颠国家之间的一切政治关系从此全部断绝，而且必须断绝；作为自由独立的国家，它们完全有权宣战、缔和、结盟、通商和采取独立国家有权采取的一切行动。

为了支持这篇宣言，我们坚决信赖上帝的庇佑，以我们的生命、我们的财产和我们神圣的名誉，彼此宣誓。

# THOMAS JEFFERSON
# 第三章
## 从弗吉尼亚到法国

他认为独立不是革命的终结，而仅仅是革命的开始。要把政府真正建立在“被治理者同意”的基础之上，给每个人“生命、自由和追求幸福”的权利以切实的保障，就必须建立一个民主的社会。只驱逐走一个国王是不够的，更重要的是必须消灭国王的制度。杰斐逊有个宏愿，他要把弗吉尼亚改造成一个政治民主、经济民主、教育普及的富裕文明的社会。不仅如此，他还要把弗吉尼亚的改革推到其他各州去。

## 改造弗吉尼亚

THOMAS JEFFERSON

《独立宣言》发表后，杰斐逊就迫不及待地要求返回弗吉尼亚。早在 6 月底，他就写信给弗吉尼亚的彭德尔顿，拒绝再次担任大陆会议代表："我很遗憾，我的家务状况，使我不得不请求由其他人代替我的职务。"弗吉尼亚代表大会在投票前已得知他的意见，却没有收到他正式提出退出候选人的信件，于是继续选他为代表。1776 年 6 月，弗吉尼亚代表大会将代表团的人数从七人减为五人，虽然保持了法定人数，但代表们不能随便缺席了。所以，杰斐逊要等到他的继任者理查德·李。7 月 8 日，他通知理查德·李，他将在 8 月 11 日以后返回弗吉尼亚。但直到 9 月 2 日，李才来到费城，所以直到 9 月 3 日，杰斐逊才得以脱身。在此期间，他参加了一个三人委员会，为大陆会议起草会议章程。他还与富兰克林和亚当斯组成一个特别委员会，商讨了一个促使德国雇佣兵退出战斗以削弱英国军队的计划，办法是分别拨给德国军官每人 0.4 平方千米～2 平方千米的土地，条件是必须放下武器，定居美国。建议很快为大陆会议采纳。

杰斐逊急于放弃大陆会议席位的一个重要原因，是他妻子的身体状况令他担忧。他在 1776 年 7 月 20 日给佩奇的信中写道："我收到的每一封信都说明她的健康状况十分恶劣，我是忍着极大的痛苦待在这里的。"大家知道，杰斐逊在个人情感方面是非常克制的，所以他言下的隐忍之情更无法掩盖折磨他的忧虑和悲痛。

他急于要求返回家乡还有另一个重要原因，是他极想参加弗吉尼亚新政府。在他看来，新的州才是新国家的政府和社会的真正组成部分，而他知道，弗吉尼亚的立法工作在原来的国王政府领导下弊端重重，亟待改革。他认为他可以在促进这项工作方面发挥更大作用。革命伊始，杰斐逊正值盛年，革新的热情正旺，他在革命的最初几年中确实做了一生中最具创造性的一些工作。

杰斐逊回到蒙蒂塞洛的家中时，他妻子玛莎的病十分严重，医生建议杰斐逊带她出去调养。短短三个星期，他和玛莎尽情地欣赏山区美丽的景色。然后他就去参加弗吉尼亚议会的开幕。这次，玛莎也陪同他来到了威廉斯堡。他们借住在乔治·威思先生府上。这是一个绿树成荫的小种植园，里面瓜果累累，蔬菜飘香，对玛莎调养身体大有裨益。但是，费城的来信打乱了他们的计划。一天，他夫妇二人正在收拾和布置房间，突然接到大陆会议主席约翰·汉考克发来的邀请函。原来，大陆会议于 9 月 26 日投票选举派往法国的使团成员，富兰克林、赛拉斯·迪恩和杰斐逊当选，任务是争取法国的援助并与之结盟。使命是重大而光荣的。

这是杰斐逊第一次有机会访问欧洲。他非常想去法国，这样不仅能圆了他的旅行梦，还可以接触法国各界文化名人，考察这个欧洲大国的历史和文化，看看塞纳河的风光旖旎、卢浮宫的雄浑壮丽。不过，杰斐逊非常重视家庭。他不能不为玛莎的健康担忧，她是那样的羸弱，根本经不起长途跋涉的颠簸。经过慎重考虑，他还是下决心拒绝了这项任命。三天后他给汉考克写信说："不管我个人有什么样的困难，有什么私事不好处理，在接受这一使命时都会毫不犹豫，但是由于我家里的特殊情况，我无法分身，也无法携眷一同前往。我只好请求您对我的谅解，我不得不谢绝这项光荣、同时对美国的事业如此重要的职务。"

家事确实是他拒绝赴法的一个原因，当时他的妻子健康状况很差，并且还怀着孕。为此，曾使他的一些朋友感到不快，甚至受到他们的责备。但他之所以拒绝赴法，更重要的原因是他想留在弗吉尼亚，完成一个历史性的任务，把弗吉尼亚改造成一个民主的社会。正如他自己所说的："我也看到最困难的工作是在国内，为了使我们的政府成为模范，在国内有许多事情要做，而且这些事情都有极其长远的利益。"杰斐逊的过人之处就在于，他认为独立不是革命的终结，而仅仅是革命的开始。要把政府真正建立在"被治理者同意"的基础之上，给每个人"生命、自由和追求幸福"的权利以切实的保障，就必须建立一个民主的社会。只驱逐走一个国王是不够的，更重要的是必须消灭国王的制度。杰斐逊有个宏愿，他要把弗吉尼亚改造成一个政治民主、经济民主、教育普及的富裕文明的社会。不仅如此，他还要把弗吉尼亚的改革推到其他各州去。而现在，独立战争正在进行，革命热情高涨，正是民主改革的大好时机。如果等到战争结束，人民的革命热潮冷却下去再进行改革，那就晚了。对于这一点，杰斐逊表现出非常清醒和敏锐的政治眼光，他说："时代精神可以变化，而且必将变化。我们的领导人将会腐化，我们的人民将会变得粗心大意。只要出现一个坏分子就可以开始迫害人民，好人将成为他们的牺牲品。下面的话不论如何反复地说都不算过分：应该在我们的领导人都是正派的人而且我们自己也很团结的时候，把每一个重大的胜利都用法律固定下来。这次战争结束后我们将走下坡路。那时就没有必要每一时刻都依靠人民的支持了。因此，他们将被忘记，他们的权利将被忽视，他们也将把自己当初的意愿忘记，而只要有赚钱的本领，就决不想联合起来去争取统治者尊重他们的权利。所以，在战争结束时尚未被敲掉的镣铐，会长期压在我们身上，而且越来越沉重，一直到最后我们的权利将在动乱中恢复或消灭。"

杰斐逊早在1776年7月起草《独立宣言》之前，就曾埋头为弗吉尼亚起草拟议中的宪法。当乔治·威思带着杰斐逊起草的宪法草案于6月23日抵达威廉斯堡时，以乔治·梅逊为首的宪法起草委员会的计划已经提交议会。杰斐逊的宪法草案就只能作为修改、补充的参考了。在通过了的宪法草案前言里，加了一段指控乔治三世的"罪名"清单，以证明政府的改变是有道理的。这一段就是从杰斐逊的草案中吸收进去的。

杰斐逊为弗吉尼亚所写的宪法草案，记录了他在独立战争时期对政府所持的观点。他建议更广泛的选举权，主张有选举权的除拥有财产者外，成年男性纳税人也应包括在内；他主张放宽只有土地的限制，规定每一个未拥有五十英亩土地的成年人有资格获得五十英亩土地，或给他补足五十英亩土地，杰斐逊还主张减少本州东部代表在议会中的过大比例，按照人口比例由各县推选代表。然而，新宪法保留了以现有财产的多寡限制投票权、不给予土地、继续实行每县在下议院有两名代表名额的殖民地制度。

就在杰斐逊答复汉考克的那天，他就被选入弗吉尼亚众议院，并进入几个委员会。到了众议院他立即投入立法方面的改革，提出一系列法案来限制贵族的权利。第二天，他就向议员提出了一个法案——《废止限定继承权法案》。

这个法案废除了《长子继承法》和《续嗣限定法》(《长子继承法》规定，如果一个人没有留下遗嘱而死去，其地产就由长子继承，而《续嗣限定法》规定一家之长有权禁止任何后代分散地产），允许财产所有人生前把他的财产平均分给自己的子女。这样大土地所有者拥有的土地经过几个继承人的均分，就会逐步分散。

这是对弗吉尼亚土地世袭贵族的第一次沉重打击。在殖民地早期，土地可以无代价或很少代价获得。一些有远见的人获得了大量无代价的赠与的土地，由于想为自己建立一个显赫的家族，便通过《续嗣限定法》将土地传给他们的后代。因为法律规定享有永久占有财产的特权，从而形成了一个贵族阶级。他们的宅第壮丽豪华，生活奢侈，英国国王就习惯从这个阶级中挑选自己的官吏。为了获得这种殊誉，他们便死心塌地地为英王的利益和意志服务。杰斐逊认为为德才兼备的人创造机会，使他们代替对社会弊多利少的财富贵族——这对于一个井然有序的共和国来说是至关重要的。要做到这一点就要通过废除该项法律来扩大天赋人权。因为这样一来，财产所有者可以把财产平均分配给子女，犹如平均分配他的慈爱一样。

杰斐逊本人是家中的长子，但他既不是长子继承权、限定继承权的受害者，也非受益者，因为父亲临终时写下遗嘱，将财产分给所有的子女。杰斐逊认为废除这两部法律，对一个共和政体来说至关重要。废除限定继承权和长子继承权，就是在假贵族的根子上砍上一斧头。清除掉这种贵族势力，将会迎来无数德才兼备的人物。这是大自然的赐予，它将给所有的人提供平等的机会。杰斐逊此举成了占据弗吉尼亚上层社会的庄园主贵族阶层的对抗和仇视杰斐逊的开端，这种仇恨不仅终其一生难解，甚至持续到他逝世以后。然而，杰斐逊有勇气把它进行下去，并引以为骄傲。此法案在议院遭到彭德尔顿和帕特里克·亨利的反对，但经讨论修改后最终于10月23日由众议院通过。

除此之外，杰斐逊此间还在议会的其他许多委员会发挥作用，他以一个极大热忱，全力以赴地致力于彻底改组本州司法机构的工作，他精确细致地处理事务的能力再度得到发挥。

1776年10月26日，弗吉尼亚议会通过了“全面修订法律的法案”，随后投票选举了修订委员会，其任务是废除或修改现存的法律并提出新的法律，以适应新的情况。选举的委员会成员得票顺序依次是：杰斐逊、彭德尔顿、威思、梅逊和勒德威尔·李。他们在第一次开会决定修订程序和原则时，彭德尔顿和李主张废止现行的全部法律体制，建立一个新的、完整的体制；威思、梅逊和杰斐逊主张在保留旧的法典的基础上，只对各项法律进行修改和整理，以适应目前的状况。在杰斐逊看来，旧的法律结构是一项一项逐步、历史地形成的，稳定性和熟悉性是法律的理性的重要因素，如果不顾历史形成的东西，把它全部拆除，而重新制定一套全新的法典，那就会把人们卷入“诉讼的年代”。最后，他的主张得到了大家的认同。

在分工时，委员会考虑到梅逊和李都不是律师，答应给他们派助手。但不久，梅逊因健康原因退出了委员会，李还没有接受由他承担的修改工作，即于次年去世，于是威思、彭德尔顿和杰斐逊之间重新分工，杰斐逊担当起大部分的工作。这是一项费时细致的艰苦工作，要求具有常识、良好的判断能力、运用文字的功夫和渊博的学问。自 1776 年至 1779 年两年多的时间里，杰斐逊几乎投入了他全部的时间和精力于这项工作上。

1779 年 2 月，法律初稿完成后，委员会成员在威廉斯堡碰头开会，将他们的草案合在一起。他们日复一日地评审各自分工的部分，逐字逐句仔细修改，直到他们基本达到一致意见为止，于 1779 年 6 月 18 日提交给议会。他们的成果共两大卷，印在纸上整整九十页，包括一百二十六个议案，范围包含从扩大选举权和民选代表到实行开放和个体的土地所有制；从废除英国圣公会的国教地位到实行宗教自由；从实行著名的教育制度直至捉拿盗马贼；从刑法中规定只对叛国罪或谋杀罪处以死刑到蓄奴制度等等。这一百二十六个法案中有五十六个在 1785 年和 1786 年的议会会议上经修订成为法律。可以说，在弗吉尼亚宪法通过以后的几年中，在重大的立法活动中，没有人能够比杰斐逊起的作用更大，并且也没有人能够超过他的影响。

在杰斐逊修改或提交的法案中，有几项有关教育的法案引人注目。它们是：《关于进一步普及知识的法案》、《修改威廉—玛丽学院章程法案》和《建立公共图书馆的法案》。第一项是着力发展普及教育和培养专门人才；第二项是适应时代需要，改革高等教育；第三项是注重充实人的生活，发展终身教育。可以说，这三项法案构成了一个整体，把他的教育计划全部包括进去了。

这三项法案中，《关于进一步普及知识的法案》在杰斐逊的心目中具有特别重要的地位，他把这个议案同撤销限定继承权、废除长子继承权、确立宗教自由看作是建立一个新的社会制度所必需的四大措施之一，这四大措施，也可以说是四大支柱，“是要形成一个足以根除古老的或未来贵族的每一根纤维的制度，为建立一个真正的共和制政府奠定基础”。

杰斐逊特别关心美国民主的前途，他认为，发展教育是防止民主变为暴政的可靠的基础和保障。在他看来，通过普及教育，提高人民的文化知识水平，他们就可以更有效地行使自己的民主权利，就可以有能力来监督和控制政府，从而防止政府的腐化和蜕变，防止民主变为暴政。杰斐逊在《关于进一步普及知识的法案》中写道：“经验表明，甚至在最好的政府形式下，那些被委托以权力的人们，在时间的推移中，依靠缓慢的动作，也会把它变为暴政，因此人们相信：为了防止这个转变，最有效的办法，便是尽可能地启迪一切人的心智，特别是把历史所揭出来的事实，以及历史所记载的其他时代及其他国家的经验告诉他们，使他们能够知道一切伪装下的狼子野心，因而会及时行使他们的天然力量去击败它的目的，……一般说来，人民有最好的法律，而且法律执行得好，人民才会幸福。而法律能否合理制定和认真执行，是取决于制定法律、执行法律的人们是否贤明、正直。因此为了促进公众幸福，应该使那些被自然赋予天才和道德的人们通过自由教育成为更有德行、更为能干的人，从而使他们能够维护本国国民所享有的神圣权利和自由，而且还应委他们以这种职责，而不看重其财产、出身或其他非本性的情况和境遇，这样才能有利于促进公众的幸福。”杰斐逊站在政治的高度，把发展教育同巩固和发展共和制度紧紧地联系了起来，从捍卫民主的角度深刻阐明了教育的重要价值和功能，强调对教育必须予以高度的重视。这些理论至今仍然放射着真理的光芒。

当然，杰斐逊对教育的价值和功能的认识还远远不限于此。他认为教育的功能和作用，更重要的是它能够开发人的潜能，提高人的素质，包括思想道德素质和文化素质，促进人类生活的改善和社会的进步，并把一个贫弱的国家建设成为一个富强的国家。他认为：“知识就是力量，愚昧就是软弱。”“管理良好的教育，其所产生的道德的、政治的和经济上的益处，是无法估量的。”教育之所以有这样重大的作用，就是因为人们通过教育能够获得知识，增进幸福。他认为，教育“使一个新人植根于本民族，并改进他的天性中有缺陷的东西，使之成为具有长处和社会价值的品格。只有每一代人都继承所有前辈获得的知识，增添他们自己的收获和发现，并为了持续不断的积累而把其中的大部分东西传下去，人类的知识和幸福才能得到应有的发展”。

当时弗吉尼亚教育的情况是，正式学校都是私人所办，只有寥寥几座，入学者多为有钱人家的子弟。大学只有威廉—玛丽学院一所，且规模很小，学费又很贵，穷人子弟根本无法问津。总之，教育不论是指导思想，还是发展程度，也不论是普及还是提高，都很落后，与行将建立的共和制度很不适应，有许多问题需要解决。

杰斐逊草拟的《关于进一步普及知识的法案》的宗旨是，国家有权利也有责任为“大多数人”，即无力受教育的穷人子女提供正当的教育。其主要内容是，确立两级学校制度，即初级学校和文法学校。每个县分若干区，每个区在最方便的地方建立一所小学，使所有自由人家的孩子都能上学。所有儿童将享受为期三年的免费教育。十个左右的小学校为一组，每组每年挑选出一个“最优秀、最有天才和最有发展前途”而其父母又太穷而无力继续提供他读书的孩子，保送至几个县共办的初中就读，学费、膳宿费统由州里支付。其他合格而父母供得起读书的学生也可以进入初中。杰斐逊估算，全州二十个初中，“每年将要有二十名最优秀的天才从微不足道的小地方脱颖而出”。从这些挑选出的学生中，每一初中轮流将最有前途的学生送往威廉—玛丽学院深造三年，衣食住宿费全部由州里包下来。这样每年就会有一些公费生到达教育宝塔的顶端。杰斐逊的教育计划，既没有妨碍富裕家庭出身的子弟受教育的权利，同时又为出身非富裕家庭的才能卓越的子弟创造了可以免费受到高等教育的机会。

1778 年 12 月，杰斐逊向议会提交了他的这个法案，但没有被通过；1780 年，他第二次提出，仍然未获通过；1785 年他第三次提出，这次在众议院通过了，但还是被参议院拒绝了；直到 1796 年，议会才通过了一个有关建立公立学校的计划，这个法令只是保留了杰斐逊的一些词句，且只是授权建立小学，至于如何做，留待各地酌情决定。杰斐逊关于挑选和教育最有天资的学生的计划一直没有被采纳。

杰斐逊有关教育改革的第二个法案《修改威廉—玛丽学院章程法案》，

其要义是摆脱教会控制和宗教色彩，改为州立大学。这个法案规定成立由议会每年选出的董事会代替由终身任职的英吉利国教牧师组成的学校管理机构；调整学部设置，由六个部改为八个部，增加法律、医药、历史及近代语言的研究；增加学院的财政收入。他还建议，这个学院应该决定下级学校的课程。其目的是把大、中、小各级学校都从英吉利国教会的控制和影响下解放出来，为培养与新生共和制度相适应的各级各类的领导管理人才和技术人才创造条件。

但是，杰斐逊的这个法案也被议会拒绝了。

《建立公共图书馆的法案》建议把州图书馆设在里士满，州里每年拨款二千英镑用于书籍的购置和保管，还建议由议会任命三个有学问的关心文化事业的人士为该图书馆的监察员，监督图书购买及保管事宜。

这个法案提交议会后，也流产了。

杰斐逊关于教育改革的这几个法案，都是很有远见卓识的，可是在议会中都未能获得通过。尽管他的种种努力失败了，他所提出的《关于进一步普及知识的法案》却是一个伟大的创举，他在这里提出了一套在美国从来也没有人提出过的最富有创造性的教育方案，他提出的一系列天才的教育思想，如建立公共学校系统，人人受三年免费教育，由国家培养德才兼备的统治人才，让穷人子弟有机会受教育，让穷人中的天才儿童有机会发展自己的才智等等，都对后世影响很大，不但影响了后来美国的教育制度，就连近代法国的免费初级学校教育制度也是取自于杰斐逊的这一构想。至于《建立公共图书馆的法案》，在杰斐逊那个时代，还没有一个人像他那样重视人们的精神生活，想方设法用文化科学知识来丰富人们的头脑，后人不能不赞佩他的高瞻远瞩和先见之明。

在弗吉尼亚的几年，杰斐逊还花费了相当多时间从事蒙蒂塞洛庄园的建设。他亲自从事庄园的设计，发展庄园的土地，进行橄榄树、橘子树的栽培试验。杰斐逊还是一位科学发明家。他发明了四旋食品架、转椅和一种改良犁铧，学会了修理钟表、蒸汽机，购买了一些珍贵的图书和天文仪器，还经常观察天象。

在这三年中，杰斐逊也充分享受到了家庭的乐趣。在议会开会期间，妻子前来威廉斯堡和他共同生活，在议会休会期间他就把工作带到蒙蒂塞洛家中来做。1775 年，玛莎生下一个男孩，但是尚未命名就在襁褓中夭折了。1778 年 8 月 1 日，第三个女儿出生，取名玛丽，爱称是波莉，孩子们为家庭增添了许多乐趣。玛莎也有自己固定的工作，她掌管全家的账目，并且操持全部家务，杰斐逊在家时也分担一部分家务。每当忙碌了一天坐下来休息时，丈夫拉小提琴，妻子弹大键琴，全家沉浸在其乐融融的音乐王国之中。

## 宗教自由法令

THOMAS JEFFERSON

杰斐逊认为以上这些都只是民主改革的第一步，在他为弗吉尼亚所做的工作中，最珍视的事莫过于通过立法规定宗教自由。杰斐逊后来把这件事看做是他一生中三大贡献之一，足见他对此事看重到什么程度。

从宗教因素来说，迫使移民前往北美的动因是不堪忍受欧洲的宗教迫害，而北美并非就是宗教自由的天堂，其宗教专制主义曾一度比欧洲有过之而无不及。所谓北美宗教自由，指的是如果你在北美某个殖民地受到宗教迫害，你可以到另一殖民地去谋生或新创建一个殖民地；并非说信奉某一宗教的人在北美任何地方都是自由的，都可以畅所欲言。

实际上，宗教专制主义在北美殖民地初创之时即已露端倪。1609 年弗吉尼亚的特许状规定，移民登船去美洲前，必须已宣誓忠于上帝和英国国教会。殖民地的地位刚被承认，就被划分为许多教区，每个教区都安排了一个英国国教会的牧师。牧师以领取烟草的方式获得固定的薪金，任职期内还享有一所房子、一块土地以及其他必需品。为了应付这些费用，教区居民无论是否信仰国教，一律都得摊派。17 世纪 60 年代后期至 80 年代前期，由于下层民众的斗争而出现了较为宽松的气氛。但到 17 世纪末、18 世纪初，宗教专制主义又再度猖獗。英国国教会是在殖民地初期立下根基的，这一点本来并无特别之处。世界各国都实行政教合一，国教是唯一的正宗，不信奉国教的人虽然可能被人容忍，但是要遭受大量的痛苦和惩罚，如以死刑惩治异教徒，对亵渎宗教信仰的言论严加惩办和强制做礼拜等。此外，根据法律，一切居民，包括一切不同意见的教徒在内，都必须缴纳什一税，以供养官方教会的牧师，而官方教会的牧师都过着奢靡放荡的生活。

根据1770年的调查，在北美十三个殖民地中，有九个殖民地建立了官方教会；在北部三个殖民地——新罕布什尔、马萨诸塞和康涅狄格，公理会派教会成为官方教会；在中部和南部六个殖民地——纽约、弗吉尼亚、马里兰、佐治亚、北卡罗来纳及南卡罗来纳，圣公会（即英国国教会）取得官方教会的地位。只有宾夕法尼亚及罗德岛实行的是宗教自由政策。殖民地当局往往把正统教会的教义作为治理殖民地和规范殖民地社会道德准则的理论依据；与正统教会的教义相抵触的非正统教会的教义，则被视为异端邪说，信奉非正统教会教义的人自然就是异端分子，遭殖民地当局的驱逐甚至无情迫害。所以，清教徒在南部遭驱逐，主教教徒在北部横遭放逐，贵格会教徒在宾夕法尼亚、罗德岛之外无立锥之地。

迫害异教徒的刑罚异常残酷。中世纪式的酷刑在宗教专制时期的北美殖民地都被施行于异教徒。1631年，一位名叫菲利普·拉德利夫的人，就因“恶意中伤政府和教会”而被判处鞭挞、割耳、罚款四十先令，并被驱逐出马萨诸塞。1647～1663年及1688～1693年间，在马萨诸塞殖民地的带领下，新英格兰地区发生了殖民地历史上极为悲惨的迫害异教徒的所谓“巫觋事件”。仅1692年发生的塞勒姆血案中，清教徒就惨杀了二十名无辜的异教徒。1741年，在纽约又发生了迫害异教徒的惨案，一百多人被捕，三十五人被处死，七十多人被流放。

在弗吉尼亚，圣公会派教会是官方教会，它到1776年为止已经统治了一百多年。在英国和殖民地政府及法律的保护之下，圣公会的信条及礼拜仪式居于统治地位。官方教会的牧师们靠民众的纳税而过着一种寄生虫式的、养尊处优的生活。独立战争前，官方教会的许多牧师沉溺于赛马、打牌、跳舞、看戏、酗酒的狂欢之中。圣公会派教会的宗教迫害是骇人听闻的：父母如果拒绝让子女接受该教会的洗礼，就是犯罪行为；禁止教友派非法集会，禁止任何个人招待他们，或者卖宣传他们教义的书籍；在境内禁绝任何一个教友派，发现时必须放逐，对于第一次和第二次返回的教友派规定了较为温和的处罚，但是如果第三次返回，则处以死刑；异教徒是死罪，而且要被处以火刑。还有，如果一个在基督教义下长大的人否认上帝的存在或三位一体，或者否认《圣经》的神圣权威，那么在初犯时就要被判处丧失担任宗教、民政及军队中的任何官职的资格。犯第二次者，就丧失起诉、接受赠物或遗产、担任保护人、遗嘱执行人或遗产管理人资格，并被处以三年徒刑，不许保释。如此等等，不一而足。国教牧师对来到这里的贵格派教徒最不能容忍，动用严酷的刑罚把他们驱除出殖民地。可是，其他教派也纷至沓来，尤其是长老派。与国教牧师的无所事事相反，其他教派的传教士热忱而勤奋。随着 18 世纪脱离教会的人越来越多，圣公会也就随之丧失了活力、影响力和教众。到独立战争时，大多数居民已成为国教会的反对派。可还是不得不拿出钱来养活这些国教牧师。早在英王统治时代，人们就已经对这种被迫养活一批宣讲他们所反对的教义的牧师的做法表示不满，可惜没有改变的希望。

随着革命形势的发展，国教的影响大大削弱了，在群众中，不信奉英国国教的人数远远超过了圣公会的教徒。但是，压迫非国教派的法律依然存在，群众强烈要求实现宗教信仰自由，要求英国教会同政府分离，情绪越来越激烈。

共和国成立后的第一次州议会于 1776 年召开时，收到了大量要求废除这种精神上的暴政的请愿书。杰斐逊受命参加了一个关于宗教事务的十九人委员会，负责接受这些请愿书，这导致他参加了迄今为止最为激烈的斗争。他所奋斗的目标就是使教会与政府脱离，实行完全的宗教信仰自由。

1776 年 11 月，杰斐逊在州众议院发表演说，扼要地阐明了他在宗教问题上的全部主张。他先列数国教教会种种弊端的历史教训，大部分是欧洲的往事。接着，杰斐逊便提出了一个根本问题：国家在宗教问题上有没有权力采取某种主张呢？没有。根据洛克的契约学说，人们组织政府是为了保障他们自己独立无法保障的权利，但宗教信仰与此无关，因为它完全属于内心世界，是私人的事，并不仰赖政府当局。他抨击国家支持宗教并赋予宗教特权的行为是极其愚蠢的行为，给人类带来了极大的灾难。他说："自从基督教问世以来，已经有数以百万计的无辜男女遭受火刑、拷打、罚款、监禁。可是我们并没有朝着统一宗教信仰前进一寸。强制的结果是什么呢？只不过是把世人的一半变成了傻瓜，一半变成了口是心非的伪君子罢了。”杰斐逊从根本上否定了官方教会存在的合理性。他说，国家根本就不应该支持或者反对任何一个特殊形式的教会，政教必须分离。历史证明，教会和国家的结合，一定会导致暴政和压迫。“在每一个国家和每一个时代，教士总是敌视自由。他始终与暴君联盟，支持暴君的暴虐，以报答暴君对自己的保护。”当宗教成为国家的工具时，就成为对自由的威胁。因为，“只有谬论才需要政府撑腰，真理是能够独自屹立的”。

当时在议会中主张宗教改革和反对宗教改革的人斗争非常尖锐，从1776年到1779年，每一届议会都对这一法案进行反复的辩论。虽然弗吉尼亚大部分人是新教徒，但议会却以国教徒为主，贵族出身的大部分人都站在反对改革的一边，以彭德尔顿和尼古拉斯二人为代表的一部分死硬派，站在反对改革的一边，前者坚持保守立场，畏惧改革；后者则是出于笃信宗教的感情，这两个人又都享有很高的威信，擅长辩论，还精于玩弄政治手腕。杰斐逊称彭德尔顿是他所曾遇到的最危险的敌手。一些牧师对杰斐逊起草的《宗教自由法令》十分不满，斥其为“无神论法令”。在议会中，主张宗教改革的力量同反对派也是旗鼓相当。因此，这场宗教改革经历了漫长、曲折的路程。

杰斐逊后来说，不信奉国教者的请愿书“引起的争论之激烈是我从来没有经历过的”。他没有想到，思想观念的转变是一件非常艰难的事情，与思想自由、知识自由交织在一起的宗教自由要为众人所认同，还得在泥泞中跋涉，走过漫长而曲折的路程。

尽管杰斐逊在议会中招致的反对声很高，但他也拥有自己的赞赏者和拥护者。此时，一位来自奥林奇县的25岁的代表詹姆斯·麦迪逊在州立宪会议上对宗教自由的呼声最高，被增补进了委员会。此人出身于大种植园主之家，毕业于普林斯顿大学，貌不惊人，又瘦又小，身高只有1.64米，体重不过45公斤，但他丰富的法律知识和雄辩才能立即引起了人们的注意，从此成了杰斐逊的好伙伴，开始了二人终生不渝的友谊。

1776月11月，议会推选杰斐逊等六人起草一项法案，免除不信奉国教者纳税供养英国教会的律令，得到议会的通过。但是，普遍停止征税供养各类宗教的牧师和教士的问题，还没有解决，一直争执不下。至于让英国国教脱离政府，实行宗教完全自由，那就更不知道何时才能实现了。

杰斐逊毫不松懈，抓紧进行工作。1779 年 6 月，他向议会提出了《宗教自由法令》。

《法令》写道："全能的上帝既然给予人类以思想自由，所以任何企图影响它的做法，无论是凭靠人世间的刑法或压迫，或用法律规定来加以限制，结果将只是造成虚伪和卑鄙的习性，背离我们宗教的神圣创始者的旨意……有些在世间的和教会中的立法者或统治者，他们本身不过是常有过失和没有得到圣感的人，但是竟然肆无忌惮，以为他们有权支配其他人的信仰，他们把自己的意见和想法，说成唯一的永无错误的真理，并强迫世人予以接受，这些人自古以来，在世界上大多数地方所建立的和所维护的，只是虚假的宗教而已；强迫一个人捐钱，用以宣传他所不相信的见解，这是罪恶和专横的；甚至强迫人出钱支持他自己所相信的教派中这个或那个传教士，也是在剥夺个人意愿的自由……我们的公民权利并不有赖于我们在宗教上的见解，正如它不依赖我们在物理学或者几何学上的见解一样，因此，如若我们规定，一个公民，除非他声明皈依或者放弃这个或那个宗教见解，否则就不许接受责任重大和有报酬的职位，因而不值得大众的信赖，这实在是有害地剥夺了他的特权和利益，而他对于这些特权和利益，正和他的同胞们一样，是享有天赋权利的。"

杰斐逊精辟地指出："如若我们允许政府官员把他们的权力伸张到信仰的领域里面，容许他们假定某些宗教的真义有坏倾向，因而限制人们皈依或传播它，那将是一种非常危险的错误做法，它会马上断送全部宗教自由。""真理是伟大的，只要听其自由发展，它自然会得到胜利，真理是谬论的真正有力的对手，在它们的斗争中，真理是无所畏惧的，它只怕人类加以干扰，解除它天赋的武器，取消自由的引证和自由的辩论；一切谬误，只要大家可以自由反驳，就不危险了。""任何人都不得被迫参加或支持任何宗教礼拜、宗教场所或传道职位，任何人不得由于其宗教见解或信仰，在肉体上或者财产上受到强制、拘束、干扰、负担或其他损害。"

这个法案的结尾斩钉截铁地声明："我们在这里所主张的权利，都是人类的天赋权利，今后如通过任何法令废除本法案或缩小其效力，该法令将是对天赋权利的侵犯。"麦迪逊称这个法案"永远消灭了为了限制人的思想而制定法律的妄想"。

1784 年，国会派遣杰斐逊出使法国，于是就由他的年轻朋友詹姆斯·麦迪逊接手领导州众议院里的改革派。1785 年春天，麦迪逊写下了《反对宗教摊税的请愿书和抗议书》。这份没有作者署名的文件有手写本也有印刷本，在弗吉尼亚中部普遍流传，大多附有空白的请愿书，以征求签名。

这份抗议书对杰斐逊法案中蕴含的思想重点作了出色的阐述。它同样以启蒙运动关于理性和权利的指导原则为出发点，并且得出同样的结论。麦迪逊坚持认为，对于真正的宗教来说，用税金来给它撑腰，与其说是支持它，倒不如说是败坏它的名声，这样做实际上是“亵渎歪曲拯救世人的事业”。到 1785 年，革命浪潮日益高涨，西部的民主力量上升。在这种形势下，麦迪逊趁此机会再次推出杰斐逊的《宗教自由法令》，结果只有一处略做修改，便被州众议院通过。

这项法案包括三部分：序言、执行条款和一段劝喻性的结语。序言共计约六百字，占全文篇幅的四分之三，雄辩地宣告人类思想活动神圣不可侵犯，其涉及范围不只是宗教信仰，而是最广泛的心智活动。

麦迪逊将这一喜讯告诉了远在巴黎的杰斐逊。十年奋斗不寻常，杰斐逊闻讯深感欣慰和自豪，立即安排出版事宜，并把这个法案的抄本分送给在巴黎的各国使节，希望他们广为传播。不到一年，他在给麦迪逊的信中兴高采烈地谈了这个法案在欧洲受到的重视和欢迎，他满怀豪情地写道：“我所说的不是政府，而是组成政府的个人。它已被译成意大利文，并且被送到欧洲大多数宫廷……它被加进新百科全书中去。而且它也出现在有关美国的大多数出版物中。多少世纪以来，在人们的心灵被国王、教士及贵族禁锢了许多世纪之后看到理性的旗帜终于被树立起来，真令人感到欣慰；我们有幸制定第一部法律，并勇于宣告人类在形成自己见解的过程中以理性为依据，这太光荣了。”

这是杰斐逊的光荣，也是美国人民的光荣。宗教自由问题，实际上是思想自由问题。在政教分离的社会基本奠定的条件下，美国制宪会议于 1791 年批准颁布了《权利法案》，在第一条中明确规定：“国会不得制定关于下列事项的法律：建立宗教或禁止宗教自由。”这是美国革命取得的最重要的成果之一。

## 附录 《弗吉尼亚宗教自由法令》

一、全能的上帝既然给予人类以思想自由，所以任何企图影响它的做法，无论是凭靠人世间的刑罚或压迫，或用法律规定来加以限制，结果将只是造成虚伪和卑鄙的习性，背离我们宗教的神圣创始者的旨意；他是躯体和精神的主宰，他无所不能，但是他并不强迫向我们的躯体和精神宣扬他的旨意；有些在世间的和教会中的立法者或统治者，他们本身不过是常有过失和没有得到圣感的人，但是竟然肆无忌惮，以为他们有权支配其他人的信仰，他们把自己的意见和想法，说成唯一的永无错误的真理，并强迫世人予以接受，这些人自古以来，在世界上大多数的地方所建立的和所维持的，只是虚假的宗教而已；强迫一个人捐钱，用以宣传他所不相信的见解，这是罪恶和专横的；甚至强迫人出钱支持他自己所相信的教派中这个或那个传教士，也是在剥夺个人意愿的自由，使他不能把他的捐助赠予他所乐意赠予的牧师，而正是这位牧师的道德可以作为他的榜样，这位牧师的能力最足以说服他从事善行；同时这也是剥夺了牧师们应从世间得到的酬报，而这些由于他们个人的行为受到尊敬而获得的酬报，正足以鼓励他们认真地和孜孜不倦地向世人传教：我们的公民权利并不有赖于我们在宗教上的见解，正如它不依赖我们在物理学或者几何学上的见解一样，因此，如若我们规定，一个公民，除非他声明皈依或者放弃这个或那个宗教见解，否则就不许接受责任重大和有报酬的职位，因而不值得大众的信赖，这实在是有害地剥夺了他的特权和利益，而他对于这些特权和利益，正和他的同胞们一样，是享有天赋权利的；有些人在表面上皈依一种宗教，并且也能依照它的规律而生活，但是如果我们给予他们独占权，使他们享受世界上其他人所不能享受的荣誉和报酬，那实在是一种贿赂，而这种贿赂不但不能促使这个宗教的真义得到发展，反而使之趋于腐蚀；这些不能抵抗诱惑的人，固然都是罪人，但是那些在路途上安放钓饵的人们，也不能算是清白无罪；如若我们允许政府官吏把他们的权力伸张到信仰的领域里面，容许他们假定某些宗教的真义有坏倾向，因而限制人们皈依或传布它，那将是一种非常危险的错误做法，它会马上断送全部宗教自由，因为在判断这些宗教的倾向时，当然是这个官吏做主，他会拿他个人的见解，作为判断的准绳，对于别人的思想，只看是否和他自己的思想相同或不同，而予以赞许或斥责；一个政府要实现它的合理意旨，总是有充分时间的，当理论转化为公然行动、妨害和平及正常秩序时，官员们总是来得及干涉的；最后，真理是伟大的，只要听其自行发展，它自然会得到胜利，真理是谬误的真正有力的对手，在它们的斗争中，真理是无所畏惧的，它只怕人类加以干扰，解除它天赋的武器，取消自由的引证和自由的辩论；一切谬误，只要大家可以自由反驳，就不危险了。

二、大会兹颁布，任何人都不得被迫参加或支持任何宗教礼拜、宗教场所或传道职位，任何人不得由于其宗教见解或信仰，在肉体上或者财产上受到强制、拘束、干扰、负担或其他损害；任何人都应该有自由去宣讲并进行辩论以维护他在宗教问题上的见解，而这种行为，在任何情形下，均不得削弱、扩大或影响其公民权利。

三、虽然我们都很清楚地知道，我们这个大会，只是人民为了一般的立法目的而选举成立的，我们没有权力限制以后的大会的法令，因为它们是具有和我们同样的权力的，所以，如若我们此时声明这个法令永远不得废除，这是没有任何法律上的效力的；但是我们还是有自由声明，同时必须声明，我们在这里所主张的权利，都是人类的天赋权利，今后如通过任何法令废除本法案或缩小其效力，该法令将是对天赋权利的侵犯。

## 3 战时的州长

THOMAS JEFFERSON

1779 年 6 月 1 日，议会两院联合投票，选举杰斐逊接替帕特里克·亨利担任弗吉尼亚州州长。因为按照宪法规定，帕特里克已连任三次，每任一年，不能再连任。

杰斐逊本来在 1779 年的 5 月初，就向外界透露出他的退休之意，年方 36 岁的他萌生了离开公职、回到书斋去“享受研究哲学的乐趣”的念头。然而，这时的北美独立战争并未结束，更加需要一批像他这样有才能的人。华盛顿为杰斐逊生出隐退忙于私人生活的念头深感遗憾。彭德尔顿则直接批评他说："你太年轻了，不应该请求解脱公职而去享清福，而应该至少把退休推迟到你已经把改革的道理及立法的重要原则传授给新兴一代人的时候。"于是，杰斐逊重新回到政界，他的朋友和追随者们都竭力怂恿他参加州长竞选，特别是西部农民民主力量，把他视为争取政治民主和社会改革的领袖，都拥护并支持他成为州长的候选人。在这种情况下，杰斐逊只好默认朋友们把他的名字列在州长候选人的名单上。

在这次州长选举中，州务委员会主席兼副州长约翰·佩奇和弗吉尼亚民兵指挥托马斯·纳尔逊与杰斐逊展开角逐。而约翰·佩奇是杰斐逊大学时的老同学。

竞选紧张激烈，第一轮投票结果表明候选人无一人超过半数。杰斐逊获五十五票，约翰·佩奇三十八票，托马斯·纳尔逊三十二票。第二轮投票在杰斐逊和佩奇之间进行，杰斐逊得六十七票，佩奇得六十一票，杰斐逊当选为州长。佩奇随即向他的大学同学保证，将"尽一切力量使你感到你的政府运转顺利"。杰斐逊对佩奇讲，由于他们双方朋友的热情，他们被置于竞争者的位置上，他曾为此而苦恼。但是他又说，令人宽慰的是，他们各自得票相差无几，所以"既不会使你感到痛苦，也不会使我感到快意"。

杰斐逊同前任帕特里克·亨利一样，搬进了过去皇家总督居住的总督宫。当年学生时代，他和斯莫尔、威思曾经常应福基尔之邀，在这个总督官邸里参加各种文化、社交聚会。二十年过去了，他自己竟然住进了同一个官邸，世事沧桑，物是人非，杰斐逊好不感慨。1779 年 9 月，杰斐逊夫人和两个女儿帕齐与波丽也搬了进来。

当上州长本是荣耀之事，杰斐逊对此却处之泰然。再说，在这战争的紧要关头，弗吉尼亚又面临诸多问题，当州长肩上的担子很重，谈不上值得庆贺。杰斐逊幽默地对一位前来祝贺的朋友说，吊唁恐怕更适合实际。他给理查德·亨利·李写信说："在一个廉政的政府里，尤其是现在这样的情况下，公职对被任命者来说，是也应该是一副重担。"确实，当时弗吉尼亚的时局是：州财政紧张，货币以每天五分的速度贬值，很快就会变得一文不值；民团装备很差，军事上根本没有准备好自己的防御体系，支援它的只是为数甚少的联邦军队；该州已遭过敌军蹂躏，饱尝兵患。这些问题各州都遇到过，而弗吉尼亚的问题更为特殊，弗州地域辽阔，因而运输和通讯都面临更多的困难。此外它还有绵长的海岸线，许多内陆航道都深入大陆腹地，随时都有可能遭到来自海上的攻击。弗州军队要想快速穿越多条河流挺进内陆，复杂的地形正是极大的障碍，而此时弗吉尼亚已经受到英国军队的直接威胁。

州长一职权力不大，但所费精力却很多。他必须满足军队总指挥不断提出的对更多的弹药、装备和军粮的要求，同时还必须使渴望返回农场收获庄稼或耕种土地的民兵备战，尽最大可能使之保持战斗状态，以便抵抗来犯之敌，并防范西部边境印地安人的起义。而且，他还必须考虑本州人民的普遍情绪和立法机关的正常运转。当时州长要完全依赖于议会。1776年宪法赋予议会以最高权力，而州长既无否决权，也不如英王派来的总督有解散议会的权力。他在行使行政权力时，要听取由议会选出的八人州务委员会的意见，有时则会因四名州务委员缺席，不到法定人数而无所作为。

不久，议会通过一项法案，1780年5月将州府自威廉斯堡迁往里士满。这是议会根据杰斐逊1776年草拟的一项州府西迁的议案做出的决定。迁都的理由一是威廉斯堡靠海，易受攻击（1779年5月后这种危险性就更大了），二是远离内地，与居民不断西迁的形势不相适应，不如选择地处州中心的里士满作为首府更方便。

里士满当时居民才一千八百人，是一个风景如画的小村庄。州政府西迁至此，连办公楼都没有，州长也得自找住所。后来，杰斐逊从一个名叫托马斯·特平的上校那里，租到了里士满少有的雅致砖房住宅，并从威廉斯堡总督宫里运来四十八箱家具和陈设品。

安顿下来后，杰斐逊最关注的是规划这个未来的州府。议会任命他领导一个由九名公共建筑负责人组成的委员会，他立即开始制定开发这个城市的计划。虽然杰斐逊厌倦公职生活，但初来乍到，新州政府百废待兴，城市的建设给热衷此道的杰斐逊提供了一个施展才能的大好机会。后来的弗吉尼亚州议会大厦模型，还是杰斐逊自巴黎亲自设计送来的。

州府虽迁到里士满，但战争还远未结束，前途渺茫。独立战争是由各州和大陆会议组织的联合军事力量来进行的，但组织得很差。到1780年春，大陆上的战争频频失利，独立战争已处在最危急的时期。麦迪逊3月自大陆会议写信给杰斐逊说："我们的军队马上只有两条路可选择了：要么解散，要么求饶。财库空虚，公共信贷告罄。我还听说，所属代购机构的私人贷款也已不堪忍受，大陆会议抱怨民众索取太多，而民众则抱怨大陆会议用钱不当，而军队则对两方面都意见极大。我们的事业要求有最成熟周全的措施，但局势紧急，只允许采取临时的权宜措施，而这些措施又引发出许多新的困难。"话语间流露出失望和无奈的情绪，让人灰心丧气。但杰斐逊仍努力工作，绞尽脑汁，全力支持抗英斗争。为了向大陆军队提供粮食，在议会的授权下，杰斐逊派特派员到各县去收购粮食。但是这些特派员态度粗暴，往往破门而入，翻箱倒柜，扰民现象屡屡发生。

为了支持战争，杰斐逊在议会的授权下，向民间征用车、马等军需物资，还把蒙蒂塞洛家中的车和马匹贡献了出来。由于美洲海岸被英军封锁，难以从海外购运大炮军火，杰斐逊因此努力发展地方武器制造业，创建了好几个铸造厂，专门生产大炮及其他武器。

1780年6月，杰斐逊连任弗吉尼亚州州长。这一年比上一年的情况还要困难重重。州的财政状况几乎处于绝境，通货膨胀猖獗，州的货币越发不值钱。英国在1780年5月12日占领查尔斯顿后向北推进，南方的军事形势迅速恶化。杰斐逊急切请求大陆会议发给军需品，强调指出州的给养严重匮乏，甚至连民兵都没法武装；同时又向大陆会议保证，本州的资源将"愉快地献给共同的事业"。可是州的资源不是缺乏就是没有有效地动员出来。难怪霍雷肖·盖茨将军抱怨派到北卡罗来纳归他指挥的弗吉尼亚民兵赤手空拳，甚至连衣服都没穿够。

10月，一支由六十艘船组成的英国舰队开进切萨皮克湾，数队轻骑兵在朴次茅斯附近登陆。面对步步为营的敌人，杰斐逊徒唤奈何，他给华盛顿将军写信说："一个能够且热心与敌人较量的民族，由于缺乏防御手段不得不袖手站在一旁，想到此就令人感到屈辱；然而，我们不知道有什么资源能保证我们进行抵抗。"

11月22日，英国军舰转而驶向查尔斯顿，方使杰斐逊松了一口气。不过这只是暂时的，因为12月底本尼迪克特·阿诺德率领入侵的英军长驱直入，准备向弗吉尼亚这个老自治领地的心脏推进。

杰斐逊受到各方的压力：大陆会议要他为打仗出钱，为保卫大陆出军队；南方处于危急状态的军队要求发给武器、给养和衣物；本州公民看到自己这个州在入侵敌人面前首当其冲，人心惶惶。

最担心的事终于发生了。在杰斐逊第二任州长后半期（1781 年 1～6 月），弗吉尼亚大难临头。一支英国舰队沿詹姆斯河驶到韦斯托弗，将本尼迪克特·阿诺德的入侵军送上岸，直逼里士满。弗吉尼亚几乎没有设防。它的东海岸开阔，海岸线颇长，缺乏坚固的防御工事，也没有足够的陆海军去抵抗敌人的入侵，兵力、武器都严重缺乏。它只有四艘小型战舰、六十门大炮和三艘武装小艇，陆军则是由未经训练、纪律松散、装备极差的民兵组成，每五个军人才有一枝步枪。而且地广人稀，兵源匮缺，平均每平方英里的土地只有一个民兵防守。杰斐逊立即召唤邻近各县的民兵，匆忙将里士满的档案和有限军需转移他处，并将他的家眷撤离该城。

阿诺德的军队没有遇到任何抵抗，便长驱直入，派遣一个分队炸毁了西哈姆铸造厂，将一些公共建筑和私人建筑放火焚烧，将武器弹药和军需品整车整车地拉走。二十四小时后，阿诺德军队“发泄”完毕，扬长而去，留下一片狼藉。杰斐逊就在离里士满不远的詹姆斯河对岸的一处民房里，度过了几个不眠之夜。英军撤退后不到三十六小时，他回到了州府，发现丢失的物品有：州议会大厦阁楼里的一百五十枝滑膛枪、布鲁克街上的一百五十辆货车、弹药库内的五吨炸药、军需处的一百二十张皮革，等等。

但更严重的损失是无形的：阿诺德的入侵影响了弗吉尼亚对南方战场上的美军供应，从而有利于敌人。关于这一点，杰斐逊在给南方军统帅格林将军的信中承认：“当他们来的时候，我们正把供应衣食和提供人力的工作做得很好。但是他们惊人地打断了这两个方面的工作。”为了抵抗入侵而动员起来的民兵，把原为格林的军队准备的粮食消耗殆尽。因此有人批评杰斐逊没有及时认识到局势的严重性。事后，杰斐逊自己也承认，如果早两天把民兵召集起来，阿诺德就不会顺利地打到里士满。但是他把两天的延误归咎于错误的情报。因此，杰斐逊的批评者指责他是在为此开脱。

然而，弗吉尼亚的厄运并未结束。

到1781年春，英军在南方节节胜利，已经在南、北卡罗来纳占领了大片土地。5月1日，英军统帅康华利率领大军离开威尔明顿北上，试图一举踏平弗吉尼亚。因为在他眼中，弗吉尼亚是南方战场美军的人力、衣粮及武器的主要供应者，从而把弗吉尼亚看成是眼中钉。

杰斐逊立即下令各县把所有的人力和武器都贡献出来，征用马匹，加紧组织骑兵，奴隶也被动员起来参加公务劳动。就在他加紧进行军事部署的时候，州务会议的成员都逃散了。议会本应该在5月7日开会，但是议会两院都没有达到法定人数，只好由会议员发出一份通知书，约定5月24日在夏洛茨维尔开会，因为首府里士满正处在康华利进军的路线上，杰斐逊已经决定把州政府迁往这个县城，军事局的工作地点搬到离夏洛茨维尔数英里之遥的佛克点。

杰斐逊火速地从北方购买武器。在他的指示下，大陆会议的弗吉尼亚代表在费城弄到二千枝滑膛枪，然后运往弗吉尼亚，还买了几百门大炮及数吨火药。同时，杰斐逊还向北方求援。不久，属于大陆军队的宾夕法尼亚部队，由安东尼·韦恩率领，来到弗吉尼亚与另一支由拉斐德率领的部队会合。康华利部队侵入弗吉尼亚，与驻守朴次茅斯的英军会师，兵力增加到七千人。康华利的第一个目标就是消灭拉斐德的部队。当时拉斐德的部队兵力薄弱，只好向里士满以北撤退。康华利指挥部队穷迫不舍，但由于行动迟缓，未能追上，便沿途大肆洗劫、扫荡。

当杰斐逊的任期在6月2日期满，他的继任者尚未到任之时，试图一举征服弗吉尼亚的康华利派塔尔顿的龙骑兵，前往夏洛茨维尔去捕捉正在那儿开会的弗吉尼亚议会议员及杰斐逊本人。两院的议长和其他一些议员，同杰斐逊一起住在蒙蒂塞洛。塔尔顿奉命之后，随即率其龙骑兵朝夏洛茨维尔进发。6月3日晚，当他们来到距夏洛茨维尔四十五英里的路易萨小镇时，被一名警觉的美国民兵发觉。这个民兵立即悟到大事不好，情况万分危急，于是飞身上马，连夜赶往蒙蒂塞洛报信。被突如其来的马蹄声惊醒的杰斐逊，披上衣服靠窗而观，见这位气喘吁吁的民兵连长正滚鞍下马。杰斐逊把他让到屋里，给他倒了一杯葡萄酒，请他边喝边报告军情。喝完酒之后，杰斐逊让他再去夏洛茨维尔，把英军进逼的消息告诉议员们。杰斐逊向在家中做客的两位议长及一些议员传达了敌人即将来到的消息。客人们在早餐后便匆匆离去。杰斐逊镇静自若，他安排妻子、女儿先转移，自己则留下来整理文件，安排家务。

原来，塔尔顿的大路人马并未星夜兼程地赶路，在途中还休息了一夜。在遇到运货马车时，还停下来抢夺货物，并闯入几个弗吉尼亚的绅士家中，把他们从睡梦中拖走。另外，还抓住了几位大陆会议的北卡罗来纳代表。由于事先有了防范，在塔尔顿来到夏洛茨维尔附近的里瓦纳渡口时，这儿已有人把守。但这支龙骑兵倚仗人多势众，横冲直撞，烧毁了军火仓库，抓到了七名议员。据说这七名议员虽然早就从勇敢的民兵连长那儿知道敌人即将来犯的消息，却将信将疑，不肯马上离开，因而落入魔掌。在塔尔顿进入夏洛茨维尔之前，他派连长麦克劳德带领一小批人马去蒙蒂塞洛，声称要活捉杰斐逊。

当杰斐逊正在家中捆包文件、仆人们正在收藏珍贵物品时，一名军官慌慌张张来报，说一批英军正在前来。杰斐逊相当沉着，收拾完最后一批文件后，他才不慌不忙地上马离去。更惊险的是，杰斐逊并没有马上逃走，而是拿起一架望远镜骑马上山，从那里查看附近整个地形。因为没有看到骑兵的踪迹，他便决定返回蒙蒂塞洛。正当他跪下来用望远镜再次仔细观察的时候，发现腰刀丢了，于是准备回去寻找，正好看到远处布满了英军的骑兵。于是杰斐逊立即上马离去，没想到丢失的腰刀竟然救了他的命。

原来，就在杰斐逊离开家五分钟后，麦克劳德的骑兵就蜂拥而至了。他们把蒙蒂塞洛团团围住。在大门口，一名士兵用枪口顶着杰斐逊仆人马丁的胸口，厉声说："如果不说出主人的去向，就开枪打死你！"马丁回答说："那么就开枪吧。"连长麦克劳德便叫马丁陪他去搜查屋内。在走进这位州长收藏文件的书房后，麦克劳德环视了几分钟，然后把门关上，又把钥匙交还给马丁。这支英兵在杰斐逊家"秋毫无犯"，这是因为塔尔顿有令在先，不许他们损坏任何东西。这些人在此逗留大半天后随即离开。

杰斐逊自蒙蒂塞洛离开时，同全家一起逃往波普拉森林。这是他妻子继承的一个农庄，位于距蒙蒂塞洛西南七十英里的贝德福德县。几天后，他便返回蒙蒂塞洛。但是不久，他骑马外出时，不慎从马上跌落，虽然伤势不重，却也不得不休养一个多月。杰斐逊没料到的一场攻击已经来临。

他任州长最后时日的烦恼几乎也就自此开始。

1781 年 6 月 12 日，一位刚进入州众议院的年轻议员乔治·尼古拉斯提出动议，在下届议会会议上，应该对杰斐逊的行为提出质询。由帕特里克·亨利支持的这个决议案在同一天通过。亨利这时已不仅是对手，进而变成敌人了。杰斐逊一辈子也忘不了亨利的这一行动。众议院秘书约翰·贝利克立即给杰斐逊发出一份材料，但直到 8 月 7 日，杰斐逊才收到。在此之前，杰斐逊从参加会议的朋友们那里就已得到这一消息。有些朋友支持调查，还信心十足，认为这样做“会给你带来荣誉”。7 月下旬，杰斐逊从波普拉森林回到蒙蒂塞洛后，立即给尼古拉斯写信，问要调查哪些具体事件。尼古拉斯回信称“不是具体指哪件事办错了”，不过他列出了几件事，认为应当交待解释清楚，第一件是“阿诺德第一次进军里士满时为何我方毫无抵抗”，其他一些指责都是有关民兵和武器弹药的损失，等等。尽管决议案提出的是调查政府领导而非州长一人的行为，因而也包括州务委员会成员，可是矛头看来主要是针对杰斐逊的。他立即着手准备为自己辩护。年轻时做律师为别人辩护的经验，这时又能用到自己身上了。此时，一名来自阿尔贝马尔县的众议员辞职去州里担任职务，杰斐逊立即去谋这一席位，以便能够在议会的议席上为自己辩护。在预定开始进行调查的 1781 年 12 月 19 日这一天，乔治·尼古拉斯甚至未在众议院露面坚持他的指责，也没有其他人再提出这些指控。实际上，辩护已不必要，委员会的报告所说，除了谣言之外，并没有其他依据。可是，认真执拗的杰斐逊却站了起来，手上拿着一张纸，上面是他开列的可能会受到的指责，比尼克拉斯给他的还要详细。于是他当众自问自答起来。

在他落座后，会议一致通过一项表扬和致谢的决议案，解释说：由于有些尖锐的指责在民众中引起种种谣言，还在某种程度上赢得人们的相信，因此有必要对他的行为进行调查，致使他本应早就得到的荣誉——公众感谢之情，迟至今日才得以表达；这种行为既已成为公开审查的对象，因而经过冷静深入的讨论后得到满意的结果，其价值就会增添十倍。经参议院修正后的最后决议，歉意之词有所删节，但最后的结论是清楚明白的。它写道：“决议：大会真诚地感谢前任州长托马斯·杰斐逊先生，感谢他在任时的公平、正直和精心的理政。大会愿郑重宣布高度评价杰斐逊先生任本州主要行政长官时所表现出来的才能、严正和忠诚，并且为此公开声明，消除和取消一切不实的指责。”

名誉虽然已经得到公开维护，但杰斐逊对这些基于谣言的指控竟然得以在会上提出深感伤心。1816 年，即他卸任总统后七年，他还对三十五年前的这段州长经历耿耿于怀，足见那些指责对他的伤害是多么地深。他这样写道：“难道大家都相信，还是不知道，我这次逃避的是一队骑兵，它的整个军团也近在咫尺，随时可来支援。可是有些人，还有党派作家，就这件事写了许多文章来责骂我，他们的态度是严肃的还是带讽刺的？诗里面唱、无聊的议论文里也说，什么忘掉了拉曼英雄和他的风车的崇高范例，不愿单枪匹马地同一队士兵开战，这要是得胜岂不是十分荣耀？他们自己同时忘了，没有人给我准备好骑士的神妙武器，甚至连他的马布里诺头盔也没有。这些纸上谈兵的英雄们，看他们真的不屑往树林中躲避，甚至敢单独一人徒手跟一个军团的武装敌人打仗吧！”

这一事件也显示了杰斐逊性格中的另一个根本特点，即过于敏感，不能对外界不公正的批评处之泰然。就在他 12 月 19 日在议会为质询答辩的同时，他还得到过一项任命，同富兰克林、亚当斯等人赴欧洲谈判。这本是杰斐逊一直盼望的实现自己早年理想的机会，但是为了洗清对自己的指控，他放弃了。在给埃德蒙·伦道夫的信中，他写道：

“在职务不合乎我意愿的情况下，我怎么可能决心重新担任公职呢。我已经和一切那类性质的东西作了最后告别。我已经引退到我的农场、我的家庭和我的书斋中，我想今后任何力量也不会使我再离开。我希望以名副其实的声誉，而不是声名狼藉地脱离公职，这使我不得不出席我们州议会的下次会议，也许要接受议会的一个职位，但我是抱着一个单纯的目的而去的，所以当这个目的达到后，我就将退出。”

任州长的两年是令人沮丧的，由于所遇到的意外事件而受到沉重打击；由于同僚们的忘恩负义，没有反对尼古拉斯所提出的责难而感到恼怒和沮丧；以及长年工作过度，精疲力尽，还有需要照料的家庭，杰斐逊产生了引退之心。

## 《弗吉尼亚纪事》

THOMAS JEFFERSON

杰斐逊深感对官场的厌倦。在他看来，官场是一个充满忧患、使人心力交瘁的场所。因此，他决心解甲归田，回到蒙蒂塞洛庄园，去享受那种心驰神往的静谧的生活。但他的年龄还不到40岁，虽然他的成就已经非比寻常了，但是他并没有老到无用的地步或者已经完成了自己的历史使命，而且，此时的弗吉尼亚，还有他的国家还有那么多艰巨的事情要做。对此，许多朋友对他的决定都无法理解或宽恕。詹姆斯·麦迪逊就曾写信给埃德蒙·伦道夫说："我是非常偏袒杰斐逊先生的，但他的情绪好像是决心要报复家乡对他的不公正，这在我看来既非出于理性，也非出自爱国主义。诚然，它表明一种敏锐的感情和强烈的正义感，但他的感情应当是宽宏大量地对待立法机构的这种错误做法，至于就这个机构对它的无辜选民所犯的错误进行报复，就更不应当了。"

不过，要说对杰斐逊这个时候息影政坛的遗憾有什么补偿的话，那就应当把他那篇幅最大的文学著作、美国文学中第一流的杰作之一、美国18世纪最重要的科学和政治著作之一的产生，归功于这次引退。

当时，法国驻费城公使馆的秘书巴尔贝—马布瓦正在搜集美利坚联邦各州的资料，他向大陆会议的成员散发了有关各州的一系列问题的单子，要求提供有关情况介绍，其中包括：人口、地理、自然资源、政府机构、法律、宗教、教育、军事、贸易和制造业、航运、海港、印地安人及其他各类事项。当马布瓦将问题单交给弗吉尼亚的代表约瑟夫·琼斯时，琼斯立即将单子交给了杰斐逊。那是1781年的春天，杰斐逊还在州长任上，他对这件事很有兴趣，工作再忙再累也乐于接受。

杰斐逊长期以来一直在留心搜集有关弗吉尼亚的资料，有历史的、地理的、地质的、政治的、动物的、植物的，内容极为广泛。他把这些资料记在一张张的纸上，又分门别类一包一包捆起来放在蒙蒂塞洛。现在他终于有机会利用这些材料写成一部书了。他在后来叙述撰写《纪事》的情况时说："我经常是遇有机会就收集有关我的国家的一切资料，这些资料说不定在任何场合进行写作时就会派上用场。这些备忘录都写在散页的纸上，没有次序地捆在一起，当我偶然要用其中一部分时，很难查找。我想，这是一次体现它们真正用途的良机，我按马布瓦先生提问的次序加以整理，以便满足他的愿望，并且使这些材料井然有序，以便于我自己使用。”

他从 1780 年下半年开始动笔，由于战事紧急，没有写多少就搁笔了。自到赋闲在家，他才有工夫埋头写作。当他在 1781 年底将《纪事》初稿交到马布瓦手里时，尽管他对所提问题的回答比其他各州都详尽，但他还是很不满意。手稿一交出，他就立即开始进行修改，直到 1785 年出版前还在不断修改，篇幅比初稿时增加将近三倍。这本书在法国、英国、德国均印行，在美国则发行了许多版。这本书虽说主要写的是弗吉尼亚，实际上谈的不仅是弗吉尼亚，而且是整个北美。这部著作可以说是弗吉尼亚及北美自然及人文方面的资料宝库。自然、社会、政治、经济、法律、道德、风俗、民情等等，应有尽有。动人的景物描绘，深刻的哲理议论，清新流畅的文笔，读来令人兴味盎然。它比当时任何出版物都更多地宣传了美国精神的理论，因为，杰斐逊在其中系统地阐明了这一信念，并最明确地表达了将支配他的国家好几代之久的各种希望、抱负和感情。这本书也为研究杰斐逊的思想提供了极为重要和丰富的原始资料。他的个人兴趣、思想见解、独特脾性，在书中从各方面得到了真实而又充分的展现。

从书中人们可以欣赏到弗吉尼亚山川风光之美。请看他对穿过蓝岭的波托马克河的描写：

> 波托马克河穿流蓝岭，大概是边界最雄伟的景观。你站在高处，可望见在你的右边，谢南多阿河沿着山脚奔流一百五十多千米前来寻找一个出口。在你左边，你可以看到波托马克河奔流而来也寻求一个通道。一旦这两条河汇流在一起，就汹涌澎湃，冲击这座大山，把它冲成两扇，然后从中间穿过流入大海。……但是远景有不同的特点，它与近景形成了鲜明的对照。既苍茫而雄伟，又静谧而令人心旷神怡。因为那座大山被劈成两半，所以通过裂谷你可以隐约望见很短一段平稳的蓝色地平线出现在无尽头

的遥远的平野上，似乎在邀请你摆脱周围的喧嚣嘈杂，穿过山口，走向下面的静穆的世界。……你可以在河流汇合处上游附近渡过波托马克河，在山下沿河走近五千米，沿途在你头上便是悬崖峭壁，崖壁上挂着势将坠下的断裂石片，再走下到三十多千米，就可以到达弗雷德里克镇，周围是一片美丽的乡村。这个风景是值得横渡大西洋前来一观的。

真是充满诗情画意的出色的描绘，读来如临其境。不仅可以从中领略到美国山河壮丽之美，而且从字里行间还可以感受到作者的民族自豪之情，杰斐逊是发现美国自然风光之美并向世界介绍的第一个美国人。

“出产物：矿产、蔬菜和动物”一章是书中最长的一章，显示了杰斐逊对博物学的浓厚的兴趣和广泛的知识。他详细地列出了树木、鸟类及众多植物和动物的名称。在这一章中，杰斐逊反驳了比丰伯爵所断言的“旧世界和新世界所共用的动物，在新世界的要小一些；新世界的动物重量轻；在旧世界和新世界都驯养的动物，在美洲已经退化了”。比丰伯爵是当时著名的博物学家。杰斐逊为了给自己的立论提供确切的坚实可靠的数据，他请朋友们到处去量大小动物的身长和体重。尽管在自然科学领域他不像其他科学家那样具有革新精神，但是，他注重调查研究，一切从实际出发，他的务实作风和实事求是精神，使他在博物学的领域中取得了为某些博物学家所难望其项背的新的成果。

杰斐逊用大量的事实证明，同欧洲一样，美洲也适合动物的生活，在为两大陆所共有的四足动物中，美国的四足动物一般与欧洲大小相同，而且为美洲所特有的动物种类，比欧洲所特有的动物种类要多得多。他说，诚然美洲的家畜身材较小，但这是由于美国畜牧业经营不善所致，而与气候无关。美洲所出产的四足动物在世界四足动物中所占的百分比更大。以美洲发现的猛犸的骨骼为例，其体积要比产于热带的大象高出五倍。“它足以证明它所居住的土地，它所呼吸的空气，有能力大规模地产生、滋养动物的生命；并且把一位作者，最有学问的作者，在动物历史科学中关于自然对地球的一半所发生的作用比对另一半所发生的作用更小的观点从根本上粉碎了。”

杰斐逊以他对印第安人的精深的调查研究反驳了比丰的观点。比丰认为印第安人在身心两个方面都很低劣，甚至在双亲之间都缺乏感情。杰斐逊驳斥说，印第安人种在身心上同欧洲人种“处在同一个系数上”，在体力和脑力上是相等的。甚至在他们的野蛮阶段，也表现了很高的才能萌芽。他们“时常在他们的烟斗上雕刻图画，这些图画不乏匠心和价值。他们用炭笔画一个动物、一棵植物，或一个乡村，这足以证明他们心中蕴藏着一个萌芽，这个萌芽只是缺少培养而已。他们不仅在体格和思想上同欧洲人一样健全，而且就我们所知，他们的雄辩才能也是卓越无比的……我可以说，在德摩斯蒂尼和西赛罗，以及许多更著名的演说家的全部演说中，也没有一段话能胜过明戈人酋长洛根对当时弗吉尼亚总督邓莫尔勋爵的讲话，这足以证明他们的理性思维能力很强，思想情操很高以及他们富有想象力”。他认为他们的生活方式是会文明化的，是可以被溶解在白人社会中的。

当时欧洲人对北美人怀有偏见，认为移居到北美的欧洲人也退化了。雷纳尔神父就曾以鄙薄的口气这样说：“美国尚未产生过一个优秀的诗人，一个有能力的数学、艺术和科学方面的天才。”杰斐逊情绪激昂地批驳了这种观点，彻底表现出美国人的立场。他不但声称这个新生的国家具有无穷无尽的潜力，而且断言它实际上比母国要优越：

> 在战争中我们产生了一个华盛顿，只要自由受到人们崇拜，他就永远为人所怀念和崇敬，他的名字将不会为时间所磨灭，在未来的世纪里，在世界上最杰出的人物中间占据其应有的位置，而曾把他归入自然的退化者之中的那个可恶的哲学家到那时却为人们所忘记。在物理学方面，我们曾产生了富兰克林，当代没有一个人的发明超过他，没有一个人在哲学上比他贡献更多，或者对于自然现象做出更精巧的解释。我们认为里顿豪斯先生可以与现在活着的任何一个天文学家媲美，而且在天才方面他应该是首屈一指的，因为他是自学成才。作为一个技艺能手，他显示出世界从来少有的机械学天才。诚然他没有创造一个世界，但是他凭模仿比开天辟地以来到今天为止的任何一个人都更接近它的创造

者。和哲学及军事中一样，在政治方面、讲演方面、造型艺术方面，我们也可以看出，美国虽然昨天还是一个儿童，但已经证明很有希望产生可以激发人们最高尚的感情、召唤人们去行动、加强人们的自由并且把人们引向幸福的天才和品质高尚的人物……

这是到那时为止，杰斐逊对民族意识和民族自豪感最充分、最全面的阐述。美国雄鹰正在展翅，即将靠自己的力量翱翔了。

在书中所提的第八个问题中，杰斐逊谈到了民族的重要性。根据弗吉尼亚的现状，起码需要一百年时间，这个国家每平方英里的人口才能达到当时英国的水平。于是就产生一个问题，即人口众多是否可取，国家是否应该鼓励尽可能多的外国人前来定居。对于无限制的人口移入，杰斐逊担心它会破坏种族的统一，也担心它会妨碍保持历经千辛万苦才建立起来、而且仍然十分不稳定的制度，因此明确加以反对。在他以后，他的理由一再被人们提出，直到最后通过了一项有选择的和有限制的移民政策为止。这方面，他是美国的一位代言人：

每一种政体均有其特定的原则。而我们的政体或许比世界上其他任何政体更具特色。……大量移民前来……他们将随之带来他们所生活的那种政体所奉行的原则……他们将把这些原则，连同他们的语言，传给他们的后代。他们将按照他们的精神灌输到立法之中，使之偏离原来的方向，并为之提供了一大批异族的、思想上不协调的、精神上起涣散作用的群众。……我并不是说这样的疑虑也适用于迁入一些有用的技术人才。……为了得到这样的人才是不应吝惜任何代价的。他们过一些时候将会去开荒种地。但与此同时，他们将教会我们一些我们还不懂的事情。

书中还有很长的一节谈的是弗吉尼亚的法律。杰斐逊在这里尖锐批评了1776年的弗吉尼亚宪法，指出："这是在我们对行政管理科学陌生而且毫无经验的情况下写成的"，他还对广大自由人的选举权被剥夺提出批评，同时还批评了弗吉尼亚州的中部和西部那些受潮水涨落影响的老县之间的不平等代表权。

这本书还猛烈攻击白人对黑人的奴役，他认为这是一个违反人类自由的大问题。一个政治家，如果“容许一半公民这样去蹂躏另一半公民，把一部分人变为暴君，把另一部分人变成敌人，毁坏一部分人的道德和另一部分人的爱国心”，那么他就应该被千百万人所唾骂。

杰斐逊在书中还抒发了他的世界和平的理想：他写道：

> 尽管我们年轻，并且即将是这样一个人口众多和充满幸福的国家，我们应该用自然的全部生产能力去增加人民的幸福，不要在互相毁灭中把它浪费掉。我们要努力培养与每个国家的和平与友谊，甚至包括在我们和它争论时损害我们最甚的国家在内。我们的利益便是打开贸易的大门，敲掉它的全部枷锁，把充分的自由送给想把任何东西带到我们港口的一切人，并且也向他们提出同样的要求。证明战争有利的逻辑是最错误的逻辑。

他在这里提出的和平政策，成为美国早期外交政策的基础。

这里介绍的只是这部巨著的点滴内容，但从这一点一滴中也可看出杰斐逊的博学多才。

1782年春，一位法国学者夏斯泰鲁侯爵来到蒙蒂塞洛拜访杰斐逊。这位侯爵是法国研究会会员，在这里小住几日，看了杰斐逊的房屋及布置，参观了他的鹿园，听了他养鹿的经验介绍，同他就各种问题进行了倾心的交谈，对杰斐逊的开阔的思想和广博的知识十分钦佩。他后来这样写道：“让我向你们描写一个人，他还不到40岁，身材高大，带有温和而快活的面孔，但是他的头脑和理解力可以充分地代替外表上的每一个温文尔雅的举止。一个美国人从来也没有离开过自己的国家，然而却把音乐家、画家、几何学家、天文学家、自然哲学家及政治家集于一身。”“看来情况确实是，他在年轻时，就将他的思想，如同他的这所房子一样，放在了这样高处，可以注视整个宇宙。”

杰斐逊在写《弗吉尼亚纪事》时，曾想把它献给美国哲学学会，因为1780年他就被选为该协会的会员，次年当选为顾问，主席是富兰克林。协会的另一位顾问查理·汤普森后来为这部书拟出一个很长的题目：《一部最优秀的博物学，不仅是弗吉尼亚的，而且是北美的博物学，可以与已发表的任何国家的博物学相媲美，如果不是更优秀的话》。他还对这部书做了这样的评价：

> 这个国度在哲学家面前展示出一个广阔、富饶、未曾探测过的大地。它遍地是草木、植物及矿产，而对于这些物品的性质及用途我们是茫然无知的。这里的土壤能生产出什么东西，只能加以推测并且靠实验而得知，……农业正处在摇篮时期。人的头脑似乎刚刚从许多世纪的长时间昏睡中醒过来，因为发现了有用的技艺和发明物。我们的政府尚未定型，在治安、财政和商业方面还不能有很大的改进。土著居民的历史、风俗和习惯还很少为人所知。这些和成千上万其他课题向有思考和哲学倾向的人们揭开无尽的宝藏。因此，虽则我对你从忙乱的、使人不安的政治舞台上退下来而感到遗憾，但是我庆祝后代人可以从你的哲学探讨中得到益处。

闲暇出智慧，闲暇利创造。写作于隐居期间的《弗吉尼亚纪事》是杰斐逊留给后世的惟一的一部专著，为他带来了文学、科学上的更大的声誉。他的隐居生活没有白过。

## 5 痛失爱妻

THOMAS JEFFERSON

1782 年对杰斐逊来说是多灾多难的一年。

5 月 8 日杰斐逊夫人生了一个女儿，取名叫露西・伊丽莎白。杰斐逊有两个女儿取了这个名字，其中第一个是为纪念杰斐逊的两个姐妹而取的。这两个姐妹，一个是只活了 8 岁的露西，另一个是智力迟钝、死于地震的伊丽莎白。当露西第一不幸夭折时，杰斐逊正外出在弗吉尼亚首府里士满。直到他回到蒙蒂塞洛才得知女儿的死讯，禁不住彻心哀痛。玛莎也因她已生的五个孩子中有三个先后夭折而变得意气消沉，无限悲伤。她在这种忧郁的心情下又熬了十七个月。露西第二在露西第一死后一年多出生。这是玛莎给杰斐逊生的最后一个孩子。玛莎・杰斐逊接连不断地怀孕，导致经常性流产，结果在生露西第二时难产。本来身体就很孱弱的她，更加弱不禁风，从此卧床不起。

就在女儿出世的这一周，阿尔贝马尔县在没事先征得杰斐逊同意的情况下，把他选进了弗吉尼亚下议院。杰斐逊5月6日给下议院议长约翰泰勒写信，拒绝承担议员的工作。议长表示非常遗憾，并对他说，议员们认为不能接受他的辞呈，并表示愿意把自己议长的职位让给杰斐逊，因为他认为杰斐逊更胜任此职。那时有一条规定，如果一个代表没有请假而缺席会议的话，他将可以被逮捕。虽然杰斐逊已在信中拒绝当选，但还是受到这种可能被逮捕的威胁，而就在这时，杰斐逊的妻子已病入膏肓。

杰斐逊的热心朋友和学生门罗对他的遁世也不理解，他把由于杰斐逊的引退而引起的批评，写信告诉他的老师，并把自己的遗憾说得直截了当。杰斐逊给门罗回了一封很长的信，倾吐了内心的痛楚，他列举了促使他做出这一抉择的所有原因："我曾省察我的内心，看看是否彻底地把政治野心的每一个要素都根除，是否极少量的这种成分潜伏在我的心中，使我隐居时感到不安。我感到很满意的是：那种感情的每一根纤维都被连根拔掉了。"他又说："我考虑到，我连续从事公务达十三年之久，在那个期间我完全放弃了对于我的私事的一切照管，以致使它们陷于混乱和毁灭，我现在有一群家庭成员成长起来，需要我照看和教育。"

州下议院鉴于杰斐逊妻子的病情，最终批准了他的辞职请求。

杰斐逊终于回到了他可爱的蒙蒂塞洛庄园，回到了他的爱妻娇女身边，回到了他的书本和写作生活之中，过上一种宁静的生活。

他一面从事写作，一面照看病中的妻子，教育子女，享受难得的安宁。此时他的家里，除了他自己的几个孩子外，还有达布尼·卡尔的六个孩子，卡尔去世后由其妻子玛莎·卡尔带着住在这里。他们的长子彼得·卡尔是一个英俊有出息的少年，杰斐逊非常喜欢这个孩子，精心教育他读书。照看这些孩子，教育他们学习，就成了他这一段时间中一项重要的工作。

杰斐逊与妻子玛莎情深意笃。他告诉妻子，此后他绝不会再离开她去接受任何官职，也不参加任何政治活动。

这一年夏秋之交的一个傍晚，玛莎似乎已意识到自己来日无多。她拿起一本丈夫心爱的书，颤颤巍巍地抄写一些令人心酸伤怀的句子，以此表示她的感情。她从《特里斯特拉姆诗歌》中略加修改地抄录着这样的句子：

时光飞逝，
每写一字，
它都告诉我
生命随笔尖迅速消逝。
生命中的每一天，
每一刻，
都像风中的云彩
悄然飘走，
一去不返。
每次吻你的手暂别，
都是即将永别的前奏。

在玛莎弥留之际，几个亲近的女奴贝蒂·布郎、萨利、贝蒂·赫明斯、南希、厄休拉都在场守着，杰斐逊就坐在她旁边。她告诉他还有许多事要做。当谈到孩子们时，她已泣不成声。最后她伸出四个指头，然后艰难地说，如果他想到为她的四个（应是三个）孩子娶来一个继母的话，她将死不瞑目。杰斐逊握住她的手，心领神会地点头答应。杰斐逊年富力强，才华横溢，受人尊敬，而且富甲一方，是完全可以再婚的。但是他没有食言，果真鳏居一生，没有再娶。

这场悲剧，这段令人感伤的故事，最好是听听他当时才 9 岁的大女儿玛莎是如何用纯朴的语言加以叙述的：

作为一个护士，从来还没有一个女性比他更加温柔、更加忧虑。他同卡尔姑妈和妈妈的妹妹轮流护理我可怜的妈妈——守护着她，给她吃药，直到饮下最后一口。在她挨过的四个月中，他总是随叫随到。当他不在她床边的时候，他就在一间小屋里写作，这个房间的门紧挨着她的床头。就在最后时刻即将降临之前，他被他的妹妹卡尔夫人从那个房间叫来，神情木然。卡尔夫人好不容易劝他到了书斋，他在那里昏厥过去，很久失去知觉，以致他们担心他再也苏醒不过来。以后的情景我没有亲眼目睹，但我在夜里偷偷地进入他的房间时，发现他情绪暴躁，我自己简直不敢描绘这一天的情景。他呆在他的房间里，三个星期没有出门，我没有一刻离开他。他几乎昼夜不停地踱来踱去，只是当精疲力尽时偶尔在他长时间昏迷不醒时搬进来的一张小床上躺一下。我的姑母和姨母寸步不离地陪了他数周之久——我已记不清有几周了。在他终于离开他的房间后，便骑马外出，从那时起便不离马鞍。在山间，在行人稀少的道路上，并像往常一样穿越树林漫游。在这些神情忧伤的漫游中，我总是陪伴着他——我看到他多少次悲恸难禁，这记忆已成为遭到不幸的家庭的独特情景，永远也抹不掉。

玛莎去世之后，杰斐逊将她安葬在蒙蒂塞洛山坡地的大橡树下，紧挨着那几个早夭的孩子的坟墓。他在墓前洁白的大理石墓碑上写道：

爱妻玛莎·杰斐逊：
系约翰·韦尔斯之女，
生于1748年10月19日，
于1772年1月1日与托马斯·杰斐逊结婚，
卒于1782年9月6日。

在墓碑下面杰斐逊用希腊文摘抄了荷马史诗中《伊里亚特》中的诗文：

如果人们在冥间会忘却他们已故的亲人，
而我却不会；
即使在那里，
我也要怀念，
我的亲爱的伴侣。

整整半年，痛不欲生的杰斐逊沉浸在无尽的悲哀和孤独之中。往日的欢笑已经沉寂，显得格外空旷的蒙蒂塞洛像主人一样被深深的悲哀笼罩着。正如他在后来写给一个朋友的信中所言：“她的死使得我陷入了一种心神恍惚的状态之中，简直和死人一般。”

杰斐逊39岁丧偶，妻子给他留下一大群孩子。玛莎生于1772年，玛丽生于1778年，露西·伊丽莎白刚刚诞生。除了这三个孩子外，还有卡尔的子女。在他从第一次打击中刚刚恢复过来以后，马上就带着这些孩子前往切斯特菲尔德县的卡里上校家，给孩子们接种牛痘。

爱妻的亡故，改变了杰斐逊生活的整个节奏和方向，彻底粉碎了他想长期隐居的美梦。蒙蒂塞洛是与过去十年的幸福密切联系着的，所以他现在无法形单影只地置身于这个处处有亡妻遗迹的地方。未来的行踪终于被朋友们所决定，这些朋友们从未放弃诱使他返回政治舞台。他们一直认为，杰斐逊应当在政治上做出一番事业。妻子已去，杰斐逊也不可能再在家庭生活和政治活动之间摆动，这两者也不会再发生冲突了。玛莎死后两个月，杰斐逊就回到了公共生活中来，直到他第二任总统任期结束，总共二十六年。尽管他对蒙蒂塞洛的感情依然强烈，从政期间历经风风雨雨，也曾有过隐居的念头，但终究还是没能实现。

在妻子去世之后许多年，杰斐逊都拒绝了朋友们劝他再婚的好意。许多像他这样年纪的男人，可能很快便要另娶新欢，或为幼小的女儿找个妈妈，或找个伴驱走孤寂。杰斐逊却拒绝了许多诱惑，有意回避女性朋友。他远离晚会，常以身体有病为托辞，婉言谢绝一些社交活动，直到1809年好朋友麦迪逊继任总统，他才参加了舞会。这时他妻子已去世二十七年了。

## 6 在国会的两年

THOMAS JEFFERSON

1782年美国邦联国会在费城准备与英国订立和平条约，这就使杰斐逊的朋友们想起了杰斐逊。詹姆斯·麦迪逊在国会里提议重新任命杰斐逊为缔结和约的美方代表之一，他认为这是让杰斐逊重返政治舞台的大好机会。1782年11月13日，杰斐逊接到了会同富兰克林和亚当斯一起谈判和约的通知。

对妻子情深似海的杰斐逊，因妻子的病故而伤心得发了狂。蒙蒂塞洛给他留下的深刻而清晰的记忆，使他简直无法承受。现在他刚刚从心灵的麻木中恢复过来，对他来说，不管是出于国家的需要还是他的心情，都要求他改变一下环境，于是他很快接受了出使法国的公职。就在接受国会任命的当天，他便给朋友写信说："我曾想洗手不干，回归故里，管管家务，写写东西，就此幸福地度过一生。只是一件事把我的全部计划给毁了，留给我的是一片空白，而我已没有精神去填补它了。"显然，这"一件事"指的是爱妻的亡故，打乱了生活的安排。现在国会给了他勇气去填补那片空白，他毫不犹豫地抓紧了这个机会。这位十八个月前绝望地离开州长职位的人，又回到了公共生活中，他的生活再次充实起来。

1782 年 12 月 19 日，杰斐逊把两个最小的孩子留下，托妻妹伊丽莎白·埃普斯照管，自己携带大女儿帕齐离开蒙蒂塞洛。一周之后他们到达费城。他本来决定在巴尔的摩乘法国船"罗姆拉斯"号赴法，但运气欠佳，"罗姆拉斯"号在巴尔的摩下游受到冰阻。杰斐逊只好在费城等候消息。这期间，他去外交部学习，阅读文件，参加美国哲学协会的会议，并与詹姆斯·麦迪逊重温友谊。

1783 年 1 月末，他在费城得知可以航行了，便赶忙南下乘船。这时突然传来消息说，英国巡洋舰封锁了切萨皮克湾，准备截留法国船连同船上的美国使节。同时，来自欧洲的消息说，美英双方已草签了一个预备性和约。国会于是决定他不忙去了，要他回费城静候消息。4 月 1 日，杰斐逊的这项任务被免去。

尽管他非常欢迎和平的消息，但他渴望的法国之行没能实现，不免有些失望，不过，他现在对回到公共事务中来已适应了。不久他回到弗吉尼亚，投身于起草该州新的宪法草案。6 月 6 日，议会选他为国会议员，兼弗吉尼亚代表团团长，任期自 11 月开始。

杰斐逊本来计划带女儿帕齐去法国，但因旅行取消而未能如愿。这次他要带她去费城，开会期间就让她在那儿上学。当他准备在费城过冬时，得知国会决定在普林斯顿开会。尽管如此，他还是按原计划安排帕齐留在费城。

他们于 10 月到达费城，然后他独自前往普林斯顿。刚到那里，会议又决定休会，三周后改在安纳波利斯召开。

这是和约签字后召开的第一次联邦国会，会议的会址和新国家首都的所在地都是人们极为关注的事，也是在政治上需要费一番斟酌的。会址移往安纳波利斯是出于这样的考虑，想将政府所在地定在费城以南更中心一些的地方。但这只是一场旷日持久的争论的开始，直到通过了新宪法，乔治·华盛顿被选为总统之后才最终敲定，将首都定在波托马克。杰斐逊在其中起了重大促进作用。

当杰斐逊于11月底离开费城去安纳波利斯时，他将帕齐托付给弗朗西斯·霍普金森的寡母托马斯·霍普金森太太。弗朗西斯也是《独立宣言》的签字者，他的孩子可以同帕齐做伴，帕齐后来还结识了戴维·里顿豪斯的孩子。里顿豪斯天文知识渊博，深为杰斐逊所敬佩。帕齐现在成了父亲所不可缺少的掌上明珠，人们形容她总是生气勃勃、勤奋好学，相貌、举止都与她那个子高高的、一头红发的父亲相似。杰斐逊亲自指导女儿接受教育，希望女儿们在学习和事业上都能为人楷模。他给女儿开列了阅读书目，要把女儿教育成美国最有学问的女人。他专门为帕齐找了最好的法语、舞蹈、音乐和绘画老师，他相信她在这里一定会比同他在马里兰州府要进步得更快。

当他独自一人呆在安纳波利斯时，他常常想到的是女儿的未来，甚至还有尚未出世的外孙子女的未来。在这段时间中，杰斐逊和女儿之间开始了一系列引人注目的通信。这些信多方面地显示了他们父女之间的亲密关系和他对女儿寄予的厚望，从中也可窥见这位伟人内心丰富细腻的情感。

杰斐逊从安纳波利斯给女儿写的第一封信，就为她订了一个作息时间表：

上午8～10点，练习音乐

上午10点～下午1点，轮换着一天绘画，一天跳舞

下午1～2点，在跳舞的那天画画，而隔天写一封信

下午3～4点，学法语

下午4～5点，在音乐伴奏下做操、运动

下午5点到睡觉前，阅读英文，练习写作

杰斐逊在信中说："我为你请了很多老师，我希望你在他们的教导下

学到各种知识，这将表明你没有辜负我对你的疼爱。你要好好学习，我会更疼爱你，切不可让我失望。”信的结尾又是：“我最大的幸福就是看到你好，学到不少知识；我最大的烦恼就是你令我失望。如果你爱我，就要努力在一切情况下、在每一个人面前做个好孩子，努力学习，取得好成绩，成事全在你自己，这将保证你会得到你亲爱的父亲最热情的爱。”

杰斐逊要求女儿一周给他写一封信，要她学拼写，“决不做坏事或说坏话”。有一次，两个月没收到女儿的信，他便坐卧不安，心急如焚。杰斐逊在给女儿的信中无所不谈，乃至教育到吃饭穿衣的琐碎细节。在一封信中，他要女儿注意穿着，要干净、合身，要面带微笑，并说每天起床的第一件事就是穿戴整齐。杰斐逊还告诫帕齐：“保存好我的信，时常拿出来读一读，这样可以对信中写的事常记不忘，会使我更加爱你。”的确，帕齐一直珍藏着父亲给她的每一封信，而且在一生中都努力奋斗，达到了她那个时代的妇女中很少有人能达到的文化水平。

就在杰斐逊在安纳波利斯期间，华盛顿正式辞去了大陆军总司令职务，因为他担心自己变成专制的恺撒。杰斐逊负责筹备华盛顿的辞职仪式，并起草了对华盛顿演说的答词稿。华盛顿的告别宴会于 1783 年 12 月 23 日在曼斯塔韦举行，有两三百人参加，杰斐逊也在场。在国会大厦还有舞会，每个窗前都燃上蜡烛。华盛顿将军兴致甚高，每支曲子都翩翩起舞，女士们都为能和他共舞而备感荣耀。最后，将军做了声情并茂的告别演说。一位在场的议员说：“每一个听众都潸然落泪，将军捏着演讲稿的手在颤抖。”杰斐逊仍旧避开漂亮兴奋的女士们，没有参加舞会，却听了将军的演说，并高度称赞华盛顿智慧超人、刚毅无比。他认为华盛顿自动退出权力，无疑对年轻的美利坚来说是至关重要的“象征性姿态”。后来有那么一天，他也做出了同样的选择。

从 1782 年 6 月到 1784 年 7 月 5 日杰斐逊乘船动身前往法国，这两年在他一生中不算最多事或最丰富多彩的。然而，在富兰克林和亚当斯离会期间，他在联邦国会中鹤立鸡群，表现超出他的同事们。他被选入大多数重要的委员会，对美国的内外政策有了完全的了解，他就一些至关重要的措施提出报告，在一些根本性的问题上形成了他的看法。

在当选为国会议员之前，杰斐逊已经为弗吉尼亚起草了一份关于公民选举权的宪法草案，在这个草案中，他进一步普及了公民权利，并使得几乎所有的成年男子都有了选举权，但选举人的权限受到严格的限制。令人失望的是，此草案却因为代表大会未能如期召开而未能通过。

1784年3月1日，他提交了一份委员会报告，内容是在已由或将由各州向合众国让予的西部土地上建立政府的计划。这一报告成了1784年《土地法令》的基础。国会同意在各块土地上建立政府的计划，规定分阶段进行。先是移居者有权采用原属各州的宪法和法律来组成临时政府。当土地上的自由居民人数达到二万后，国会即授权召开制宪代表大会，建立永久性共和政府。一旦自由居民达到了原十三州中人口最少一州的人数，该州即可准许加入合众国，其权利与原十三州相同。但这一法令一直未实行，直到1787年由《西北土地法令》取代。然而，它确实为这项著名的法令奠定了基础，并为美国的土地政策确立了基本原则。这一原则是：西部土地应各自建成共和州，然后在与最早的十三个州处于平等地位的基础上加入合众国。诚然，这些思想并非杰斐逊的专利，不能全都归功于起草报告的他，但他也是早期的倡议者。他提供这种思想，说明在他心目中有着一个由共和政体各州组成的版图宽广的国家，说明他对西部移民自己管理自己有充分信心。早在1776年为弗吉尼亚起草的宪法中，杰斐逊便写进了类似的条款。并且1780年大陆会议初步通过了约瑟夫·琼斯和詹姆斯·麦迪逊提出的载有同样原则的弗吉尼亚议案，但当时未获最后通过。

1784年，杰斐逊建议在西部创立十几个新州，但报告中未具体说明数字，只提到了十个州的名字。他的计划是将大西洋沿岸各州至密西西比河之间的新州分成两排，每个新州从北到南占两个纬度。按照这个设想，俄亥俄河就不再是最西一排各州的州界了，河南北两岸的所有土地都将据此重新划分，由于1784年法令适用于西部所有的土地，因此委员会关于1800年后废除那里的农奴制的提案，就显得相当重要了，然而这项规定在国会未获得通过。南部的代表中，只有杰斐逊和北卡罗来纳的休·威廉森表示支持。后来在1787年的《西北土地法令》中又重新提出了这一原则，并且规定在俄亥俄河以北的土地上实行。

写毕关于西部土地的报告之后不久，杰斐逊又为委员会起草了一个关于国债的报告。同时，他还在起草使美元成为美国货币单位的提案，以及有史以来第一次货币采用十进位制的提案。

自从独立以来，大陆会议和后来的国会从来都没有铸造过任何货币，以致货币不足，外国硬币乘虚而入。英国、法国、西班牙以及葡萄牙的金银币同时流通，价值因地而异。这种情况很容易助长交易上的欺骗，而且更妨碍州际贸易。杰斐逊进入国会后，向国会提出《关于为合众国建立一个货币单位及货币铸造的备忘录》。杰斐逊的建议是：以当时在美国广为流通的、体积大小很方便的西班牙银元作为美国货币单位，这个银元与不同的硬币之间的比率，一律采用十进位制。同时他主张取消镑、先令、便士及小钱。

1785 年，杰斐逊已不在国会，在豪厄尔的积极推动下，国会采纳了杰斐逊的计划中的基本原则，决定实行以美元为美国货币单位的十进制货币制度。又是几年之后，美国联邦第一任财政部长亚历山大·汉密尔顿把这个决定付诸实施。于是，杰斐逊在美国货币史上也留下了值得书写的一笔。杰斐逊因此还被称为“美元之父”。

杰斐逊在国会的立法工作中也做出了卓越的贡献。在国会里，实际上他参加了所有重要的委员会，起草了不下三十一项文件。在他当国会议员的两年中，国会在立法方面取得的各项重大成就，都与他的努力紧密相连。

## 7 出使法国

THOMAS JEFFERSON

1784 年 5 月 7 日，杰斐逊在国会的工作突然中止，原因是国会任命他为全权公使，去欧洲参加约翰·亚当斯和本杰明·富兰克林谈判友好条约和贸易条约的工作。这是他第三次获得去法国的机会，这一次终于有时间去欧洲为自己的国家服务，也可以圆儿时的梦了，这着实令杰斐逊兴奋不已。四天后，他便离开了安纳波利斯，从此结束了他十五年来的立法生涯。这一年，他 41 岁。

任命四天后，杰斐逊便匆匆回到费城准备带帕齐同赴法国。他没有再回蒙蒂塞洛，只叫人捎信到弗吉尼亚，让他的黑白混血的农奴詹姆斯·赫明斯来费城同去法国。他还写信给一个受过他教诲的弗吉尼亚年轻人威廉·肖特，要他来担任自己的私人秘书；同时他还寄了一份委托书给阿尔贝马尔县的尼古拉斯·刘易斯和弗朗西斯·埃普斯，后者是他亡妻的妹夫，自妻子去世后，他将两个小女儿一直寄养在他们家。三年后，他才又看到二女儿玛丽（当时叫波丽），她来到巴黎与父亲团聚。但最小的女儿露西他却再也见不到了，因为就在他离美后没几个月，她便死于百日咳。

杰斐逊决定从波士顿启程赴欧洲，以便顺路看看新英格兰州。他从未到过纽约城以北的地方，他深信谈判贸易条约前，先到东部各州去看看，能使他更好地代表它们的利益。到纽约和新英格兰之后，他大量收集资料。去波士顿途中，他在纽黑文停留，拜会了耶鲁大学校长埃兹拉·斯泰尔斯。杰斐逊一路考察，到达波士顿时已是 6 月 26 日。

7 月 5 日一个清风薄雾的黎明，杰斐逊终于登上了开往伦敦的“色列斯”号船，他深知此行的责任重大，这是他第一次离开美洲大陆，想到即将投入到另一种崭新的生活中去时，不禁心潮起伏，思绪万千。

帕齐是第一次乘船，更是第一次乘这么长时间的船在海上航行，一路上兴奋不已。她后来写道：“我们坐在一艘漂亮的新船上，它只下过一次海，航行得美透了。船上只有六名乘客，都是爸爸认得的人。一路上都出太阳，海水平静得像条河。要是再来一次航行也同这第一次一样愉快，我绝不反对。”杰斐逊有观察天象的爱好。他每天中午都要记下经纬度，并计算前二十四小时走了多远，还要测风向和温度，将它记载下来。他还注意观察鲸、鲨鱼等海洋动物的习性。

“色列斯”号船航行迅速，一路平安无事，十九天后便到英国港口西考斯。杰斐逊本不想在英逗留，但帕齐上岸前得了病，于是他们在朴次茅斯呆了几天，然后直趋巴黎。

1784 年 8 月 6 日，杰斐逊一行到达巴黎。杰斐逊在巴黎一直待到 1789 年秋天，这是充满游乐、社交、政治任务和辛勤工作的五年，总是忙于包罗万象的事务和计划。

他先住到王宫附近的奥尔良饭店，后来又在泰特布胡同的泰特布饭店租了房子，一年后迁至位于爱丽舍田园大街一所属于阿芬雅克伯爵的住所，他留在巴黎期间就一直住在这里。那是一座相当幽雅的房子，有宽阔的花园、庭院以及一些零星的建筑，其样式至为美观。他的秘书肖特和美国使团秘书戴维·汉弗莱斯同他住在一起。杰斐逊又付租金，又买家具，增加了一些人员，还请了马夫。一算账，他的第一笔花费或者说是安家费就大大超过了他第一年的全部薪金。

初来乍到，法国巴黎风光旖旎，帕齐的上下眼皮几乎没合上过。她情不自禁地赞美道："我们经过的是我一生中从未看到过的美丽农村，是个美极了的大花园。"杰斐逊也为塞纳河畔碧绿如茵的乡村景色所吸引。他说："没有哪儿能比这儿更富饶、耕种得更精心、搞得更漂亮的了。"

刚安顿下来，他立即去拜会住在西郊的富兰克林博士，向他传达了国会下达的任务，然后写信给当时正在海牙的亚当斯先生，要他到巴黎会合。亚当斯先生一周后来到巴黎。他们是老朋友了，两人相会，分外高兴。

杰斐逊时刻不忘对女儿的教育。在一个朋友的帮助下，又设法让帕齐进入一所女修道院学校，即有名的庞特蒙皇家修道院。帕齐对法语一窍不通，刚进去时备感孤独。但她很聪明，加上父亲的严格要求，很快便能说一口流利的法语。入乡随俗，到了巴黎，杰斐逊就给女儿买来漂亮的服装，也给自己买了一副褶边饰带，不久又买了一把佩剑和一副腰带，把自己重新装饰起来。

刚到巴黎的第一个冬天，对杰斐逊来说是漫长而寒冷的。他的头痛病又复发了，只得足不出户，一连六个星期卧床不起。次年 1 月，又传来留在弗吉尼亚的小女露西·伊丽莎白不幸夭折的噩耗，使杰斐逊又一次蒙受丧女之痛，心情格外沉重。

1785 年 5 月，他的身体已大为好转。这时，他接到国会的指令，任命他为驻法公使，以接替 79 岁的富兰克林。同时任命亚当斯为驻英公使。年高德劭的富兰克林 7 月载誉归国。杰斐逊一直对这位外交界德高望重的老前辈敬佩不已。他认为，富兰克林博学多才、文雅而高尚，当法国外交部长问他是否代替富兰克林博士的职务时，杰斐逊矢口否认说："不，我不是代替老富兰克林博士，我只不过是他的继任人罢了，他是无人可以替代的。"

担任驻法公使职务后，杰斐逊不但继承了富兰克林的职位，而且继承了他的政策。他和前任一样，相信在欧洲只有法国重视美国这个新生国家。如果美法联盟破裂，美国就会回到殖民地时代的从属地位。因此，加强美法关系是美国外交的重中之重。

杰斐逊驻法期间有两大使命：一个是促进与欧洲各国的商业往来；另一个是对付北非伊斯兰教各国海盗的掠夺行径。

美国独立战争之后，经济景况暗淡，百废待兴，货币短缺，贸易停滞。英国决定把政治上已获独立的北美十三个殖民地变成其商业的附庸。1783 年，英国枢密院恢复了“航海条例”，并颁布命令，禁止美国船只进入英属西印度。同时，法国和西班牙也限制美国与它们在美洲的殖民地的贸易。针对这个现实，美国国会才决定委派外交使团同欧洲国家谈判缔结商业条约的问题，力图为美国经济打开一条出路。国会授权外交使团与英国、汉堡、萨克森、普鲁士、丹麦、俄国、奥地利、威尼斯、罗马、那不勒斯、突斯坎纳、萨丁尼亚、热那亚、西班牙、葡萄牙、土耳其等十六个国家订立商贸条约，结果却是广种薄收，只有普鲁士一国在 1785 年与美订立了商业条约。有人认为，美国使团的这场失败与三位使节缺乏主动性有关，他们要求各国代表到巴黎来，自己却在巴黎坐等，而不是采取积极态度，亲自前往谈判。但杰斐逊认为谈判不利的原因主要是：各国对美国所知甚少，只知道他们是反叛者，刚刚成功地挣脱了母国的束缚；各国对美国的商业毫不了解，对可能获得的商业利益也一无所知。因此，他们在能够看清与美国建立什么样的关系较为有利之前，宁愿采取不介入的立场。

国会还要求他们与除埃及之外的北非诸国就海盗问题达成协议。两个多世纪以来，摩洛哥、阿尔及尔、突尼斯及的黎波里等北非国家，以海盗事业立国。它们派出的海盗，在海上拦截来往商船，烧杀抢夺，为所欲为，十分猖獗。

1784 年 10 月，美国商船“贝特西”号成为摩洛哥海盗魔爪下的牺牲品。为了解救商船上的船员，美国使团与摩洛哥方面多次谈判未果。后来，经别人指点迷津，美国使团才如梦初醒：需要交纳大批贡品，才能换得被扣留的船员。

杰斐逊四处活动，积极做工作。摩洛哥皇帝在法驻摩洛哥公使的游说之下，突然表现出友好姿态，释放了“贝特西”号船的船员。为了不失时机，杰斐逊遂安排了美国驻巴黎总领事托马斯·巴克利前往摩洛哥交涉纳贡事宜。他带去了各种各样的贡品，如一双嵌金的手枪、青色瓷釉金制鼻烟壶、一把红丝伞、香水、一把剑、火柴、座钟，等等。巴克利终于与摩洛哥在1786年谈妥并订立了一项令人满意的条约，对方没有要求年贡，答应给予美国船员和公民以最惠国的保护，而且订立这个条约只费了三万美元。

然而，海盗横行的基本问题并未解决。北非各国仍习惯于向航行于地中海的大多数国家勒索钱财：扣押船只和货物，扣押水手作为人质，以此索要高额赎金。

1785年，两艘美国船在葡萄牙附近水域遭阿尔及利亚海盗袭击，被俘二十一人。杰斐逊立即派刚从国内到法的拉姆去阿尔及利亚谈判。由于对方要价太高，拉姆无功而返。

就在拉姆与巴克利受命赴北非进行交涉期间，和杰斐逊同期被任命的英国公使亚当斯，在伦敦开始与的黎波里和葡萄牙会谈。1786年3月1日，杰斐逊应亚当斯的要求也赶赴伦敦参加这一谈判。杰斐逊开始还抱着一线希望，想同亚当斯一起，在他们两年任期届满之前，同大英帝国谈判一项贸易条约。然而，这一切都化为了泡影。同的黎波里的谈判无果而终；同葡萄牙大使倒是签订了一个条约，却被葡政府否决了；英国则避而不谈。

杰斐逊在英国呆了六个星期，这是他在祖先的土地上逗留最长的一次，但印象很差。当他被引见给国王和王后时，他感到他们态度无礼至极。在同英国外交大臣的第一次会谈中，他就发现英方言语流露出冷淡和厌恶之情，回答问题含糊其辞。由于英国方面对谈判一再推脱，这倒给杰斐逊不少间歇时间。他居然有了闲情雅兴坐了下来，让马瑟·布朗给他画像。这是他有生以来第一次画像。此外，他还和亚当斯结伴而行，去参观英国的名胜古迹、著名花园。杰斐逊历来对栽花种草有浓厚的兴趣，因此他一路上对花木园林尤其兴趣盎然。而且，对伦敦的建筑评头品足，认为伦敦的园林比巴黎漂亮，而那儿的建筑却是“最糟糕的式样”。

杰斐逊在离开英国时得出这样的结论：“这个国家仇恨我们，他们的内阁大臣恨我们，而他们的国王更是有过之而无不及。”杰斐逊越是这样想，就越是觉得有必要同法国扩大和改善贸易关系。

在伦敦，杰斐逊还结识了两个年轻的朋友。一个是美国驻伦敦使馆的秘书威廉·史密斯，他后来与亚当斯的女儿结婚。另一个是约翰·特朗布尔，他是康涅狄格州州长之子，是一位很有抱负的画家，正计划把独立战争有关的一系列动人事迹和人物绘成一组图。通过这个画家，杰斐逊结识了一名叫玛丽亚的已婚妇女，她使杰斐逊情不自禁地坠入爱河，引出了一个浪漫的爱情故事。

1787 年 2 月，杰斐逊开始了他一生中时间最长的一次旅行，直到 6 月中旬才回到巴黎。这次旅行的直接原因是杰斐逊摔伤了胳膊，几个月来他的右手腕除了写字，其他什么事也做不成，医生建议他去普罗旺斯，用矿泉水治伤。当然，他的这次旅行还有其他更重要的目的，那便是要更广泛地接触欧洲的实际，了解各地的风土人情；参观朗格多克运河，以便了解运河的航行状况，以探讨扩大对法贸易的可能性；实地调查各地的市场现状，以便为美国农产品寻找出路。他的这趟旅行是孤独的。在旅行结束时，他在旅行札记中写道：“全部旅途我都是孤独一身。”他甚至没有带仆人同行，只在必要时临时雇佣人员。他说：“找来的仆人对我的身份一无所知，这使我感到很自在。”

一路上，为了节省时间，他吃饭睡觉都不甚规律，有时两顿当做三顿吃。杰斐逊还不耻下问，常常求教于园林工、葡萄园工、制桶工、农民等，几乎每时每刻都在问个不停。他从里昂给威廉·肖特写了第一份旅行报道，他说，他对这次旅行非常满意和愉快，他的期望也不过如此，“建筑、绘画、雕塑、古迹、农业、劳苦大众的情况，简直目不暇接”。

3 月 25 日，杰斐逊抵达埃克斯昂普罗旺斯，遵照医生的建议试了四天水疗后，认为这水对他的手腕伤无助，于是来到马赛，在这里逗留了一个星期，其间游览了波利城堡和迪夫城堡。他发现马赛景色迷人，一切都显得生气勃勃，充满了活力。他还调查了美国航运业的状况，但令人失望的是它很不景气。他认为这主要是阿尔及尔海盗猖獗的结果。

杰斐逊是个有心人。他在巴黎时就听说意大利人用的脱粒机与众不同，碎米比美国的少，于是就决意到北意大利去了解那儿的大米生产情况和脱壳情况。

他雇了一头骡子，跨越滨海边疆的阿尔卑斯山，这是一次冒险的经历。那是一条人工劈山修成的山路。然而，无限风光在险峰，阿尔卑斯山的雄伟壮丽使杰斐逊为之倾倒，满目树木葱茏，周围岩石嶙峋，遍地长满橄榄树、葡萄藤；还有成群结队的牛群、羊群，它们不时发出的叫声回应在山谷；头上是湛蓝的天空，镶嵌着朵朵白云，简直如诗如画，美不胜收。杰斐逊在都灵和米兰做了停留。他的旅行札记中着重记载的是对乡村的详细入微的观察。他对意大利的干酪制作几乎同对法国的酿酒一样感兴趣。他还对意大利的建筑、油画和雕塑极为注目，但最感兴趣的还是农业，因为有许多东西美国可以借鉴，对美国很有好处。

当杰斐逊在维切利附近发现了要找的稻田，而且也观察了那儿的脱粒机后，惊奇地发现这同爱德华·拉特利奇与他讲过的在南卡罗来纳使用的机器一样。因此他认为是稻种不同，而导致美国的米脱粒后易碎。由于当地法律规定禁止稻种出口，否则处以死刑，杰斐逊只好偷偷地抓了两把维切利的稻种放在大衣口袋里，把它们带了出去。

杰斐逊最后来到了米兰，遍游各处名胜。他取道热那亚回法国，因没能去罗马而遗憾。5 月 4 日，杰斐逊回到了马赛，这次是乘船，在大风大浪中颠簸了两天，他还专门去参观了朗格多克运河，为的是为美国收集资料，将来可能也要建运河。实际上他有一个想法：把美国詹姆斯河和波托马克河以及俄亥俄河凿通！

杰斐逊自地中海岸的赛特进入运河水道，在水上完成全部二百英里的航程，直到运河的西端终点图卢兹，运河在此接加龙河直入大西洋。他这次航行花了九天，记载了船闸的建造细节、它们之间的距离、过闸水流量，等等。

6 月 10 日，他回到了巴黎，记录的东西足够写一本书了。杰斐逊对这次探险活动满意极了，还对秘书威廉·肖特说：“你这位弗吉尼亚老乡要是不去这么旅行一遭，就不应急着回美国。”杰斐逊认为自己“从没有这样愉快地度过三个半月”。旅行归来的杰斐逊精神大振。更让他高兴的是，在 7 月下旬，他的次女玛丽在一名叫萨莉·赫明斯的小女奴的陪伴下，来到巴黎与父亲和姐姐团聚。

## 浪漫的插曲
THOMAS JEFFERSON

热爱美术的杰斐逊在伦敦时认识了一位客居伦敦、颇有抱负的美国艺术家约翰·特朗布尔，共同的兴趣使他们有相见恨晚之感。1786 年夏末，特朗布尔由伦敦来到巴黎，住在杰斐逊的官邸，正是在这里，他画出了有关《独立宣言》的第一批草图。杰斐逊为他粗略地画出了独立大厅的房间布置图，并给他讲述起草委员会的成员和其他签字者，帮助画家构图。特朗布尔想找所有在世者当面作画，第一个要画的人就是眼前的杰斐逊。《独立宣言》的油画完成于 1818 年，画面正中的就是风华正茂、头发未加修饰、精力充沛的杰斐逊。这幅画后来挂在美国国会圆形大厅内。

然而，杰斐逊之所以对特朗布尔记忆最深，并不因他是个画家，而是因他介绍了玛丽亚·科斯韦。玛丽亚·科斯韦的出现，搅乱了杰斐逊有条不紊、平静如水的生活，但也使他重新充满生气和渴望。而特朗布尔，还在他们之间充当了“通信员”的角色。

一天，特朗布尔约杰斐逊到巴黎郊区的哈勒奥布莱兹游览。那是一个远近闻名的粮食市场，保存一处著名的木质结构古建筑，其巨大的穹窿形建筑有一百三十英尺宽，文艺复兴时期的圆柱与屋里的环形阶梯相连，观光客可以沿此阶拾级而上到圆顶。据说这是为亨利二世的妻子凯瑟琳修建的，她常常与占星学家爬到顶上占卜星象。

本来，那天杰斐逊不是很愿意去游览。他对约翰·特朗布尔说：“也许在我还没看到它之前，哈勒奥布莱兹就塌了。”约翰·特朗布尔劝他去，允诺说有两个好伴。他们便是从伦敦来的理查德·科斯韦和他的妻子玛丽亚·科斯韦。杰斐逊转念一想，好歹可以去看看那个建筑，看看是否可以把它移植到里士满去。于是便同意了。去了之后，杰斐逊深有感触地说，那是“世界上最精妙绝伦的建筑”。然而，他此行的收获与其说是对建筑本身的欣赏，不如说他的心被同去的科斯韦夫人勾走了。

刚被特朗布尔介绍认识，杰斐逊就被科斯韦夫人迷住了。他甚至忘了去吻科斯韦夫人伸给他的手。科斯韦夫人身上散发出一种难以抵挡的诱惑，悄悄地便把杰斐逊困在情网之中。去游览那天，本来杰斐逊还要参加一次宴请，后来他主动取消了。那天，他们共进午餐之后，一起观看画展，路过花园中像瀑布一样的喷泉，回到巴黎观看焰火表演。

当杰斐逊得知玛丽亚会弹竖琴和拨弦古钢琴时，更是爱慕万分，不愿分手。杰斐逊劝他们到约翰·巴鲁茅斯特·克伦菲尔兹家去坐坐，这家女主人朱莉是个出色的竖琴演奏家。他们一起弹琴歌唱，他从她身上看到了理想中的女性的全部美好气质：音乐、谦和、美丽，还有女性特有的温柔性情和魅力。当时，尽管已是深夜，他还想方设法和他们多呆些时候。但这时差人来告，说有急件，需要马上处理，杰斐逊只好万分遗憾地离开了。这一天，他终身难忘。后来给玛丽亚写信道："当我晚上回来，却急切盼望着天明，真是夜长如水啊……"初次见面，杰斐逊就被她征服了。

第二天，杰斐逊就去找特朗布尔，要同他一起去科斯韦夫妇家。科斯韦夫妇也喜欢这个新结识的、学识渊博的朋友。此后，杰斐逊和特朗布尔常常陪伴科斯韦夫妇出入巴黎各种文化娱乐场所，欣赏音乐，观摩画展，游览巴黎附近的名胜古迹。杰斐逊在给一位朋友的信中写道："一切都是那么美好，那么令人心旷神怡！努伊利港、塞纳河沿岸的山峦、彩虹、城堡、花园……无不令人赏心悦目，时间不知不觉地与车轮一起飞逝，每当晚上一个人对月回忆时，感到幸福何其丰盈！"

玛丽亚当年 27 岁，她父母是英国人，但她出生于意大利的佛罗伦萨，并在那儿接受教育。玛丽亚幼时就深受音乐和艺术的熏陶，而且在这两方面都颇有天赋。她讲起英语来，带有意大利口音，杰斐逊反而觉得非常悦耳动听，还有一种一般英国妇女没有的"异质"。玛丽亚的父亲去世后，家景衰败，母亲带着她回到伦敦老家。玛丽亚想进女修道院，但她母亲是新教徒，坚决不同意。不久，她就在艺术家安杰莉卡·考夫曼的护翼之下，接受熏陶。她还从师于艺术家亨利·图西利，据说她曾和作曲家帕森斯博士订婚。但最后是科斯韦使尽浑身解数，花了数千英镑，还答应照顾她母亲直至去世，才终于将 22 岁的玛丽亚娶到手。

44 岁的理查德·科斯韦是英国有名的徽图画家，个子比玛丽亚稍矮。科斯韦常给英国上层社会的达官贵人包括威尔士亲王画像，他衣着浮华，喜欢自吹自擂，感觉良好。玛丽亚却认为他虚伪，喜欢谄媚。据说科斯韦有时还悄悄在鼻烟盒上做一些黄色图画，以此谋求暴利。科斯韦夫妇朋友甚多，他们的家是人人向往的文艺沙龙，玛丽亚的“时尚沙龙”是当时伦敦最有名的。科斯韦在舍恩堡的寓所挂满了欧洲名画，摆着异国家具，铺着波斯地毯，这里常常聚集着不少精英名流。特朗布尔与他们关系密切，常是他们家的座上客。

1786 年，奥尔良公爵邀请已在英国享有盛名的理查德·科斯韦去巴黎，给公爵夫人及子女画像，27 岁的玛丽亚也一同前往。对玛丽亚来说，她似乎期望有人能“解救”她。因为他们婚后生活并不愉快，特别是当她发现丈夫有外遇、而且还是同性恋者时，彻底失望了。她曾在给丈夫的信中写道：“我们的快乐何在？我的愿望总是第二位的，总是服从于你，而你却三心二意，先是和阿弗特沃兹小姐，后来又是哈默史密斯把你的心占据了。你的所为使我们的幸福走向了尽头。”可见，玛丽亚与科斯韦的感情早已“风雨飘摇”。

玛丽亚和杰斐逊心有灵犀，她对杰斐逊的孤独很敏感，杰斐逊对玛丽亚的婚姻不幸也很同情。加上 27 岁的玛丽亚像玛莎·威利斯一样，身材瘦小，眼睛碧蓝，肌肤雪嫩，一头金黄卷发，仪态优雅，女性味十足，又是音乐爱好者，杰斐逊似乎在她身上看到了亡妻玛莎的影子。

由于理查德·科斯韦忙于作画，无法脱身，而特朗布尔又到德意志旅行去了，杰斐逊和玛丽亚这时便可单独在一起。作为公使，杰斐逊公务繁忙，但却挤出下午的时间与玛丽亚相会，只在星期天才见到女儿。腼腆的杰斐逊曾自称是“来自弗吉尼亚的乡下人”。他整日穿梭于外交官、政府官员、学者之间，现在却发现他也像艺术家一样过着漫不经心、豪放不羁的生活。一种阔别多年的冲动搅得他坐卧不安，他恨不得没有夜晚，永远是白天，这样，他便可以和玛丽亚在一起，享受美好时光。有了玛丽亚在身边，杰斐逊每天都心神荡漾。1786 年 8 月 9 日，他在给一个叫比盖尔·亚当斯的朋友的信中流露出这种包藏不住的幸福，那时他和玛丽亚相识还不到一个星期。他说：“我们歌唱，跳舞，嬉笑，作乐。没有暗杀，没有背叛，没有造反。”

1786 年 9 月 18 日，在杰斐逊和玛丽亚相识后的第六周，他们两人在塞纳河畔漫步，兴致极高。突然一阵风把玛丽亚的头巾吹走了，杰斐逊忘了自己已人到中年，猛地像小伙子那样跳过围栏去捡它，不料摔倒在地，造成手腕脱臼，部分肌肉萎缩，右手肿了一年多。以后虽经多方治疗，仍然留下一个永久性的残疾。他称这是自己干的一件“蠢事”。

玛丽亚看到杰斐逊摔伤后，很痛心，但碍于难找借口离开丈夫去看杰斐逊。第二天，她只好写了一纸字条：“我本想一天见你两次，但我现在鬼怪相缠，脱不开身，不知你怎么样了?”显然，她原打算早上去看杰斐逊，丈夫却不让她去。不过她晚上仍到杰斐逊那儿去了，并答应第二天一早再去看他。在这段时间里，杰斐逊常常一个人选择抄录或背诵诗词，想以此表达其炽烈的情感。他阅读和抄录弥尔顿、格雷、柯林斯、申斯顿和波普的诗。有些诗是反映他对亡妻的怀念，但绝大多数却是对新欢的赞美。比如他曾抄录过这样的诗句：

我哀
我叹
我燃烧
我毁灭
别让我们分开
让我们相互拥有
你的拒绝
将使我心碎万段

两周后，即10月5日，科斯韦突然决定离开巴黎，返回伦敦。杰斐逊是4日才从玛丽亚那儿得知此事的。尽管玛丽亚认为还没做好准备，还需要些时日，但她丈夫却坚持立即就走。当得知玛丽亚·科斯韦要返回伦敦时，杰斐逊肝肠欲断，想挽留，却又感到回天乏力。他写了一张便条给玛丽亚：“我整夜疼痛，难以入睡，很遗憾，再也得不到你可心的相伴……如果你执意要走，愿上帝保佑你，无论你走到天涯海角。代我向科斯韦先生问好，平安到达英国之后，望来信。如果你今天不走，请一定告诉我。”

科斯韦夫妇的确推迟了一天。杰斐逊忍痛到科斯韦家去道别，还送了他们几英里路，在圣但尼斯才最后分手。目送玛丽亚的马车渐渐消失在远方，杰斐逊仿佛失去了什么。转眼之间，一切又变得如此暗淡无光，毫无生气。他感到“无精打采，郁郁不乐”，孤零零地回到了巴黎。只要他一闭上眼睛，玛丽亚那可心的笑容便浮现在眼前，将近两个月的缠绵悱恻的爱情生活便到此戛然而止。

玛丽亚走后，杰斐逊情绪十分低落，那种似乎早已忘却并不再习惯的无人相伴的生活，又恢复如昨。玛丽亚的倩影，特别是她那双盛满忧郁、渴望拯救的眼睛，无时无刻不在杰斐逊的眼前晃动。他相思成疾，度日如年，情不自禁地拿起笔来，给玛丽亚写信。由于右手尚动弹不得，他只好用左手写，尽管很吃力，但相思之情如骨鲠在喉，不吐不快。在极端的痛苦之下，这位才子一气呵成，写了洋洋四千余字长信。

这封信的体裁很特别，它采用了“头”与“心”之间对话的形式。“头”代表理智，“心”代表感情。

> 我亲爱的夫人，在圣但尼斯驿亭旁怀着悲痛的心情扶你上车，看到轮子开始转动，我就转身向我自己的车子走去。当时仿佛感到自己已不再活着，而是已经死去了。……当我孤独地、悲伤地在火炉旁边坐下来时，在我的“头”和“心”之间进行了以下的对话。
>
> “头”说：
>
> 这个世界并不是像你想的那样随随便便生活的地方。为了避免你不断地为我们招致外来苦难，你必须学会迈步之前看看是否平安无事。要小心谨慎地前进，这样你就可以掌握决定权。既要把任何一个事物带来的快乐放在一个天平盘上，也要把随之而来的痛苦放在另一个天平盘上，然后看看天平向哪一方倾斜。
>
> 交友不是一件可以忽略的事。当一个新的朋友被介绍给你时，要仔细周密地考察他。要考虑他会带来什么益处，以及他会招致什么样的麻烦。在你弄清楚下面有没有钩之前，不要去食诱人的鱼饵。
>
> 生活的艺术便是避免痛苦：能够绕过包围自己的岩石和浅滩的人，才是最高明的舵手。欢乐始终摆在我们面前，但是不幸也

在我们身旁；在追求欢乐时，痛苦也在向我们袭来。防止痛苦的最有效的办法，便是反求自己，满足于自己的乐趣。那些自足的东西，是聪明人所指望的唯一乐趣，因为别人可以从我们这里夺走的任何东西，都不是我们自己所有的东西。因此，知识上的乐趣是无法估量的价值，甚至在我们自己的力所能及的范围内，自始至终把我们导向某种新的事物的乐趣，也不要享受过分，以致感到烦腻。这样我们就可以清醒地、庄严地前进，而能超然于尘世的忧患之外，就可以细心地观察真理和自然、物质和运动，观察把它们的生存连结在一起的法则，以及创造它们并且靠这些法则把它们约束起来的那位永恒的神。……友谊不过是与愚蠢、荒唐以及与他人的不幸建立起来的一个同盟的别名罢了。

"心"却这样说：

阳光灿烂，大自然欢快异常。山丘、溪谷、城堡、花园、河流，到处都生机勃勃，色彩斑斓。它们何以这般绚丽多彩？是因为有了我们可爱迷人的伙伴。它们高兴快乐，是因为她开心喜悦。如果她不存在，只有它们，一切都会黯然失色，毫无生气。她一出现，万物复苏，生机盎然。让与世隔绝的愁闷和尚到他隐居的小屋里去寻求圣洁的快乐吧！让这个理想升华的哲学家在追寻穿着真理外衣的幽灵时，抓住梦幻般的幸福吧！这些幽灵的智慧就是极度的愚蠢，它们把仅仅没有痛苦错当成幸福。要是它们有幸体验过一次心灵巨大震撼的真正快感，它们宁愿以对自己生命的全部无味的思索来换取这一刹那。

信中"头"与"心"的对话，实际上是"两个杰斐逊"之间的对话，是杰斐逊内心深处，理智与情感之间的猛烈冲撞。但他还是同玛丽亚保持联系，两人不断有书信来往。这些信件都是通过特朗布尔亲自或由他托可靠的人送到对方手里。1786 年圣诞节前夕，他写信给她说，假如他能飞，就将飞到她身旁再也不离开。"如果我不能在现实中与你相聚，我将在想象中与你厮守在一起。"

回到伦敦之后，玛丽亚患了忧郁症，"失魂落魄，情绪低落，焦虑不安”，她抱怨杰斐逊迟迟不给她写信，说这是“宙斯之子的惩罚”。

1786年11月17日，当玛丽亚好几周没收到杰斐逊的信时，便给杰斐逊寄去了一本她自己谱的曲和二重唱的歌曲集，并不耐烦地问道：“你的沉默意味着什么……我每天都焦虑地等待邮差，但每次都是空等一场。我很担心……分手的痛苦过去之后，我的生活依然充满忧虑……这儿的天气很糟，凄风苦雨……火炉前，我思绪万端，现实却使我如置冰河。”

11月19日，杰斐逊回信，这是他受伤后第一次用右手写信。他在信中说：“你下次来巴黎，我们便不再分开，但你会来吗？我期待着你的回信，对我多说说，毫无保留地告诉我，这将是我的精神食粮。”他迫不及待地期待着来年的相会。他说：“我宁愿受骗也不愿不抱希望地活着。多想想我，热情一些。把我摆在你的心上，同那些你最爱的人放在一起；给我写信吧，我需要你的安慰。”他等得已有些不耐烦了，12月24日，他写道：“至此你应该制定你的行程计划，收拾行装了吧？”

然而玛丽亚却不得不推迟其行程。当玛丽亚写信告诉他夏天才能去巴黎时，杰斐逊便决定到意大利——玛丽亚的出生之地去旅行。他从意大利旅行回来后，给玛丽亚写信道：“但是我生来就注定要失去所爱的，你为何没有与我在一起呢？如此之多美不胜收的风景，只需你用铅笔把它们描绘下来……来吧，我亲爱的夫人，我们每天早上一起用餐，忘掉我们要再次分手。”这时玛丽亚正在为其丈夫取消夏天这趟法国之行而苦恼不堪。她说：“我不知今年何时才能去巴黎，我丈夫开始怀疑了……为什么我老想去巴黎？去巴黎恍如梦境一般，我现在真希望它是真的。”

最终玛丽亚还是去了巴黎，而且是她一人去的，并在那儿呆了三个月。也许他们都期待着重温前一年夏天的欢乐。然而，这一切都化为了泡影，情况的发展并未像他们所期望的那样。

科斯韦夫人终于在1787年8月28日到达巴黎。杰斐逊与她又见面了。但是，他们双方都没有能够重温去年夏天那无忧无虑、销魂夺魄的情愫。也许是他们的“头”战胜了“心”，也许是别的原因，无从细述，总之是产生了隔阂，双方的感情冷却下来，这段情缘也就此宣告终结。

# 9 关注的目光
THOMAS JEFFERSON

杰斐逊虽然身在他乡，却无时无刻不关心着祖国的情况。他通过与国内朋友的通信，尤其是从麦迪逊和门罗那里得悉国内的情况。

在过去的两年中，美国国内发生了两件大事。一件是1786年岁暮发生的谢斯起义；一件是联邦宪法的制定。杰斐逊尽管身在国外，但对这两件事极为关注。

独立战争虽然以美国对英国的胜出而结束，但美国国内的农村经济受到破坏。由于军队复员以及英国对于美与西印度群岛之间贸易所加的限制，农产品价格从1783年起一直在跌落。面对日益缩小的市场，农民们被迫举债度日。到1786年，他们已负债累累，以致有一大部分农民濒于经济破产。债台高筑的农民联合起来，要求政府通过法律减轻他们的经济负担。他们主张制定法律以废止因负债而监禁；削减抵押品的票面价值；中止收取债款，大量发行货币。1786年当经济萧条最严重之时，一些州被迫通过法律发行纸币，在罗德岛、新泽西、南卡罗来纳和北卡罗来纳，在实现大量发行货币以抵偿欠债的目的上是非常成功的；但是也有一些州，对农民所提的要求断然否决。在新罕布什尔州，武装农民包围了州议会，只是在民兵出动后才被驱散。这次骚动是大规模抗议运动的前奏。

在马萨诸塞州，最终造成1786～1787年的谢斯起义。

该州由于需要有大量款项来支付政府的行政费用和偿付州债的利息，不得不征课重税。控制着该州事务的富有商人，将捐税负担转移到土地和人头税上，这对已经贫困不堪的农民来说，无疑是雪上加霜。由于1785～1786年的经济萧条使农业收入骤减，农民们实际上已不可能缴付重税和偿还大量债务了。就在该州领导人不顾农民的利益和要求，强制实施其征税措施时，马萨诸塞州的民主力量正在组织起来，以保护自身利益。如同在革命前的那几年一样，1786年人民也召开会议以采取行动。在新罕布什尔大会上，发言者声称，他曾和其他人一道为争取自由而战，因此决心要维护它。

1786年8月26日，约一千五百多名马萨诸塞州愤怒的农民，在前陆军上尉丹尼尔·谢斯的率领下，揭竿而起，占领了北安普敦法院。该州其他各地的农民也纷纷效仿，他们中许多人就曾是革命战争中的退伍军人，这次又重新武装起来，一场大起义爆发了。

1786年秋，谢斯集合了一批武装农民，企图袭击波士顿。政府迅速采取行动，派遣了一大批军队镇压。结果双方发生了一场酣战，谢斯因寡不敌众而败北，被迫撤至马萨诸塞边境以外地区。随后，谢斯率领余部又回到马萨诸塞州，围攻在斯普林法特的联邦军械库，结果又被击败。政府军命令民兵穷追杀尽"叛乱者"，但是民兵却拒绝执行这一命令，因为他们中许多人都暗地里同情这场农民运动。因此，谢斯和另一些人逃了出来，企图在马萨诸塞州边境之外，再度把他们被击溃的军队集结起来。但这时起义的骨干已被冲散，只有少数人响应武装起义的号召，谢斯失望之余逃往纽约。

谢斯起义在美国政治家中引起了不同的反响。华盛顿、亚当斯、麦迪逊等人不是表示愤怒，就是彻底予以否定；而当这一消息传到托马斯·杰斐逊时，杰斐逊则有与众不同的看法。他虽然也不赞同马萨诸塞州的农民在欠债的问题上诉诸武力，认为这是人民的不合常规的干预行为，但同时他又充分肯定甚至赞扬农民对政府的这种难能可贵的反抗精神。他说："但愿这种精神一直保持下去。在政府不公正时，这种反抗精神将时常表现出来。这比一点儿也不表现出来要更好。我喜欢不时有一场小暴动。这就好比大气中的暴风雨一样，自由之树必须时常以爱国者和专制统治者的鲜血使之更新常青，这是它的天然肥料。"在他看来，人民的反抗精神有助于防止民主政治蜕化为暴政。

1787年，就在杰斐逊刚刚从意大利北部回到巴黎之时，美国国内发生了另一件具有划时代意义的事。在费城，召开了制宪会议，废弃了《邦联条例》，代之以《联邦宪法》。麦迪逊是这个制宪运动的发起人之一。

《邦联条例》是在独立战争期间，于1777年11月由大陆会议通过的，1781年3月经各州批准生效。根据条例，解散了原来的大陆会议，建立了邦联政府，但邦联政府仅具有各州联盟的性质，权力极为有限。麦迪逊早就一心一意想废弃"软弱无力"的《邦联条例》，用一部体现中央集权的宪法去代替它。1787年春，在启程赴费城出席代表会议之前，麦迪逊就写信给杰斐逊，向他的老朋友表达了他的这个意图。他认为，医治“现存宪法的致命的痼疾”最有效的灵丹妙药，便是授予“联邦首脑对于地方立法机关以在一切场合的否决权”。简言之，麦迪逊主张中央政府应该对地方政府行使绝对的控制。他认为，把权力全部送给联邦政府是完全必要的，因为他看到在《邦联条例》下面，“诸州的立法主权”不断地阻碍了联邦的权力。

1787年9月17日，费城会议终于废弃《邦联条例》，通过了一部新的《联邦宪法》，改邦联为联邦。麦迪逊因其在宪法制定过程中所起的重要作用，以及所表现出来的出众才华，赢得了“宪法之父”的美称。

这部宪法是在强化政府权力的要求下，也是在谢斯起义的震动下制定的。它同时也是奴隶制南部与商业的北部、大州与小州之间的妥协以及保守派对于人民力量让步的产物。因此，它不仅满足了保守派的要求，调和了各种不同利益集团之间的矛盾，而且也不可避免地带有一定程度的民主色彩。新宪法以三权分立为政府的组织原则。总统执掌一切行政权力，任期四年，总统还掌握军队，战时担任总司令，对立法有否决权；国会是立法机关，由参议院和众议院组成。参议院任期六年，每州代表二名，每两年更换其中的三分之一。众议院每两年按各州居民人数比例进行选举。国会负责批准条约，制定有关征收捐税、对外贸易、铸造货币、举借外债等立法；最高法院是最高司法机关，法官由总统任命，终生任职。最高法院有解释宪法的权力。

杰斐逊是11月初收到约翰·亚当斯从伦敦寄去的宪法抄本的。杰斐逊看完文件后的第一个反应是：“其中有不少很好的条款，也有不少很糟糕的条款。我不知孰多孰少。”在给麦迪逊的信中，他阐述了对这个新宪法的看法：

“我很喜欢如何组成政府的总构想。它应当自己平和地运转，而不必不断地去依赖各州的立法机关。我喜欢政体由立法、司法、行政三部分组成。我喜欢授予立法机关征税的权力，因此，我赞同扩大由民众直接选举的议院……特别吸引我的是对大州和小州对立要求的折衷解决办法，即小州要求的是平等，而大州要求拥有相称的影响。我也对以个人投票取代州的投票方法感到十分高兴；我还喜欢行政首脑经国会两院中一院三分之一同意，便拥有否决权，但是我更希望司法机关也可参与或拥有类似的单独权力。”在杰斐逊不喜欢的条款中，着重有两点：第一，他反对没有《权利法案》。他对一位朋友说，没有此法案令他吃惊。在杰斐逊看来，任何形式的政府都有压迫人民的倾向，任何统治都有趋向暴虐的可能，所以人民的权利需要法律上的保障，而《联邦宪法》上保障人权的条款一条都没有。杰斐逊不满地写道：“缺乏显明的法案！它确定宗教自由、出版自由，它制定人身保障法不受任何干涉，以保障人身自由，在民事及刑事案件中规定一律由陪审官审判……”第二，他深为惋惜宪法中竟然放弃了轮换任职的原则，特别是使总统能无限制地连选连任，他的担心是，总统如一直连选连任一辈子，便可为野心家提供可乘之机。

后来，杰斐逊逐渐减少了对这部宪法的批评，并给予高度的评价，称赞宪法“是一幅优秀的油画，惟有某些笔触需略做修饰而已”。但他仍时时警惕专制和暴政的出现。他说：“我们的目的，是维护宪法会议里大多数人的意旨和人民本身的意旨。我们和人们有同一的信念：人类是理性的动物，由自然赋予了权利、内在的正义感；我们更相信，仅靠温和的力量，人就可以被约束住不去为恶，而保证择善而行；这种温和的约束可以交给人民自己所选出的代表，依照人民的意旨来执行职权……我们深信：人民，如果能够在舒适与安全中享受他们自己劳动的全部成果，更以全副兴趣来遵守法律和秩序，习惯于独立思考和追求理智的领导——这样的人被统治起来，会比那些欧洲的，受着无知、贫困和压迫的损害和败坏，心灵为错误所麻痹的人民容易得多、安全得多。因此，爱护人民是我们的主张，害怕和怀疑人民是反对党的见解。”

1787 年 12 月 20 日，杰斐逊给麦迪逊写信，力陈把《权利法案》加到宪法中去的必要。杰斐逊的意见受到普遍的注意和尊重。麦迪逊从现实政治的需要出发，同时也是为了争取杰斐逊站到他这边而竭力活动。由于麦迪逊的积极推动，《权利法案》以头十条的修正案的形式被采纳，于 1791 年 12 月 15 日开始生效。

《权利法案》第一条规定国会不得制定关于建立国教或禁止宗教信仰自由的法律，完成了教会与国家政权的正式分离。第二条保障人民有携带武器、组织民兵的权利。第三条保障人民有居住自由的权利。第四条至第八条保障人身自由，人民有保护其身体、住所、文件与财产之权；非依一定法律程序，不得被逮捕；在民事诉讼及刑事诉讼方面均建立陪审员审判制度；在一切案件中，保释金、罚金不得过重。第九条保证人民保有宪法所未列举的其他权利。第十条确定各州或人民保留宪法未授予合众国或未禁止各州行使的权利。这便是通常所说的美国的“人权法案”。

就在美国制定宪法的同时，惊心动魄的法国大革命开始了。杰斐逊在任期届满之前，有幸目睹了法国历史上这一最重大的事件。

早在1787年初，法国国王路易十六召集贵族院开会，这是一百六十年来的第一次，目的是让有免税特权的贵族、僧侣纳税，以解决日益严重的财政危机。杰斐逊看到贵族聚集开会，认为变革大有希望，他怀着极大的兴趣注视着会议的进展。但这些贵族拒绝纳税，结果贵族会议在5月份被国王解散。

“贵族的叛乱”标志着法国上层危机的加剧。更严重的是法国第三等级反对王室的政治斗争日益加剧。农民起义席卷全国；巴黎发生捣毁工厂的事件；南特的市民围攻市政厅，高呼“自由万岁”的口号。经济危机、政治危机笼罩全国。

1789年5月4日，三级会议在凡尔赛召开。杰斐逊作为美国公使出席了引人注目的开幕仪式，到了6月，他被会议深深吸引住了，以致几乎每天都去凡尔赛。杰斐逊还给他的法国朋友拉法耶特出谋划策，私下同他及其他人频频会面。拉法耶特曾自愿参加美国独立战争，在华盛顿军中任将军。后在18世纪末法国资产阶级革命初期任国民军司令，属君主立宪派。

杰斐逊这种做法是违反公认的外交人员行为准则的。但他不但这样做了，积极热心的他甚至为法国国王起草了一个“权利宪章”，并将草稿送交拉法耶特和圣·埃田，另附上一封信，在信里，他希望国王能在王家会议上“自告奋勇接受这个权利宪章”，而他自己和三个等级的代表都在上面签字。这个“权利宪章”草稿，就是杰斐逊对于法国革命的建议，它包括的内容主要有：1. 三级会议每年11月1日一定要集会，且只要他们认为有理由，就一直开下去。2. 只有三级会议才有权向国民征收税款并且拨款。3. 三级会议有立法权，法律只有三级会议才能制定，但必须得到国王的同意。4. 实行人身保护。对于任何人都不拘禁，除非依据合法的程序。5. 军事当局应该从属于民政当局。6. 实行出版自由。7. 废除任何人所享受的金钱上的特权及豁免权，8. 国王所欠的一切债务成为国民的债务，必须在适当时间予以偿付。9. 授予国王以八千万锂，这笔钱靠借债筹措，由国家偿还。10. 三级会议现在予以解散，在 11 月 1 日再开会。

然而，他的这些意见，不用说国王，就连拉法耶特等人也没采纳这些意见。

6 月 17 日，第三等级代表宣布成立国民议会。6 月 27 日，下级教士代表和部分贵族代表也投到国民议会方面来。国王被迫同意三个等级的代表合厅议事。7 月 9 日国民议会改为制宪议会。7 月 12 日晚，巴黎群众与军队发生冲突。次日，群众手拿短刀、斧头走上街头，战斗更加激烈。部分军队转到人民方面，到晚上，巴黎大部分地区已掌握在革命人民手中。7 月 14 日，革命群众包围并一举攻下象征封建统治堡垒的巴士底狱。至此，整个巴黎为革命势力所控制。国王路易十六被迫承认巴黎市政府的改组，任命拉法耶特为巴黎国民自卫军司令。

杰斐逊目睹了法国局势的剧烈变化，印象极为深刻。他说："这些事件将永远铭刻在历史上。"这时，在春天就打好行李、焦急等待回国休假的他却不再急着离开了。这里的形势"太有意思了，目前离开是不适合的"。他认为自己有幸"能在十四年中两次目睹这种前所未有的革命"，真是上帝对他的偏爱。

杰斐逊在法国不仅仅是个旁观者。他是拉法耶特的一个顾问，因此还是事件的参与者，这本是通常不允许外国代表干的事。但那是个非常时期，一向从世界范围来看待人权的杰斐逊，毫无疑义地要协助人权在一个外国的领土上获得进展，特别是曾在美国革命取得的胜利中起过重要作用的这个国家。拉法耶特在起草提交国民议会的"权利宣言"时，频频与杰斐逊商议。在提交之前，拉法耶特要求杰斐逊给他一份《权利法案》，并附上他的评论。在向国民议会提交之前，拉法耶特又要杰斐逊再研究一遍，提出自己的意见。制宪会议在 1789 年 8 月 26 日通过《人权和公民权宣言》。宣言提出：在权利方面，人人生来是，而且始终是自由平等的；法律是公众意志的表现，在法律面前人人平等；国民有权亲自或推举代表参加制定法律；国民有言论、出版自由，但必须受法律制约；财产是神圣不可侵犯的，不得剥夺。

现在很难确定杰斐逊对拉法耶特 7 月 11 日提交国民议会的“权利宣言”到底起了多大的影响。因为在议会 1789 年 8 月 26 日通过《人权和公民权宣言》之前，许多人都曾参与起草。最后通过的宣言，只有部分像是采用了拉法耶特的草稿，但是美国《独立宣言》对法国《人权宣言》的影响是显而易见的。

杰斐逊参与法国革命最公开的一次是制宪会议正在制定宪法之时。当时负责起草宪法的委员都赞成保留君主制，但在君主的行政权力的大小、立法机关到底应是一院制还是两院制等一系列问题上争执不下，面临解体的危险。杰斐逊作为《独立宣言》的起草人在法国享有很高的声誉，委员会认为应该就宪法问题向他请教。委员会主席向他发出邀请，希望他莅临宪法起草工作第一次会议，予以指导。杰斐逊因为外交使节的身份婉言谢绝了。后来拉法耶特力请他“为了自由的事业”，在他家中设午宴宴请委员会成员，以借重杰斐逊的威望，防止委员会的解体和内战的发生。来的客人都是著名的爱国者，在杰斐逊家里特殊的环境和气氛下，大家都意识到必须做些让步才能组成联盟。午餐后，大家一直讨论到晚上十点，终于解决了分歧，达成了共识。杰斐逊作为见证人，目睹了他们讨论的全过程。

1789 年 8 月，杰斐逊获准回国。他来法国已经五年了，已经习惯了巴黎的生活，爱上了这个地方。但他还是非常想念家乡，盼望回去看看。9 月 6 日，杰斐逊将三十八只大箱、提篮及几大捆行李送往勒阿弗尔，等待装船起航。箱子里有书、一架大键琴、艺术品、家具、植物等；提篮里装的是酒和航行所需的食物及其他用品。有一只箱子里装了六支新产品——滑膛枪，零件是可以互换的，这项新发明对杰斐逊很有吸引力。他急切地想把这种枪引进美国。在运往蒙蒂塞洛的几箱绘画中，有他托特朗布尔在英国买的培根、洛克和牛顿画像的复制品。此外，他还带了哥伦布、阿梅里卡斯·韦斯普奇乌斯、科泰兹和马杰兰的画像，这些是他请人在意大利临摹下来的。他说：“我们的国家不能没有那些首先发现它的人物的画像。”离开巴黎前，杰斐逊付给乌东（法国著名雕塑家）一千里弗尔，购买了几件艺术品，大约有华盛顿、富兰克林和拉法耶特的半身像；他还购得乌东制作的伏尔泰、蒂戈特和约翰·保罗·琼斯的半身像，以及乌东给他雕塑的几个石膏像（他曾在1789年坐着请乌东为他塑像）。

杰斐逊的行李太多，另外还有两个孩子、两个仆人和两辆马车，因此他希望找到一条由勒阿弗尔直开弗吉尼亚的船，几经周折，才在约翰·特朗布尔的帮助下，找到一条从伦敦开赴弗吉尼亚的船。船长不肯在勒阿弗尔停靠，但他同意杰斐逊在英国口岸考斯上船。杰斐逊一行只好赶到考斯，终于在10月22日中午登上了驶往诺福克的“克勒蒙特”号，结束了他五年的出使法国的生涯。

杰斐逊这次是请假回国，预定休假两个月之后再回巴黎。他没有想到，当船11月23日抵达诺福克，他归家途中，得知他已被任命为华盛顿新政府的国务卿了。此后，他再也没有机会回到巴黎。

## 附录 《权利法案》

美国宪法的草创人没有在宪法中拟订一项权利法案。第一届国会集会后不久，詹姆斯·麦迪逊提出一项很长的权利法案，作为宪法的修正案。国会一共通过了十二条修正案。但是，只有十条为各州所批准，并于1791年12月15日正式成为宪法的一部分。这些修正案被称为《权利法案》。

第一条修正案

国会不得制定有关下列事项的法律：确立一种宗教或禁止信教自由；剥夺言论自由或出版自由；或剥夺人民和平集会及向政府要求伸冤的权利。

第二条修正案

纪律良好的民兵队伍，对于一个自由国家的安全实属必要；故人民持有和携带武器的权利，不得予以侵犯。

第三条修正案

任何兵士，在和平时期，未得屋主的许可，不得居住民房；在战争时期，除非照法律规定行事，亦一概不得自行占住。

第四条修正案

人人具有保障人身、住所、文件及财物的安全，不受无理之搜索和拘捕的权利；此项权利，不得侵犯；除非有可成立的理由，加上宣誓或誓愿保证，并具体指明必须搜索的地点、必须拘捕的人或必须扣押的物品，否则一概不得颁发搜捕状。

第五条修正案

非经大陪审团提起公诉，人民不应受判处死罪或会因重罪而被剥夺部分公权之审判；惟于战争或社会动乱时期中，正在服役的陆海军或民兵中发生的案件，不在此例；人民不得因同一罪行而两次被置于危及生命或肢体之处境；不得被强迫在任何刑事案件中自证其罪，不得不经过适当法律程序而被剥夺生命、自由或财产；人民私有产业，如无合理赔偿，不得被征为公用。

第六条修正案

在所有刑事案中，被告人应有权提出下列要求：要求由罪案发生地之州及区的公正的陪审团予以迅速及公开之审判，并由法律确定其应属何区；要求获悉被控的罪名和理由；要求与原告的证人对质；要求以强制手段促使对被告有利的证人出庭作证；并要求由律师协助辩护。

第七条修正案

在引用习惯法的诉讼中，其争执所涉及者价值超过二十元，则当事人有权要求陪审团审判；任何业经陪审团审判之事实，除依照习惯法之规定外，不得在合众国任何法院中重审。

第八条修正案

不得要求过重的保释金，不得课以过高的罚款，不得施予残酷的、逾常的刑罚。

第九条修正案

宪法中列举的某些权利，不得被解释为否认或轻视人民所拥有的其他权利。

第十条修正案

举凡宪法未授予合众国政府行使、而又不禁止各州行使的各种权力，均保留给各州政府或人民行使之。

# THOMAS JEFFERSON
# 第四章
## 从国务卿到总统

杰斐逊的政府，走过八年之后，将要结束了。在这段时间里，美国尽管在对外关系方面发生过某些不愉快的事件，但全国幸福繁荣，这是各国历史中没有先例的。在这段时间里，较之任何国家都要更加清楚地显示，一国政府可以依照并符合道德公正原则得到管理。在这段时间里，如果在美国同外国关系方面和外国的行为方面没有任何障碍的话，那么，一项梦寐以求的公正试验就可能成功，多么接近于一个以理性为基础的政府臻于完善的程度！尽量使美国人民体面、幸福、伟大和独立，乃是杰斐逊先生政府的目标。

## 担任国务卿

THOMAS JEFFERSON

1789年11月23日，杰斐逊和女儿们乘坐的“克勒蒙特”号在诺福克停泊。阔别祖国五年多，杰斐逊重又踏上了美国国土。他原本计划此次回国度两个月的假，然后重返巴黎。但是当他一登岸，却得到了一个突如其来的消息：他被任命为华盛顿政府的国务卿，而且参议院也已经确认了。

诺福克市政官员们在欢迎他的讲话中，称赞了他在法国作出的贡献，并预祝他在新的岗位上工作顺利。杰斐逊仍然处于惊讶的情绪中，因此他简单地表示了感谢，但是没有提及就任国务卿的事情，因为这件事实在太突然了，他还完全不知道该怎么办。

华盛顿很希望杰斐逊参加他的工作班子。12月11日杰斐逊收到了华盛顿邀请他担任国务卿的信。过了几天，杰斐逊回信感谢总统对他的信任，同时表示：“我考虑到它的职权范围，既包括国内那一大堆主要事务，再加上外交事务，我不知道自己能不能胜任。”

杰斐逊从诺福克到蒙蒂塞洛，路上走了四个星期。他一路走亲访友，途中又给华盛顿写了信，坦率表示他不愿当国务卿，而愿回法国去工作，除非总统坚持要他留下，并愿意接受总统认为最符合公众利益而指派给他的工作。华盛顿不愿做出最后的决定，坚持这两个职位要由杰斐逊自己来选择，但是他还是写信给杰斐逊保证说，国内事务绝对不会是他难以负担的，假如真的成了负担，他确定国会一定会把国内事务和外交事务分开来，成立一个新的部门。总统还在信中说：“据我从各方面得到的情况来看，最近对你的任命极令公众高兴和满意。”当收到这封由总统特使专程递来的信，杰斐逊实在无法推辞了，他告诉总统，他决定接受这个任命，但是暂时还不能赶回纽约，因为他刚满17岁的大女儿要出嫁了。

乍一回到了阔别五年的家乡，杰斐逊在弗吉尼亚感到了不亚于1784年到达法国时所产生的那种异样“文化震动”。已经习惯了巴黎的浪漫情调和古典风情，再次重返粗犷荒芜、田野纵横的蒙蒂塞洛，地域文化差异所形成的鲜明对比，让杰斐逊突然间有点无所适从。

杰斐逊感到了弗吉尼亚的保守落后还有泥泞不堪的道路。他从一个国际性大都市突然置身于一个村庄，总觉得自己与这种环境格格不入，浑身不自在。家乡的状况使他骤然开始怀念法国。杰斐逊给留在巴黎的威廉·肖特写信说道："我们像外国人回到美国，需要住一段时间之后才能美国化。"

但他还是欣喜地看到了一些显眼的变化，在里士满停留的时候，他参加了当地为他召开的欢迎宴会，还参观了正在施工之中的弗吉尼亚新议会大楼，而且是按照他的设计进行建造的，罗马式建筑显得异常壮观。他非常满意，相信"它将无愧于展现在最富盛名的古迹之畔"。

最后，当他携女儿和杰克·爱泼斯乘坐马车到达蒙蒂塞洛时，正值1789年圣诞节前夕。闻讯的奴隶们倾巢而动，拥挤在道路的两旁夹道欢迎他们的归来。这些热情而质朴的奴隶们把杰斐逊的车团团围住，欢呼雀跃，兴高采烈，而且他们激动得不顾杰斐逊的反对，把马车停下，解下马匹，用肩膀拉着马缰，将马车拉进庄园。

此情此景使久违家乡许久的玛莎异常感动，当马车的门被打开后，家仆、奴隶们争先恐后地扑上来亲吻杰斐逊的手和脚，他们又哭又笑，又是祈祷又是赞颂，简直热闹非凡；杰斐逊像一个中世纪的王子远征后凯旋一样，受到了家人最热烈的欢迎，这让杰斐逊很快就将巴黎抛到了脑后，同时也更加坚定了解放奴隶的信念。

杰斐逊每次回蒙蒂塞洛，都要给奴隶们带一些小礼物，吃的、玩的都有，这让他们对杰斐逊崇拜得五体投地。

对于17岁的玛莎来说，从一个熟悉的环境重新回到这个她12岁就离开的地方，心中不免充斥着种种焦虑和失落感。可是家人包括她自己都万万没有想到的是，她一回到家，整个生活就被彻底改变了：回到弗吉尼亚三个月后，她就要结婚了。丈夫是隔了两代的表兄伦道夫，21岁，正在爱丁堡读书，是玛莎的青梅竹马。

玛莎其实并没有她的妹妹玛丽那么漂亮，但是酷似父亲的她别有一番魅力，而且毕竟青春年少，出落得水灵灵的，自有一种独特的美。其实在杰斐逊一家在勒阿弗尔避暴风雨的时候，她就结识了一个名叫纳撒尼尔·

卡廷的美国青年。卡廷对玛莎一见钟情，认为她“很可爱”，“身材修长，非常斯文”，虽然受到了一些法国气氛的影响，可是却“纯真迷人，性情温柔含蓄，明显表现出她天生的美德和快乐的性格”。然而，卡廷与玛莎只是萍水相逢，有缘无份，像两根平行的枕木，难有交点。

由于杰斐逊急于去纽约担任新职，玛莎·杰斐逊和小托马斯·曼·伦道夫于1790年2月23日在蒙蒂塞洛匆匆完婚。

杰斐逊很喜欢这个大女婿，称赞他“聪明，正直”，对这桩婚事也满意。伦道夫的父亲送给这对新婚夫妇一个位于瓦里纳的种植园。而杰斐逊却债务缠身，没有什么现钱给女儿做嫁妆，便划了一千英亩的森林和二十五个奴隶给她。

杰斐逊与长女感情非常深厚。因为自从妻子逝世之后，杰斐逊不论在何处，都将玛莎带在身边，悉心指导她的学业，指导她为人处世的技巧，对她寄予深切厚望。现在女儿嫁人了，他对女儿的婚姻更是关心，要求女儿要好好侍奉丈夫，让他快乐、幸福。杰斐逊还在给女儿的信中写道：“你生活的全部快乐，现在都取决于你能否持久地使一个人（丈夫）快乐。与这一目标相比，其他都是次要的，甚至包括你对我的爱。”

而且对玛莎来说，父亲在她心目中的地位也永远是第一位的。在她的心目中，父亲就是一座永恒的神祇，高大、睿智、慈爱、雄伟，以至于她的丈夫后来一直对这个伟大的岳父心存嫉妒，甚至因为认为自己一生都无法超越这个近在咫尺的偶像而自怨自艾、忧虑消沉，甚至最后郁郁而终；而玛莎死后也没有与丈夫的家族埋葬在一起，而是埋在了蒙蒂塞洛的家族墓园里，陪伴着父母和妹妹。当然，这些都是后话。

玛莎结婚五个月后，发现她55岁的公公在婆婆死后，续娶了一个年纪轻轻的女孩加布里埃尔·哈维，还要哈维给他生儿育女，传宗接代。玛莎看不惯，杰斐逊只好写信劝女儿，安慰她，并让玛莎对公公和他新娶的妻子应“加倍去爱”。杰斐逊在给女儿的信中，要求她“成为家庭里的爱、团聚、和平的纽带”。与父亲和姐姐之间的感情相比，杰斐逊与次女波丽之间的感情联系，就远远没有发展到这样深的地步。

玛莎婚礼后的第二天，也就是1790年3月1日，杰斐逊依依不舍地告别新婚的女儿，便起程去纽约。他途中还拜访了富兰克林博士，当时后者正卧病在床，身体很虚弱。但是富兰克林仍然十分惦念法国的现状，于是杰斐逊便一一讲给他听。21 日，杰斐逊抵达纽约，开始了他四年国务卿的生涯。

杰斐逊和华盛顿

当杰斐逊到达临时首都时，华盛顿的新政府已运作了近一年。

华盛顿的先祖是英国人，1657年移民来到弗吉尼亚。他的父亲奥古斯廷·华盛顿，是弗吉尼亚州威斯特摩兰县的一个大农场主。1732年2月22日，华盛顿出生在这里。华盛顿11岁时父亲病逝。他17岁那年前往威廉斯堡，在威廉—玛丽学院的测量短训班学习了几个星期，毕业后正式成为库尔佩珀县的测量员。华盛顿与其同父异母的兄长劳伦斯相差14岁，但两人感情很好。1752年，劳伦斯和他的女儿相继病殁。根据劳伦斯的遗嘱，华盛顿继承了长兄的产业，其中就包括弗农山庄。在此后的二十年中，华盛顿的生活大都是在弗农山庄度过。

1759年1月6日，华盛顿迎娶了玛莎·丹德里奇。

1775年6月17日，华盛顿被第二届大陆会议任命为大陆军总司令。

1789年2月4日，美国举行了建国以来的第一次选举。十个州的一百三十八个选举人投票，一致选举华盛顿为美国第一任总统。

1789年4月30日上午，阳光明媚，华盛顿将军一身戎装，神威凛凛，径直走向俯瞰着纽约市华尔街的阳台上庄严宣誓："余谨誓以忠诚执行合众国总统之职务，并尽余能力以维护遵守合众国之宪法。"

在联邦首都，他受到了最为盛大的欢迎——船舰和炮台礼炮齐鸣，全副武装的民兵列队接受他的检阅，无数平民欢呼雀跃，所有的房屋都装饰一新，全国上下俨然是在迎接一个盛大的节日。

然而，在表面的辉煌之下，华盛顿还要面临无数重大的问题。首先，联邦政府要创建一个能够自我运作的管理机构。旧美国邦联所遗留下来的只有十几个办事员、一个空荡荡的国库和一大堆债务。既没有税款或其他现款，也不存在收税机构。于是，新国会很快便制定了一套关税税则，在南北相距二千英里、联系松散的国土上征收关税。以富有而著称的华盛顿，竟不得不向一个朋友借贷六百英镑，才能攒够移居纽约的费用！又过了几个月，才建立起了一个行政机关。

华盛顿所拥有的最大的幸运和优势就是，新政府是在一片同意的声浪里扬帆启航的，没有出现任何致力于推翻宪法的组织，而且他拥有一群饱学睿智之士的辅佐。华盛顿挑选了当过驻法公使的托马斯·杰斐逊任国务卿；让亚历山大·汉密尔顿掌管财政部；华盛顿的炮兵司令亨利·诺克斯，在邦联时期原任陆军部长，现仍继续担任此职；弗吉尼亚州州长埃德蒙·伦道夫被任命为总检察长。

第一届联邦国会建立了行政机构，但行政部门的许多机构还在不断改进之中。杰斐逊上任的时候，发现这个所谓“国务院”的全部工作人员，加起来也不过是二名主要办事员、二名协调员和一名翻译。不包括驻外机构费用在内的全部预算，竟然不足八千美元，其中还有三千五百美元是他的薪金。

杰斐逊到纽约的第一天，正好是一个周日。3 月的纽约还残留着一丝寒意，但春天的脚步已经来临，到处洋溢着冬去春来的欢快气氛。杰斐逊顾不上休整洗尘，一到纽约就立即向华盛顿总统报到，开始工作。然而刚上任一个月，他的周期性头痛病就复发了，他躺了几天之后又带病坚持工作，前后折腾了一个多月才恢复。

杰斐逊的头痛还没消失，就出席了参议院的一个委员会。这是他第一次在议员们面前露面。

参议员威廉·麦克莱事后对这位 47 岁的国务卿的第一印象回忆道：“杰斐逊是个瘦高个，态度有些生硬，衣服似乎显得小了一些，一肩高一肩低地侧身斜靠在椅子上，普普通通，整个人显得松松垮垮，还有点拘谨，心不在焉地东张西望，完全没有我所期待的那种国务卿或部长在场令人肃然起敬的威严、镇定。……他完全是一副漫不经心的样子，发起言来几乎没有停顿，声音小，不太容易听清楚。他的讲话同他的举止差不多：松散、漫无边际。然而不论讲到什么，他都显得知识渊博，有些观点甚至闪耀着才华横溢的光芒。”

当时在华盛顿身边的几员大将分别是亚当斯、杰斐逊、汉密尔顿和麦迪逊这四人，围绕着华盛顿总统转来转去。杰斐逊在巴黎呆了五年，只是新宪法诞生后直到 1790 年 3 月才返回国会的，与华盛顿的亲近程度远不及其他人；亚当斯虽然当上了副总统，却不算是华盛顿的密友；麦迪逊因起草《联邦宪法》而成为明星，变得越来越激进，而且也加入杰斐逊的轨道，成为杰斐逊最亲密的顾问；而汉密尔顿则跃跃欲试、野心勃勃，欲争取在政治上和个人关系上超过亚当斯，并且他已代替麦迪逊成为华盛顿的心腹和捉刀者。

而杰斐逊深知他要领导国务院，就免不了要与原本政见不合的财政部长汉密尔顿起摩擦。他不否认汉密尔顿年轻有为、才智卓越，不但有自己的政治主张，而且还准备为之奉献生命。但是汉密尔顿对人权问题毫不关心，主张实行君主统治、总统终身制，把权力集中于中央政府，尽量限制投票。由此可见，汉密尔顿反对民主政治，拥护贵族政治。因此，他与杰斐逊之间的对立，简直是从杰斐逊来到纽约的那一秒开始就注定了的。

## 2 与汉密尔顿“不共戴天”

THOMAS JEFFERSON

杰斐逊曾经形容自己和汉密尔顿简直“就像两只公鸡，整天在内阁里斗来斗去”。可以说，在杰斐逊当国务卿期间，在他政治生活中占主要地位的，是他与财政部长汉密尔顿之间“不共戴天”的争斗。

亚历山大·汉密尔顿生于1755年的英属西印度群岛中的尼维斯岛。当他还在英王学院（后改称哥伦比亚学院）求学时，就曾为殖民地居民的权利进行过出色的辩护。22岁时，他在华盛顿手下供职。1789年他被华盛顿任命为财政部长时，年方34岁，年轻气盛，春风得意。他在行政管理方面展现出了无与伦比的天才；他在政治方面的判断力，其圆熟老辣，也让同时代的多数人难望其项背。

汉密尔顿27岁那年，曾指出过邦联的一个致命的缺点；他还撰写了一篇论述公共财政问题的卓越论文；在约克敦指挥过一支突击队；他在缔结和约时取得了在纽约当律师的资格，并很快在法律界崭露头角。汉密尔顿热衷于充当政治教师的角色，他总是能在别人保持着谨慎观点和暧昧原则的地方，提出大胆的计划和明确的政策。当国会正在考虑人民将会说什么时，汉密尔顿就已告诫国会议员和人民，他们应当做什么。他有着永不疲倦的超人精力，以及对繁重工作的热爱，并乐于承担责任。

在当时的美国政府，财政部是国会而不是宪法所创设的，它在相当长的时间里，一直是最重要的和最有权力的联邦部门。财政部长有责任对公共信用做出估计；收进、保管和付出合众国货币；征收关税和国产税（即对本国产品课征的国内消费税）；管理灯塔业务；建立辅助航运的各种设施；着手进行合众国土地测量等等。在国会1792年设立邮政部以前，财政部还兼管邮政事务。因此有人认为，杰斐逊和汉密尔顿失和，是因为杰斐逊“心怀嫉妒”。杰斐逊派的人，将财政部比拟为乔治三世送来“扰害我们的人民并吸光他们的财富”的“成堆官僚蜂群”——因为与其他政府部门相比，财政部的雇员是最多的。

但是目前一种比较受到公认的看法是，杰斐逊与汉密尔顿不和的原因主要在于，汉密尔顿的财政政策——特别是按票面价值偿还战时发行的公债，由联邦政府承担州的公债的偿还，实行消费税，把负担转嫁到人民头上等政策——在金融资本家、投机商人、股票经纪人等大发横财的同时，使广大人民群众蒙受惨重的损失，加剧了人民的贫困。

原来在民众中有许多人是公债券持有者，但是为生活所迫，不得不以低于票面价值的价钱出卖公债。了解政府准备以票面价值偿还公债这一内情的政府官员、国会议员及与他们有联系的大金融资本家、投机商人，便借机抢购公债。结果，使原公债券持有者吃了亏，而抢购公债的人却大发横财。再者，到联邦政府成立时为止，有些州（如弗吉尼亚州）已经把州的公债还得差不多了；有的州根本没有发行公债，现在由联邦政府负责偿还州债，也使得这些州吃了大亏。

这样，一生仇视投机行为的杰斐逊便对汉密尔顿这种做法深为不满。

而另一个促使杰斐逊与汉密尔顿结成冤家的原因，是在有关政府性质的几乎每一个重要问题上，他俩的意见都完全相左。

汉密尔顿比杰斐逊小12岁，脾气暴躁，性格傲慢，极端自负。他非常向往贵族政治，如果可能的话，他宁愿接受皇帝和世袭贵族，而且从头到尾都不喜欢民主政治，法国国王与王后被送上断头台后，汉密尔顿一派还为他们哭泣，为他们戴孝。他的全部努力就是尽可能把“暴民”——人民排除于政府之外，在政府里掌权的人越少越好，这些人应该都是有钱的人。

而杰斐逊却是一个终生都致力于争取民主，使民主的范围更广阔、更强固、更真实的人。他希望选民能够增加而非减少，他反对贵族的一切排场、特权、名位和傲慢，认为总统和副总统应只做一任或最多两任，除了他们所担负的工作和别人不同以外，作为公民，他们和别人不应该有什么不同。

1789 年，新宪法已正式生效，联邦政府成立，华盛顿就任第一任美利坚合众国总统。这时，围绕如何解释和执行宪法的问题，统治阶级内部发生了严重的分歧，并展开了激烈的斗争。那些有钱有势的人都主张集中权力于联邦政府，要求从宽解释宪法，即信奉所谓“联邦主义”，主要代表人物有汉密尔顿、亚当斯；而中小企业家、南部某些种植园主以及广大小农则希望实行分权，使各州和地方政府能分享到较多的权力，因此主张从严解释宪法，也即信奉“共和主义”。杰斐逊是此主义的积极捍卫者。

联邦主义者认为，他们自己是政府，而不是一个政党；他们在 18 世纪 90 年代的历史，将是在政府内部组织的历史，而不是企图影响政府机构的外部组织的历史。于是，他们急于要建立一个强大的全国政府和拥有广泛决断权的强有力的执行机构。这一立场促使他们反对大部分宪法修正案，其中有关于保护根据良心而拒绝从事某项工作的人的权利、禁止各州侵犯良心的权利、陪审团的审判和新闻自由等方面的修正案。心情沮丧的詹姆斯·麦迪逊不得不与他在制宪会议上的盟友们分道扬镳。

但联邦主义者也觉察到，他们的政策需要公众的支持。为此，他们就逐步想出了政党这种工具，最终成立了联邦党。

作为华盛顿国务卿的杰斐逊，是个资产阶级民主主义者。他的思想同汉密尔顿针锋相对。他认为，汉密尔顿的金融政策超越了宪法所授予中央政府的权力，违背了大多数民众的利益，是对共和制度的一种威胁。1792 年，他与麦迪逊等人建立了共和党，1794 年又改称民主共和党（现在的民主党的前身），跟汉密尔顿的联邦党分庭抗礼。这样，美国的两党制度初露端倪。

随着时间的推移，联邦党与民主共和党之间的党派斗争越来越激烈，两党的代表人物汉密尔顿与杰斐逊之间的政见分歧也就越来越深。

杰斐逊心目中的理想人物是小农，他关心的是能否保住获取财富的机会，而汉密尔顿心目中的理想人物是大资本家，他关注的是利用和增加财富的机会；杰斐逊认为美德都在农民的胸怀里，而汉密尔顿则坚信只有商人和制造商等有钱人、城里人才有最大的美德；杰斐逊信任民众，怀疑有权力和有野心的个人，并千方百计地限制政府的权力，鼓励各种势力和利益在政府机构里互相牵制。相反，汉密尔顿对民众的智商持怀疑态度，信任有权力、有影响的个人，想方设法将这些人推荐到政府中，让他们控制政府，使政府成为稳定社会和促进经济发展的工具；汉密尔顿的终极目标是建立一个更有效率的机构。而杰斐逊的最高目标则是给予个人更多的自由，深信“世界上每一个人、每一群人，都有自治的权利”；汉密尔顿害怕无政府状态，处处讲求秩序。而杰斐逊害怕暴政，处处为自由着想。

美国著名历史学家约翰·菲斯克在19世纪末写道：“自此以后，美国历史就沿着由于杰斐逊和汉密尔顿的对抗而形成的两条线索发展。”1925年，克劳德·鲍尔斯在他的《杰斐逊和汉密尔顿》一书中写道：“在美国，还没有哪一次斗争在重要性上能与两位巨人之间的斗争相提并论。”莫里森和康马杰在1970年版的教科书中总结：“杰斐逊颇具魅力的秘诀在于，他诉诸并表达了美国的良心：理想主义、单纯、饱满向上的精神、充满希望的憧憬，而不是汉密尔顿推崇的追求实利的荣耀的野心。”尽管敏锐的历史学家极力向人们阐述，美国历史实质上并不是以杰斐逊主义和汉密尔顿主义之间的冲突为主线，但是，民主论和精英统治论之间、经济自由论和经济控制论之间、多数统治论和少数权力论之间的抉择主宰着美国的政治生活。

两人的争论在报纸上激烈展开。汉密尔顿用各种笔名在《合众国报》上刊登文章，攻击杰斐逊。杰斐逊本人虽然没有写过一篇文章回击汉密尔顿，但是他的朋友们都加入了这场笔战，光是在《国民报》上就有十八篇文章出自麦迪逊之手。更重要的是，杰斐逊为该报的一个编辑提供去国务院查询资料的条件，让该编辑想办法“对付”汉密尔顿。

随着越来越浓烈的火药味，两边在报纸上的对战已经快要把报纸点着了。而他们之间的对立情绪与日俱增，也已到了针锋相对的地步。假如杰斐逊说什么是黑的，那么汉密尔顿就肯定会眼睛都不眨地说那是白的。从1792年开始，联邦党与民主共和党之间的党派斗争激烈到连总统本人也卷了进去。

就在杰斐逊与汉密尔顿较量的这段时间，正好是国会选举和总统大选的时候，华盛顿的第一届任期将满，他对手下这两员爱将之间的纷争也感到越来越不安，于是他开始找杰斐逊谈话。

华盛顿对杰斐逊说，他感到自己日渐衰老，身体情况也已经大不如从前；记忆力本来就不好，现在就更差了，工作起来疲惫不堪。他渴望摆脱总统的这副担子，遏制不住地想回到乡下去呼吸新鲜空气，修身养性，自由自在地安享田园生活的乐趣。然而，假如他退休的话，就会引起许多重要的政府官员也跟着退职，势必会使公众大为震惊，以致产生非常不妙的后果。所以，鉴于他的任期还有最后一年，他还得耐心地再等一年。接着他又对杰斐逊说，看到他与汉密尔顿之间的不和，让他感到非常痛心。他希望双方都能做出一些让步，这样能给内阁带来一些和谐的气氛。

但是此时杰斐逊已经对这种口诛笔伐的斗争感到厌烦了，更加厌烦的是无休止的政治生活，他向华盛顿请辞自己的国务卿职务。华盛顿闻言大吃一惊，反复劝慰和挽留杰斐逊说："财政部是一个职权有限的部门，只分管税收这一项事务，而国务院却要管理差不多的所有事务，比起财政部的工作来要重要得多。现在新政府刚刚开始施政，正处在创业时期，国务卿的离职会更加引人注目，不利于政局的稳定。所以，你绝对不能辞职。"

杰斐逊和华盛顿进行了好几次机密而有趣的谈话。华盛顿对杰斐逊的才干、外交事务知识和爱国主义给予极高的评价。在华盛顿多次苦口婆心的劝说和调解下，杰斐逊最终与他达成了一项折中的解决办法，允许杰斐逊在这年的秋天暂时离职，回来以后要一直任职到 1794 年 1 月份。

1793 年，华盛顿连任美国总统。不久后，法国爆发了大革命，最激进的雅各宾派上台，并在这一年的 1 月，将法国国王路易十六推上了断头台。法国同时还向西班牙和英国宣战。5 月，法国革命政府派遣新任的驻美公使热内抵达了美国。

面对这一国际情势的剧变，美国上层出现了意见分歧。汉密尔顿基于反法立场，反对援助法国，主张与英国联盟。杰斐逊却同情法国革命，希望能援助法国，对抗英国。但又感到这个主张不可能被接受，因此，他建议美国政府在英法战争中保持中立。这一建议得到华盛顿总统的首肯。

热内来美是有特殊使命的，就是要在美组织反英活动，利用美国港口装备武装的私掠船，以便袭击英国船只；在美国募兵，夺取西班牙所属的佛罗里达和路易斯安那；并怂恿美国参加反英战争。

华盛顿肖像

热内到达美国后，受到民主共和党人以及人民的热烈欢迎，他利用美国人民的支持，在查尔斯顿港口装备了四艘私掠船，在近海袭击英国船只，并把捕捉到的英国船只当作战利品，扣留在查尔斯顿港口。

热内的这些行动已远远超出公使的职权范围。杰斐逊向他提出了抗议，警告他不得再从事军事任务方面的任何活动，不得装备武装民船，所有过去装备过的船只必须离开美国港口。

热内不但没有理睬这种警告，反而对美国政府所采取的措施大发雷霆，利用民主共和党人的报纸攻击美国政府，特别攻击华盛顿及汉密尔顿等人。华盛顿在1793年8月要求法国政府召回热内，而这时法国吉伦特派垮台了，热内生怕被押回法国治罪，便在美国躲起来。后来迎娶了当时纽约州州长乔治·克林顿的女儿，成为美国公民，老死他乡。

热内的这些行为，使同情法国的杰斐逊感到分外尴尬，使其在政府内处于孤立地位。

热内事件过去之后，黄热病又降临费城。从8月到11月，这个原本只有四万四千人的小城就死了五千多人，很快地，这个城市就几乎人烟绝迹了。政府的办公部门几乎完全瘫痪，国家事务不得不停顿下来。

杰斐逊对政治早已心灰意冷，看到这样的场景，他便收拾好自己的档案和行李，于9月17日，离开纽约，返回老家蒙蒂塞洛去了。

杰斐逊走后，汉密尔顿也于1795年离开了财政部，去纽约操持他的律师业务，好为自己和家人赚点钱。虽然他在财政上的那些措施使别人赚了大钱，但他自己始终两袖清风。他为美国的信用建立了坚实的基础，替联邦政府取得了所有富人的支持。后来，在亚历山大·汉密尔顿死后，联邦党也就跟着消亡了。联邦党最终沦落为一小群富有的老人俱乐部，逐渐失去了选民的支持。

在杰斐逊心目中，这个始终与他针锋相对、意见相左的人首先是一个爱国者，他所做的一切都是为了美国。虽然他们宗旨相左，杰斐逊相信民主，汉密尔顿相信开明的特权阶级，他俩利用各种武器彼此争斗了若干年，各有胜负。但是一旦危机来临，他们彼此则转而相互尊敬，相互信任。杰斐逊自己都承认，如果没有汉密尔顿，美国的政党制度是难以建立起来的。

为了纪念汉密尔顿，杰斐逊在蒙蒂塞洛过着退休生活的时候，在前厅里靠墙陈列了两尊面对面的胸像，一个是汉密尔顿，一个是他自己。当被问起这种摆设方式的缘由时，杰斐逊常常开玩笑地说："是的，你应该这样理解，生前作对，死后还要作对呀!"

## 3 短暂的引退

THOMAS JEFFERSON

1794 年 1 月 5 日，如释重负的杰斐逊终于告别了费城，并于这月中旬抵达自己魂牵梦萦、阔别十载的田园故乡——蒙蒂塞洛。

回到蒙蒂塞洛之后，杰斐逊这次是下定了决心，尽量避开一切公务活动，谢绝参加一切政治活动，不再涉足政坛了。他曾悄悄地对一个朋友说，他已经"决心从可憎的政治行当中解脱出来"，回到他的"家庭、田园和书籍的怀抱中去"。他的心情逐渐舒畅了起来，继续完成他的《园艺笔记》。他在其中动情地描写道："2 月，一群野天鹅向纽约方向飞去。3 月，杏花、桃花含苞待放。"

阔别家乡十年之后，杰斐逊这次回来，发觉由于管家经营不当，很多土地都已经荒芜了，比他想象的还要贫瘠。于是他要做的第一件事，就是精心整治使其恢复地力。他很早就想搞一套作物的轮作制，现在终于有时间可以付诸实践了。他将可耕地分成七块，分别种上小麦、豌豆和小豆、玉米和土豆、豌豆和土豆、黑麦、苜蓿，最后一块地也是苜蓿。他宁可种小麦也不种烟草，因为小麦投入的劳动力比较少，而且还可以很快恢复地力。同时为了美化环境，也为了生产水果增加收入，他在每一块田地的四周都种上桃树作为田界，总共种植了一千一百五十七棵。

杰斐逊在阿尔贝马尔县拥有二十多万平方公里的土地，但其中可耕种的大约只有五万平方公里。他给他的法国朋友沃尔尼写信说："这些山是美国的伊甸园。"除了在阿尔贝马尔县的那些土地上耕种以外，杰斐逊还创办了一个制钉厂，雇佣了十二个童工，由他本人亲自指挥生产。在那段时间里，杰斐逊每天上午都骑着马匹，巡视自己的农田；另外的半天时间用来数钉子、称钉子。到了1796年，他的工厂已经能每月生产一吨钉子，但是钉子的销路并不好，无法与那些欧洲进口相竞争，即使卖掉了一点，也很难从代销点上要回欠款来。

杰斐逊还非常注意改进生产工具，用来提高农业生产的效率。当他在法国的时候，就有过改进模板犁的设想，如今他已经能毫不费力地设计出一个新的样式来，并在自己的土地上进行试验。之后他又进行过一番改进，受到了科学家和农学家们的极大重视，甚至在1805年时接受过法国塞纳农业学会的一枚金质奖章；此外，他还托英国的朋友给他带来一些模型，自己动手制造了一架脱粒机。这架机器在1796年秋收的时候，轰隆轰隆地转动起来，发挥了不小的作用。

但是尽管如此，杰斐逊的农场依旧收入不高，而且他的农场人口众多，仅仅是养活那些奴隶就要花不少的钱。1794年11月，杰斐逊对他的奴隶做了一次统计，居住在蒙蒂塞洛的有六十四人、塔夫顿十五人、夏德威尔十一人、莱戈十五人——在阿尔贝马尔县总共有一百零五个农奴，为他耕种那七块田地。此外，他在贝德福德县还有四十九名农奴。

在这段逍遥快活的时间里，杰斐逊还有一大乐事，就是不停地修建自己的房子。盖了拆、拆了又盖，这里补补，那里描描，成为他乐此不疲的一个游戏。原来当他在巴黎的时候，就对法国的建筑、绘画、雕塑、音乐等艺术崇拜得五体投地，尤其迷恋巴黎的那种漂亮的公寓式建筑，并对其进行过仔细的研究。所以当他再次回到故乡蒙蒂塞洛后，就开始爱上了这种富有创造性的游戏，仿造巴黎的建筑式样来改造自己的房子。

退休在家赋闲的杰斐逊，过着这种有滋有味的生活，完全把美国的政坛抛到了脑后。他曾拒绝了华盛顿派他去西班牙当特使的美差，并给华盛顿回信说："我太喜欢平静安宁了，再也不能容忍政治的事情进入我的脑中。"他还给国务卿埃德蒙·伦道夫写信道："什么情况都不能让我回到公共生活中去。"政治似乎已完全从他的脑海中排除出去了，现在的他追求的只是宁静与淡泊。

从1794年1月至1797年2月，即从杰斐逊回到蒙蒂塞洛到重又起程去费城接受副总统之职的这三年间，被认为是杰斐逊一生中最神秘的阶段。他退隐山林，不看报纸，很少写信，如同农夫一样，只有在下雨、不得不待在室内的时候，才偶尔写一封信件。如果遇到紧急的农活，完全不理会别人的来信也是很正常的事情，完全沉浸在怡然自得的田园生活之中。他的大女儿和丈夫搬到外地去了，亲朋好友只是夏天才到山上来走动，因此在相当一段时间里，杰斐逊俨然生活在世外桃源，多数时候是和他的一百多个黑奴在一起。这让人想起他那与黑奴为伴的童年时代。

但世界上的事情偏偏就是这样，不如意事常八九。杰斐逊虽退出了公职，却未能摆脱政界事务。他曾一再表示厌恶政治，但事实上，他常常在私下里对各种事态发表意见。1794 年，汉密尔顿的《国产税法》引起了人民的普遍不满，宾夕法尼亚州西部的农民拒绝缴纳威士忌酒税，甚至举行了武装起义，政府不得不派兵镇压。杰斐逊就对此事表示过反对意见。

在同一年中，华盛顿在汉密尔顿的影响之下，与英国签订了《杰伊条约》，把美国在独立战争中取得的成果几乎全部断送，这样就激起了美国政府内部的激烈讨论，也招致了美国民众的普遍反对。杰斐逊则表示，这个条约是“无耻之举，只不过是英国和我国亲英派之间反对美国立法机关和民众的同盟条约”。他对麦迪逊表示：“汉密尔顿已经走到了前台，除了你，没有别人能够去对付他了，你应该在报纸上与他争辩。”后来，在舆论的巨大压力之下，汉密尔顿被迫辞职。

很快，华盛顿总统的第二任任期就要到了，新一轮的领袖之争再一次摆在了台面上。

麦迪逊特意跑到蒙蒂塞洛来，用试探的口吻试探他，在华盛顿总统的任期结束后，共和党的候选人非他莫属。只有他出马，共和党才有获胜的希望。但是杰斐逊早已对权力视若无物，他坚定地表示，自己已经退出了一切的职务，年轻时候的一点野心已经消失了。担任公职的事情，在他看来已经永远地结束了。

麦迪逊又给杰斐逊写了一封信，再次透露说他肯定将会被民主共和党人提名来作为华盛顿的继承人时，杰斐逊写了一封长而严肃的回信，再次表示，麦迪逊本人便是很好的候选人，他已经完全无意于进入政坛。后来，连一位法国朋友邮给他的书，他也说：“这是关于政治的书，我已不再热衷，而是恨这个话题了。因此，我恐怕难以读完。”

1796 年 2 月底，麦迪逊告诉门罗，尽管还没有公开宣布，但华盛顿肯定是不愿担任第三届总统了。所有的党派领袖都心有灵犀，不会在华盛顿表露其意图之前公开自己的候选人名单，于是无论是联邦党还是民主共和党领袖都已经各自在私下忙碌起来。

麦迪逊不甘心放弃。他与门罗商量，为了能与联邦党的候选人亚当斯抗衡，必须想办法逼杰斐逊出山。

于是麦迪逊耍了一个花招，他并没先去找杰斐逊，而是与民主共和党的其他领导人做好了所有的准备，准备来个“先斩后奏”，等一切水到渠成之后，就等着给杰斐逊披上黄袍了。所以虽然麦迪逊整个夏天都呆在弗吉尼亚，却一次也没去看望过杰斐逊，为的是不让他有机会提出异议。因此在杰斐逊毫不知情的情况下，自己已经被提名为共和党的总统候选人了，因此杰斐逊得知后发表声明：“我的名字……又被提出来了，既未经我同意，也非我所预期；我凭自己的灵魂得救来宣布这件事。”

1796 年 9 月 17 日，华盛顿发表了致他的同胞的演说《告别词》，提出了著名的孤立主义的外交思想。他说：“欧洲有一种与我们无关、或者关系非常微小的根本利益。因此它必然经常陷于其起因基本上与我们不相干的纷争之中。所以，如果我们通过人为的纽带，就把我们自己牵连进它通常的那些政局变幻中去，或者卷进与它为友或为敌的那些通常的结合和冲突中去，那必定是不明智的。我们超然远处在局外的地位，使我们可以遵循一条不同的路线。……我们的正确政策，乃是避免同外部世界的任何部分永久结盟。……永远注意采用适当的编制，使我们自己保持一种可敬畏的防守态势，我们便可以安然信赖暂时的结盟以应付非常的事变。”

华盛顿尽管厌恶政党，却不失为一个机敏的政治战略家。这番话显然是针对共和党人说的，因为只有共和党人主张把美国对外政策的基础建立在与法国结盟的基础上。这篇由汉密尔顿发挥重要作用参与起草的演说，成为了联邦党人参加竞选时所使用的重要文件。

接着，在演讲中，华盛顿又将自己比作“要寻找一个休息之处、并正在屈身倚伏其上的疲惫旅客”。

尽管竞选运动姗姗来迟，然而却来势凶猛，这是美国开国后两党第一次竞选总统。报纸上充斥着没完没了的竞选活动的文章、政治声明和活动报道，其中自然包括由汉密尔顿参与起草的华盛顿的《告别词》。然而，汉密尔顿却玩弄手腕，想把联邦党人副总统人选——南卡罗来纳的托马斯·平克尼推上总统宝座。汉密尔顿此举为日后的麻烦埋下了祸根。

杰斐逊虽然表示自己无意从政，更不会为自己去拉选票，但是也没有要求朋友们停止竞选活动。

另一面不出所料的是，联邦党人已非正式地决定，让副总统约翰·亚当斯来接替华盛顿。1796 年初，亚当斯踌躇满志地对妻子说："正如你所说的，我简直是一个宠儿，我今天又要去参加宴会。你知道，我已成了继承人，很快就要即位啦！"亚当斯沾沾自喜，感觉异常良好，离总统之位似乎就一步之遥了。所以自认为稳操胜券的亚当斯认为，疲于奔命的竞选是一件有失身份的事情，所以也对竞选并不积极。

两党的候选人都表现得异常"淡泊"，然而在党众之间，却产生了激烈的竞争。共和党人盛赞杰斐逊是"民众权利坚贞不渝的朋友"，"一贯主张公民享有平等权利"，并指责和抨击亚当斯是"世袭权力的鼓吹者"、"拥护等级、封号和世袭爵位"的人；共和党还将杰斐逊称为"坚定的共和主义者"，而亚当斯是一个"公开表白的君主主义者"；他们还强调，亚当斯有儿子，他们可能想继承父业；而杰斐逊同华盛顿一样，没有儿子；杰斐逊起草了《独立宣言》，而亚当斯却公开赞赏英国宪法……总之，杰斐逊是具备"当总统的一切必要条件——良好的品德、坚忍不拔的意志、对自由抑止不住的热爱、渊博的政治知识"。

而联邦党人则反唇相讥、不甘示弱，他们指责杰斐逊担任州长的时候管理不当，担任国务卿的时候在关键时刻放弃职务，并领导了一个亲法的政党，一心要改变政府的体制；同时，杰斐逊虽然"学问不少"，但是却主要集中在自然科学方面，而对于一个政治家来说，这一点用处都没有，因为政治家所要做的，是"判断行为而不是著书立说"；杰斐逊虽然撰写外交文件技术纯熟，然而却处事"软弱、动摇、优柔寡断"，"当断不断且思虑重重，而且当他真的想要干的时候，却常常难以做到沉着冷静、判断力低下，或者难以坚持。……他总是在执行一套空想的理论，往往还是自相矛盾的理论；如同大多数文人一样，喜欢听恭维话"。因此，他们总结说，像杰斐逊这样的人，只"适合当学院的教授、科学研究会的主席，甚至能当国务卿，但是绝对不能当一个伟大国家的一把手"。

由于宪法和国会都没有规定如何推选总统投票人的办法，于是各州就自行决定。联邦党人在东北部势力比较强，民主共和党人的势力则是主要集中在南部。1796 年，有六个州采取或由区、或在一张总选票上进行民众选举的方法，各州的投票选举时间也不尽相同。杰斐逊在蒙蒂塞洛静候着消息缓缓而来，密切注视着竞选的进展。

12 月底，选举已经接近尾声。杰斐逊给麦迪逊写信问道："我现在最想知道的就是，我的名字是排在第二还是第三?"他是非常渴望落败的，因为如果是第三，他就可以继续过他的这种平静自足的田园生活了；而如果是第二的话，他就可以一年在家里呆上三分之二的时间。如果是平局，他就授权麦迪逊代表他动员大家投亚当斯的票。在信中他说："在我开始步入公职生活的时候，他就一直是我的前辈；我们在表达公众意志方面，是一样的；所以在这种情况下，理应让他优先。"

选举结果显示，是联邦党人的一次险胜，亚当斯获七十一票，当选总统；杰斐逊获六十八票次之，托马斯·平克尼获五十九票，艾伦·伯尔获三十票。亚当斯在新英格兰、纽约、新泽西和特拉华获全票，在马里兰十个区的七个区里获胜。杰斐逊在宾夕法尼亚的十五张选票中得十四票，在弗吉尼亚二十一票中得二十票，在北卡罗来纳十二票中得十一票，且在南卡罗来纳、佐治亚、肯塔基和田纳西诸州获全胜。亚当斯的险胜，靠的是宾夕法尼亚、弗吉尼亚和北卡罗来纳三州的那三张没有投向杰斐逊的票。

1804 年以前，宪法没有规定分别投票选举总统和副总统，而是规定得票居第一位的候选人为总统，得票居第二位的候选人任副总统。根据这条规定，杰斐逊自然当上了副总统。直到 1804 年通过的《第十二条修正案》，美国才开始规定对总统和副总统分别投票。

## 4 成为副总统

THOMAS JEFFERSON

选举结束后，联邦党人欢呼"法国党垮台了"，但是随后的事实证明，他们的结论下得有点太早了。因为对民主共和党人来说，他们真正担心的，不是亚当斯担任总统，却是杰斐逊是否会接受副职。

麦迪逊写了一封长长的信，其中半是劝慰半是请求，他在信中说，如果副总统一职果真落到杰斐逊的头上，请一定不要拒绝。杰斐逊倒是非常坦然，刚接到麦迪逊的来信，得知他的副总统地位已定，便立即回信，表示他不会因获得副职而难过。他说，为可敬的亚当斯担任副手，不存在面子不面子的问题。而杰斐逊能如此宽容的主要原因，只怕就如同在杰斐逊给另外一位朋友的信中，他所说的：有理由相信，亚当斯“与汉密尔顿已经分手，他的政治观点多少可能会有些转变”。

华盛顿在 1797 年 3 月 3 日——他担任公职的最后一天，举行了一次告别宴会，款待驻美的各国使节和他们的夫人，还邀请了如亚当斯先生和夫人、杰斐逊先生等社会各界名流。就在快要撤席的时候，华盛顿把自己的酒杯斟满，深情地说：“女士们，先生们，这是我最后一次以公仆的身份为大家的健康干杯。我是真心诚意为大家的健康干杯，祝大家永远幸福快乐。”言罢仰脖将酒杯中的酒一饮而尽。宴席间的欢乐气氛刹那间被一扫而空，所有的人都相顾黯然。在座的很多女士们都激动得忍不住潸然泪下。

1797 年 3 月 4 日，就职仪式在友好的气氛中举行，在联邦党新总统及民主共和党副总统之间并未显示出任何党派分歧。即将庆祝自己 54 岁生日的杰斐逊在参议院会议厅宣誓就任副总统，并发表了简短讲话，然后前去众议院会议厅；亚当斯腰佩宝剑，在那里宣誓就任总统后，发表了和解性的就职演说。

在一个新的国家里和平移交权力，是华盛顿给这个国家留下的最后一笔遗产。有人曾这样写道：“执政者的更迭在这里很容易而又很宁静地便完成了，甚至使我们之中那些对政府和我国公民一般的良知向来甚表嘉许的人都感到惊讶，机器一直是毫无异响地在运转。约翰·亚当斯在 3 月 4 日安安静静地宣誓就职，华盛顿以平民身份参加了典礼。几天以后，他安安静静地返回弗农山庄去了，他的继任者也同样安安静静地接替了他的职位。”

副总统的职务内容，仅限于立法的职能，而行政事务的协商，杰斐逊不得参加。事实上亚当斯也从来没有在政府所应采取的任何措施上与他商量过。

在杰斐逊的回忆录里，他这样形容亚当斯的执政期："那真是吵闹、沉闷而危机四伏的四年。亚当斯是一个有怪癖的老人，什么人他都怀疑。……从1796年到1800年这四年，我的心态可以说是比较平和的，一直保持着缄默。我尽可能以公正严明的态度主持参议院会议，即使大部分议员都在暗中攻击我，我也坚持不变。我和我的朋友们在费城的上层社会中是不受欢迎的人物，被认为是'肮脏的民主党'。我鼓励无数的朋友们，在各州市县乡镇遍设民主委员会。我继续读书，研究哲学，观察石块、化石、植物和家禽、家畜的品种。"

在杰斐逊的心中，有比他就任副总统更有纪念意义的事，那就是在总统选举结果揭晓后不久，他接到通知，他被选举接替已故的戴维·里顿豪斯（本杰明·富兰克林的接班人）任这个全国最重要的科学和哲学研究会的主席。他一直非常珍视这一荣誉，直到1815年才交出去。

其实杰斐逊素来喜欢"安安静静地去从事科学研究"，从政并非初衷，但是没过多久，他就发现不得不好好地注意一下亚当斯政府的政治事务了。因为在亚当斯担任总统期间，在外交和内政方面发生的两件大事，杰斐逊均对其持有反对意见。

在外交方面发生的大事，就是《杰伊条约》的签订，使得美国与更为强大、更为跋扈的法国发生了纠纷。

法国代表大资产阶级的新政府上台之后，将《杰伊条约》视为英国与美国协约的证据，将它的那些海盗船放出来拦截美国商船队，使主要为联邦党人经营的美国海运业遭受了重大的打击。就连法国领事派往法属群岛去的美国运粮船也遭到捕拿和没收。

到了1797年夏，美法关系已剑拔弩张、如箭在弦上了。这时，美国政府内党派之间的裂痕也越来越深，敌对情绪十分强烈。用杰斐逊的话来说，"原是平生至交的人走过大街都避不相见，还把头扭向一边以避免打招呼"。

民主共和党人和联邦党人对形势的不同认识和估计，更是加剧了双方之间的猜疑和不信任。以杰斐逊为首的民主共和党人看来，亚当斯的内阁对外明目张胆地倾向与英国结盟，反对法国；对内则仇视民主共和党人。

他十分担心亚当斯要与法国开战，因此联合其他民主共和党人，试图挫败亚当斯的这一图谋。

而联邦党人则断言法国是世界的威胁。参议员乔治·卡伯特写道："如果英国坚持下去，它就将会拯救欧洲并拯救我们；但如果它屈服，那就一切都完了。""它现在是我们同我们的宝贝盟友送命的拥抱之间唯一的一道屏障——是普遍的不信教、不道德和抢劫掠夺，同残存的秩序、正直、美德和宗教之间唯一的一道屏障。"

亚当斯总统的目的，是要教训督促政府循规蹈矩。如果法国宣战，他是会接受战争的，但他自己却希望避免战争。而汉密尔顿和新英格兰联邦党人却把同法国的纠葛不看作是一次须了结的事件，而看作是一个应加以利用的机会。他们一边准备法国的入侵，一边积极鼓吹准备战争，一边积极筹备国防，任命华盛顿为陆军中将，汉密尔顿为他的副手。他们这样做的另一个目的，就是败坏共和党人的名声，奉行联英反法的政策。亚当斯对这些做得太过火的军事准备深表不满，但还是睁一眼闭一眼。

而杰斐逊则保持着清醒的头脑，他早已洞察了联邦党人的如意算盘，于是写信劝告法国外长塔列朗保持冷静，不要落入圈套。

联邦党人一面筹备国防和鼓动战争热情，同时也加紧对付国内的敌人。

1798年出台的一系列《归化法》、《客籍法》和《惩治叛乱法》，既针对着外来的危害，也针对着国内的不满，尤其针对民主共和党人。

这些法令激起了第一次有组织的护宪州权运动，并有助于使杰斐逊被选举为总统。它们提供了一个在政治上持褊狭态度而"自食其果"的著名案例。

《归化法》将取得公民权的居住时间由五年提高到十四年；《客籍法》则授予总统运用行政命令驱逐外国人的权力。它规定，总统在他判断任何一个外侨"危及美国的和平与安全"或者有合理的根据怀疑任何一外侨卷入反对政府的任何叛逆阴谋时，可以下令予以驱逐出境；允许总统在战争时期监禁或者驱逐敌侨。于是，总统就拥有了处理反对他的外侨的权力，尤其是支持共和党的外侨。

《惩治叛乱法》更让政府中的共和党反对派们感到了形势的严峻。它规定，任何人联合或共同密谋反对政府的任何合法措施，阻止美国任何官员履行职责，或协助或企图挑起“任何暴动、骚乱、非法集会或共谋等情况”，均为非法。它甚至规定，凡是针对总统、国会或者美国政府书写反对的东西，讲反对的话，发表“任何捏造的、诽谤性的、恶意的文章”者，其意图是要中伤他们或者挑起“美国善良民众的仇恨”反对他们的，均将加重罚款或者处以监禁。

而实际上被施行的，仅仅就是这一条。在联邦党人看来，民主共和党人就无异于叛乱分子。在执行《惩治叛乱法》的起诉案件中，每一个被告都是民主共和党人，每一个审判官和几乎每一个陪审员都是联邦党人。约有二十五人被拘捕，其中十人被定罪，他们大部分是民主共和党的报纸编辑，都被任意加重罚款或处以监禁。其中的某些起诉案件简直如同儿戏。新泽西州有一个常在酒店厮混的人被投入监狱，因为他曾表示，希望为向总统致敬而鸣放的礼炮能射中亚当斯的屁股。

杰斐逊称这一时期为“联邦党人的恐怖统治”时期。他认为上述法律的制订，不仅要封住共和党报纸的嘴，要将有共和思想的外侨赶出美国，而且是想试探美国人在思想上对公开违反宪法的做法能容忍到何种程度。

他与民主共和党人不再坐以待毙，开始奋起反击。由麦迪逊起草的《弗吉尼亚决议案》和由杰斐逊起草的《肯塔基决议案》，都将这几项法令宣布为违宪。弗吉尼亚和肯塔基决议所依据的理论，是杰斐逊1792年曾在其对《银行法案》的意见中约略提出过的那种关于宪法的“契约”论或“州权”论。《肯塔基决议案》宣称，无论何时，一旦国会显而易见地越出它的权限，例如制定《惩治叛乱法》的这种情况，各州就都“有平等的权利，就违宪之处及其补救的方式和方法自行做出判断”。它号召各“姊妹州”“一致……宣布这些法案无效”，并联合起来“要求废除它们”。《弗吉尼亚决议案》则暗示各州有权在被迫害的公民及其政府之间“进行干预”。

在共和党人的反抗之下，亚当斯开始明白过来一点儿了。而且此时汉密尔顿的行为也开始越来越嚣张，不把总统放在眼里了，可以说，这是他犯下的一个致命的错误。

在1799年之前，汉密尔顿一直是亚当斯政府幕后的实权人物，因为国会议员和总统内阁的三位成员都是听从他的。实际上，汉密尔顿一直在构思“宏伟的计划”：率领新成立的美国陆军，由陆路进攻新奥尔良，在英国人的帮助下，接着攻陷路易斯安那和东、西佛罗里达，进而解放南美大陆的北部。他梦想着自己头戴桂冠，率兵归来，成为美国的“第一公民”，像波拿巴成为法兰西“第一公民”那样。

但是，汉密尔顿忘了：总统是亚当斯，而不是他。约翰·亚当斯是美国第一流的政治哲学家，他惊觉美国这只大船即将漂流进一片未知的充满危险的水域。于是，没有对任何人透露他的意图，便派了一个全权公使前往法国谈判。此举使开战的计划完全停顿，并让汉密尔顿和上层联邦党人怒不可遏，但是，他们已经无力回天了。

日历已经渐渐翻到了1800年的总统大选。以杰斐逊、麦迪逊为首的共和党人为了保卫自由而提出的政治抗议，将其矛头直指由联邦党人控制的国会和亚当斯的联邦党政府。后者所采取的那些不得人心的措施，已经被公众弃如敝屣，威信大大下降。而且，亚当斯与汉密尔顿之间的裂痕也已经无法弥补。这些，都为共和党以及杰斐逊在1800年的总统大选中获胜做足了准备。

## 5 入主白宫

THOMAS JEFFERSON

1799年12月14日，华盛顿因喉咙感染而意外去世，当时杰斐逊正在蒙蒂塞洛。国会当即宣布，12月26日为全国哀悼日，但是却没有邀请杰斐逊在哀悼会上讲话。最后在哀悼会上演讲的人是杰斐逊的死敌亨利·李。杰斐逊一直认为是亨利·李在华盛顿生前频进谗言，自己才失信于华盛顿的。因此杰斐逊感觉自己受到了当众的侮辱，所以有意推迟了两天才赶往费城，错过了哀悼仪式。而现任总统与副总统之间的较量，一俟华盛顿的哀悼结束，就从幕后转到了台前。

1800年参加选举的总统候选人，是由国会内的党团会议选定的。党团会议是两党在国会两院中分别召集全体党员议员举行的秘密会议，由其推选两院党的领袖，并讨论本党对重要议案的政策和策略。

民主共和党人仍像在1796年那样，决定继续支持杰斐逊。而杰斐逊本人则对自己在联邦党把持的政府中毫无实权的事情，一直心怀忿忿；如今，他已不再像1796年那样被动地当一个候选人了，他要准备竭尽全力，与亚当斯拼一场。

其实，在亚当斯担任总统以前，在工作上原本与杰斐逊合作默契，私人间的情谊也很深，但杰斐逊在担任副总统之前，过了几年隐居似的生活，减少了他们间的联系，加上所属不同党派的政见不同，以及两党间长年的不断争斗，使他们之间渐渐产生了矛盾。直到1799年，杰斐逊与亚当斯的失和被最终公开。

还在1799年初的时候，杰斐逊就从费城写信给弗吉尼亚的麦迪逊说，即将到来的夏日是“有计划地大干一场和做出奉献的季节”。“发动机就是报纸。人人都必须掏出腰包和拿起笔来做贡献。”他敦促麦迪逊每天晚上都要抽出时间为报纸写些东西，并给他寄到费城来。

杰斐逊还对那些被《惩治叛乱法》迫害过的报纸编辑和作家予以鼓励和支持，扩大自己的力量。他还主动出击，四处游说，亲自散发政治小册子（他还敦促门罗将这样的小册子送给本地区“最有影响的人”）。1800年春，他给刚成立的州民主共和党委员会主席送去了几十本托马斯·库珀著的《政治算术》，让他给每个县委员都送一本。尽管由于当时的惯例是：总统候选人不能公开运动去谋求这个职位，所以他只能在暗中进行这些活动，但是可以看出，1800年大选中的杰斐逊与1796年时的他已经判若两人，这次他在竞选中是全力以赴、志在必得了。

杰斐逊不知疲倦地在给朋友们的信中，阐述选民所面临的各项问题，并将自己的政治原则阐述得清晰易懂，他的这些见解后来成为民主共和党的政策纲领。

例如，在1799年初，杰斐逊给马萨诸塞的埃尔布里奇·格里写信中说，自己一贯维护“各州按其真实意义通过的”宪法，并且有义务来阻止其“君主主义化”。他还“主张各州保留未交与联邦的权力”，而“不是将各州的所有权力都移交给大政府。再由政府将一切权力转给行政部门”。他强调他“主张精简政府，励行节约，节省国库收入的每一分钱来偿清国债”。杰斐逊还认为，美国应同“所有国家自由贸易，但不同任何一国发生政治关系”。

杰斐逊还反对美国介入欧洲的争吵、无休止的战争。他说：“我主张同所有国家自由贸易，不同任何一国发生政治关系，极少或者不设外交机构。”而在针对当时的第一条修正案的质问，他的回答是，他“反对一切企图以武力而不是道理来封堵我国公民对其代表的行为提出或公正或不公正的不满和批评的违宪做法”。谁都明白，这里他所指的就是《惩治叛乱法》。他认为他的这些意见“无疑是我国同胞公民这一伟大团体的各项原则”。

杰斐逊表述的这些思想和原则，在整个竞选期间，一再出现在民主共和党的报纸、船车两侧及党的传单上。杰斐逊将反对的矛头对着联邦党政府的原则和政策，而不是针对亚当斯本人。

双方都利用各自手中掌握的传媒来作为武器，使这次大选更加硝烟弥漫。全美最主要的民主共和党报纸——费城的《曙光报》声称，由联邦党人当总统就会出现战争，而若由杰斐逊当选总统就意味着和平。“因此，和平之友将投杰斐逊的票，而战争之友则会投亚当斯或平克尼的票。”

而联邦党人在报纸上“敲响提防杰斐逊的警钟”，旨在“证明一个雅各宾式总统会做出令人担忧的各种可怕的坏事”。在选举中则宣传说：民主共和党人都是些没有财产的人，假如他们获胜上台，有财产的人就会遭殃。他们还列举可能会带来的后果：同大不列颠打仗、同法国结盟、掠夺和无政府状态。“我们担心杰斐逊的事还多着呢！”

反对杰斐逊的人说他是对政府稳定的威胁，是个破坏民众道德的人：“严肃负责和善于思考的人，如果看到杰斐逊当选和雅各宾派分子掌握了权力，他们难道不会怀疑那些保护我们生命免受杀害、保护我们妻女的贞操免遭诱惑和暴力、保护我们的财产不受掠夺和破坏以及保护我们的宗教不受蔑视和亵渎的道德不会从此受到践踏和被推翻得一干二净吗？”

联邦党人还企图利用宗教问题来攻击杰斐逊，他们指责他“不相信《圣经》”，或说他“抵制基督教并公开宣称信奉自然神论”。联邦党的《合众国报》慷慨激昂地提出了一个“每个美国人都要把手放在心口上来回答的”有关这次大选的关键问题：“我是继续忠于上帝——和一位虔诚的总统；还是不虔诚地表态支持杰斐逊——和不要上帝！！！”“全国要求一个自然神论者就任第一把手的呼声，必须被看作不啻是对上帝的背叛。”

对此，民主共和党人则翻来覆去地提醒选民，杰斐逊是《独立宣言》的起草人。一位作家要求大家支持杰斐逊，称颂他“毕生都按其生活格言行事，始终如一地按照建国初衷来追求国家的伟大幸福”。弗吉尼亚州的民主共和党委员会说：“作为自由之友来看，我们认为杰斐逊是首屈一指的，而且在维护自由方面也只有他才能提供好的经验教训。”

而联邦党人占了执政党的便宜，在他们的竞选文章中，将国家的繁荣景象都归于“流芳百世的华盛顿首建的政府及其德高望重的继任者坚定不移地奉行政府的各项贤明准则”。

民主共和党是在野党，于是他们想方设法来弥补这一点。民主共和党人特别注意从党的组织能力、竞选运动的方法等方面来争取选民。在弗吉尼亚，民主共和党控制的议会改变了选举法，从按地区选举总统投票人制改为一张总候选人名单。四年前，杰斐逊在老家这个州曾丢掉过一个地区的选票。而根据总候选人名单制，他将保证获得全国最大一州的全部选票。

弗吉尼亚的联邦党人大声抗议民主共和党人的这种做法，但是在别处，只要对联邦党人有利的，他们也就照着做。在约翰·亚当斯的家乡马萨诸塞州，联邦党控制的议会将由各地区选举投票人的选举法，改为由州议会选举。

待选举法都改定了之后，1800 年民选总统投票人在十六个州中实际上只有五个州，它们是：罗德岛、马里兰、弗吉尼亚、北卡罗来纳和肯塔基。对此，亚当斯总统的小儿子托马斯·亚当斯评论说：“两个候选人竞争联邦总统的力量有待揭晓，但这不由民众推出的投票人来选择，而是由各州立法机关的状况和性质来决定。”

4 月底，杰斐逊和亚当斯之间的第一次较量在纽约市，杰斐逊首战告捷。这是因为经办民主共和党竞选运动的艾伦·伯尔巧妙地提出了一张民主共和党的候选人名单，将一些著名的民主共和党人列为州众议院的候选人。这一战略果然出奇制胜。在纽约城的胜利，使议会中的砝码向民主共和党倾斜，新选出的众议院可望挑选出的总统选举人，都保证投杰斐逊的票。

此次总统竞选的气氛异常紧张。从 4 月至 12 月初，从一个州到另一个州的选举结果在全国的注视下逐步揭晓。杰斐逊计算着自己的得分，焦急地等待着最后结局，在这几个月中，杰斐逊规行矩步，唯恐会有什么疏漏被捅到报纸上，成为联邦党人用来攻击他的把柄。

11 月底，仍有宾夕法尼亚、罗德岛和南卡罗来纳三个州的情况不明。在宾州，两党的众议院和参议院在用何种方法挑选总统投票人的问题上争执不下。几天后，联邦党在罗德岛获胜。这就意味着亚当斯得五十八票，比杰斐逊多得一票。如果宾州不投票，南卡罗来纳的八张票将最终决定结果。而南卡罗来纳向来是最卖力支持联邦党的，所以许多联邦党人都对大选最后结果感到乐观。

12 月 2 日，南卡罗来纳州选出了该州的总统投票人。这时宾州议会两院终于达成了妥协，选票分两拨，八票投给杰斐逊，七票投给亚当斯。因此，南卡罗来纳的结果仍然是决定胜负的关键。南卡罗来纳则有八人都投了杰斐逊和伯尔的票。

在此之前，有些联邦党人已经庆贺了“杰斐逊落选”。所以南卡罗来纳的结果出来时，他们惊得目瞪口呆。一个牧师沮丧地说他“不相信上帝会允许一个嚎叫的无神论者当上这个国家的首脑”。

然而，联邦党人还没有完全失望，各州的选举结果陆续出来，还给他们闪烁出一线希望。毕竟杰斐逊还没有最后获胜。

新的问题出现了，虽然共和党已经获胜，但是杰斐逊与伯尔二人之间，却出现了票数相等的尴尬局面，给总统的产生带来了大麻烦。

1801 年 2 月 11 日，众议院开始了旷日持久的投票过程。从当天上午一直持续到午夜，一共投了十九次票，但是每次投票的结果都一样：八个州投杰斐逊的票，六个州投伯尔的票，有二个州（马里兰和佛蒙特州）内部意见分歧。12 日又投了九次票，结果依然如故。13 日、14 日及 16 日，众议院又分别投了六次票，结果照旧。联邦党人心中暗喜，选举再次陷入僵局。

正在不可开交的时候，局势出现了柳暗花明的转机，有两件事情促使形势向有利于杰斐逊的方面转化。一是拥护杰斐逊的中部诸州宣称，假如众议院投票选伯尔为总统，中部诸州要宣布脱离联邦。二是，虽然亚当斯和汉密尔顿都仇视杰斐逊的民主主义纲领，但是却很尊重他的人格。相反，他们都认为伯尔“人品不端”、“反复无常”。如果杰斐逊担任总统，可以保证他能制定出顺应时势的体制，于是他们给党内人施压，要求大家放弃伯尔。

1801 年 2 月 17 日，第三十六次投票终于有了结果：若干联邦党议员投了空白票，使伯尔的六票减为四票，而杰斐逊则增加二票，当选为总统。这时距离亚当斯任期届满，只有两周的时间了。

1801 年 3 月 4 日中午，在一队亚历山德里亚民兵军官、哥伦比亚地区法院执行官及国会议员代表团的护送下，杰斐逊从寓所步行到附近的国会大厦，就任总统。当他来到新国会大厦唯一完工的参议院会议厅的入口时，列队门外的亚历山德里亚步枪连立即闪出一条通道，并向新总统举枪致敬。

杰斐逊朴素的平民风格，与前两任总统形成了鲜明的对比。华盛顿和亚当斯都是鲜衣怒马、峨冠博带地参加就职仪式，然而杰斐逊既没有穿特制的高档服装，也没有携佩华丽的宝剑。一名在场记者事后写道：“他的服装同平常一样，一身普通老百姓的衣服。没有什么明显的职位标记。”可以说，这是杰斐逊实践他许下的建立一个节俭贤明的政府的诺言的第一步。

杰斐逊成了第一个在波托马克河畔建立的新首都华盛顿宣誓就职的总统。这个城市于 1790 年开始建立，由华盛顿总统选定地点。首都华盛顿市规模宏大，由法国工程师朗方少校负责设计。1801 年的华盛顿还是一片旷地，只在荒野与河流之间稀疏地散布着几幢建筑。国会大厦的一翼已可供使用，另一翼接近竣工；但圆形大厅顶还露着天。宾夕法尼亚大街是一条宽阔的空地，满布着木桩和赤杨丛。由国会大厦通往西北，穿过一片泥淖，就是简朴而典雅的行政大厦——白宫。

当天，在最高法院首席法官约翰·马歇尔的主持下，总统宣了誓，发表了就职演说。

杰斐逊的演说一开始就呼吁团结，着眼于安抚联邦党人，吁请他们回到真正的共和主义的庙堂里来，尽力弥合 1789 年至 1800 年间激烈斗争造成的伤口，争取温和的联邦党人的支持。他说，每一种意见分歧，未必就是原则分歧，不要忘了“这一神圣原则：虽然大多数人的意志必然会占据

白宫

优势，但是这种意志必须是公正、合理的；少数人也享有平等法律所必须保护的平等权利，如果违反就是压迫”。“我们尽管名称不同，但都是拥护同一原则的兄弟。我们都是共和主义者，我们都是联邦主义者。如果我们中间有任何人希望解散这个联邦，或者改变它的共和制政体，那就让他们不受干扰，留在那里作为对安全的纪念碑吧，我们不去打扰了。在这种情况下，只要理性可以自由地与错误做斗争，错误意见就可以受到宽容。”

“有时人们说，人在管理自己方面是不能信赖的。那么，还能信赖他去管理别人吗?”“大自然和一面广阔的海洋，使我们远离全球四分之一地区那场毁灭性的浩劫（指当时欧洲在法国革命之后爆发的一系列战争）”，“拥有一片得天独厚的国土，幅员足供我们千百代子孙”实践社会美德，唯一“需要用来凑成我们的全福”的东西，就是“一个贤明而节俭的政府，它应能制约人们不使互相倾轧，应能容许他们自由管理自己所从事的实业和进步活动，而不应从劳工口中夺走他们所赚得的面包”。

一名观察者写道：“今天上午我亲眼得见一个自由的民族历来所能见

到的最有趣的一个场面。执政当局的更迭在任何政府和任何时代，多半会成为混乱、暴力和流血的时期，在我们这个幸福的国家里，却进行得绝无任何骚动和紊乱。”在近代史上，第一次有一个当权的政党接受了选举上的失败，并把政府移交给了它的反对者。

有趣的是，虽然杰斐逊是第一个在白宫宣誓就职的总统，却并不是第一个住进白宫的人。

前任总统亚当斯在任期只剩四个月时，与夫人搬进了这栋潮湿且未完工的官邸。他俩对这里的潮湿、寒冷抱怨连连，而且亚当斯的内衣都不得不晾在宽敞而未完工的东厅里。

但是白宫的这第一任主人还是表达了对这里的热爱，他在入主白宫后的第二个晚上，写了一封信，并由小罗斯福将它们刻在国宴厅内的壁炉额上：

我祈祷上苍
降福于
白宫
和所有在此地的人
只让诚实和聪明者
在这屋顶下从事统治工作

白宫的第二位主人杰斐逊是一位学者，他在这里重拾在蒙蒂塞洛所享受的各种嗜好：拉提琴，或者做各种熟悉但鲜见的植物试验，如养鸟等等。

杰斐逊极为腼腆，有点口吃，不喜欢隆重仪式，却平易近人和慷慨大度。在白宫举行的宴会上的酒和食物都是最好的。而且他兴趣广及音乐、历史、农业、天文、人类和建筑。他还以随和的握手方式代替了传统的鞠躬，这种最受欢迎的致意方式再没有哪位后继者能够废弃它。

1805 年冬，玛莎生下了她的第八个孩子，这个名叫詹姆斯·麦迪逊·伦道夫的小家伙成为第一个在白宫出生的婴儿。杰斐逊喜欢与小孩子在草地上追逐或在屋内嬉戏，他常常说：“只有与孩子们在一起的片刻，才能使人乐以忘忧，不知老之将至。”

## 6 治国措施
THOMAS JEFFERSON

可以说，当杰斐逊这位新总统在其入主第一届政府的时候，在外部环境方面还是很幸运的。共和党在国会两院中都占多数，没有一个敌对派领袖力求取而代之。《亚眠条约》（1802 年）使欧洲的战争获得一个喘息的机会，这就让他得以全力处理国内问题。约翰·亚当斯所移交的行政机构和国库井井有条，没有什么需要清理的混乱局面。而且联邦政府已从贵族气派浓厚的费城，迁到纯朴的新首都华盛顿来了。

因此，杰斐逊当时还是颇为雄心勃勃的，这从他的就职演讲中就能看出。当时他诚恳地宣布了自己的施政方针，以及新政府的行政惯例原则：

“严格地公平对待一切人，不论他的社会状况、宗教信仰或者政治倾向；与一切国家保持和平、贸易和诚实的友谊关系——不卷入与任何一个国家的联盟中去；支持州政府的一切权力，因为州政府是我们对内事务的最称职的管理者，是防止反共和主义倾向的最可靠的屏障；保持全国政府的整个宪法的活力，因为全国政府是国内和平和对外安全的最后的靠山；关心人民的选举权——这是矫正弊端的温和的、安全的手段，而假如没有提供和平的补救办法的话，这些弊端只有用革命来铲除；绝对默认多数人的决定，因为这是共和国的重大原则，如果不这样，就只能诉诸暴力，而暴力是暴政不可缺少的原则和直接的来源；成立训练有素的民兵，民兵是和平时期以及成立正规军之前的战争初期的最好的依靠；文官政府控制军队；节约公务开支，减轻劳动者的负担；诚实地偿还我们的债务以及保持公家信誉的神圣性；鼓励农业，鼓励作为农业的侍女的商业；普及知识，并且在公众的理性的法庭上谴责一切舞弊行为；宗教自由、出版自由以及人身保护法下面的人身的自由以及由公正地选出的陪审团进行审判。”

就任之后，杰斐逊就立即着手，组织了自己的工作班子。他任命自己的好友詹姆斯·麦迪逊为国务卿，共和党内的著名财务专家加勒廷为财政部长。此外，他还吸收了两位新英格兰人来平衡他班子里的地区代表性，其中包括担任陆军部长的亨利·迪尔伯恩、担任司法部长的利瓦伊·林肯。他这样做的主要目的也是为了共和党力量最为薄弱的地区来争取对自己的支持。

杰斐逊当选总统后，由于之前竞选时受到联邦党人的宣传，一部分人一度惊惶失措。联邦党人曾预言有了这样一个“雅各宾派”的总统，美国就会遭受一次真正的恐怖统治。可是，随后的四年却是民主共和党最平静的一届执政期，在这段时间里，没有过于激烈的改革或民众的骚乱，而是政府在和平的方式下，渐渐取得了面积相当于又一个合众国的领土。

1800年后的四分之一个世纪，一直是由弗吉尼亚人住在白宫里：托马斯·杰斐逊、詹姆斯·麦迪逊和詹姆斯·门罗，每人任职八年，且都是由国务卿继任的。因此，在美国建国之初的五位总统中，除了约翰·亚当斯之外，其余四人均来自弗吉尼亚，这便是美国历史上的“弗吉尼亚王朝”，而人杰地灵的弗吉尼亚州也由此得到了“总统之州”的美称。

杰斐逊的当选，给美国带来了一个更广泛的民主时代。在联邦党人统治时期，虽然选举权非常普及，但是许多人却不愿行使它，而且除了像宾夕法尼亚州那样的若干例外情况，政治都是被绅士阶层把持着的。

在杰斐逊时代，选民人数得到了惊人的扩充。他激发并表达了美国较优良的那一部分德性，即它的理想主义、纯朴风习、青春心性和满怀希望的憧憬，而不是汉密尔顿所代表的物质方面和帝国野心。杰斐逊希望在政治上证明美国人已经成熟起来，而且能够建立“一个不是基于人的恐惧和愚昧，而是基于人的理性，基于人的社会情感优于其非社会情感的政府”。他曾在致友人普里斯特利的信中写道：“我们是代表全人类行事的。别人未能得遇而我们适逢其会的时势，责成我们来证明，一个社会可以容许它的各个成员享有何种程度的自由和自治。”

然而杰斐逊上任伊始，遇到的头一个棘手的问题，却是如何处理政府里的联邦党人。原来，他的前任约翰·亚当斯在得知自己落选后，为了保存政府中的联邦党的力量，连夜任命了一大堆联邦党官员。由于他半夜十二点任期届满，而到夜里九点还在拼命签署任命书，所以就被人讥讽为“午夜任命”。它也是亚当斯最受人指责的一个行为，被杰斐逊指责为“不光彩的做法”。但这与其说是发泄私愤，不如说是为联邦党保存一点实力。

而让杰斐逊最感头疼的是，亚当斯把他的政敌约翰·马歇尔任命为联邦最高法院首席法官，还将各级法院都填满了联邦党人，许多法官都是根据1801年的审判员法任命的。此法是在他任总统时威信不断下降的几周内通过，这个法令规定，总统不能罢免法官的职务。因此杰斐逊决定将所有由联邦党人担任的法院执行官和地方检察官来个大换血，全都换上民主共和党人，“以保护同胞公民中拥护共和政体的这部分人”。但是，“只是政治原则不同而大家反对的好人，只要所做的事情不超过平民的权利，就不是免职的对象”。

其实杰斐逊的这种做法已经相当宽容和温和了，在就任总统之后，他从未因《惩治叛乱法》和联邦党人加于他的侮辱而施行报复。许多民主共和党人劝杰斐逊把联邦党人全部革职。

而且杰斐逊在就职演说中提出的“我们都是共和主义者——我们都是联邦主义者”这一说法，在他自己的阵营内引起了不小的恐慌。有人质问他，是否仍要那些敌人“当官来作践我们”。弗吉尼亚的威廉·贾尔斯提醒他，人们都盼望“对官员好好地普遍清洗一回。驱除坏人，找一个好人来代替他，这是永远不会失民心的事”。

没有人认真地指责美联邦的文职官员无能或腐化，但他们几乎全是联邦党人。由于华盛顿和亚当斯从来不曾有意任用反对派的人，所以在政府当官早已被看作是为政党服务所应得的报酬，而杰斐逊的跟随者们都想在自家人当政的时候赶紧挤进公共食槽里来。但是，现职官员很少有人死去，更从未有人辞职。这样唯一可行的办法，就是使用总统的免职特权，来造成空缺。杰斐逊“企图一只手诱招羊群，另一只手痛击牧羊人”。

他曾给利瓦伊·林肯写信说：“我决不采取其他报复手段，只是要坚定地实行节约和保持和平……使联邦主义沉入万劫不复的深渊。”他言而有信，唯有他对联邦法院的态度可能算是例外。

第一步是宣布亚当斯1800年12月的一些任命无效。结果有十七个治安法官被免职（1800年12月任命的治安法官有四十二名）。第二步是罢免联邦政府的一般官员。总统可以任免的联邦政府官员有三百一十六人，而这些人都是联邦党人。

到1802年年底为止，杰斐逊一共免除一百零五人的官职，其中有关税人员、联邦法院执行官、地区检察官及驻外国领事。在免职的一百零五人中，只有九人是纯粹由于“政治见解”被免职的。在任命新官员的政策方面，杰斐逊只把新的位置给共和党人，并更换了亚当斯的内阁，直到两党的在职官员人数大致相等和平衡为止，“按照我们的期望来平衡我们的措施”，他的这种做法意味着政党政府的到来。1803年，在总共三百一十六名联邦政府官员中，共和党人有一百五十八人，联邦党人有一百三十二个，其次就是二十六个中间派。这样，在各州里，共和党人都占据了比较有影响的职位。

不过，杰斐逊对于最高法院的法官无可奈何，因为他们是终身的。根据《联邦宪法》第三条的规定，美国在1790年设立了最高法院，同年2月2日在纽约首次开庭。最高法院享有“终审判决权”和对宪法的解释权，它可以裁定国会或总统的任何法律或行政命令因“违宪”而无效，这就是最高法院的“司法复审权”，也是最高法院最重要的权力。

杰斐逊一向主张“小政府”，他认为政府应当节简而朴素。他主张与所有国家开展商业上的往来，但不发展政治关系。和平时期不要军队，只留一部分海军力量来保护海岸和港口。在与欧洲的关系方面，他不赞成通过签订新的条约把美国卷进欧洲的争吵以及他们的屠杀中去。然而奇妙的是，杰斐逊的第一届政府最出色的成就却是在战争和外交方面。

经过杰斐逊所称的“精简改编”，陆军由原来的三千五百人减至二千五百人；海军裁减至十三艘快速战舰，将其余的出售改充商船，停止建造新舰，辞退所有的造船技师，还把保留下来的快速战舰大部分拖曳上岸，以节省薪饷和给养。国会后来在1802年纽约州奥兰治县的西点设立了一个军事学院，后来成长为享誉全美乃至世界的“西点军校”。

杰斐逊不但是一位政治领袖，也是一个非常勤政的行政首脑。他要求各部门每天都要将各自收到的重要信件和他们的答复稿送交自己审阅。他密切地关注着行政部门的工作进程，了解人们对政府有些什么样的要求和反映。由此，他能对各部门的事务了如指掌，并且能在部门首脑向他请示问题时，提出颇有见地的意见。

他每天的办公时间很长，做事井井有条，要求部下也一样。他每天工作十到十三个小时，用四小时来骑马、吃饭和小憩。他仔细地安排工作时间，用他自己的话说，每天的行政工作就是个“固定和一成不变的过程”：五点起床，办理公文到九点；然后开始接见内阁成员或有事要与总统商量的其他人；国会议员可以不需预约直接来找他；一般中午召开内阁会议；下午一点通常是骑马到外面转一圈，以此来锻炼身体；三点半用午餐，偶尔请客人在饭前半小时来私下谈些问题。

这样的工作让他不得不长期居住在华盛顿，只能在春天国会休会后，回蒙蒂塞洛呆上两三个星期；除此之外就是在每年的 8 月和 9 月例行的夏休日里，将总统办公室迁往蒙蒂塞洛，在那里办公。

邮政部长安排了一项特别的邮政服务，使总统能在两天后即收到华盛顿的情况，一周内即可给出答复。同时，杰斐逊还能够随时与各部门的首脑联系，而不论他们人在何处。麦迪逊就住在距蒙蒂塞洛三十英里以外的蒙彼利埃，所以杰斐逊能与他最亲近的顾问近在咫尺。

杰斐逊总统一向事必躬亲。他每年向国会提交的年度咨文草稿，都是由他亲自起草，决不让哪个顾问来插手。然后送交全体阁员传阅，请他们提修改意见。与他不一样的是，华盛顿总统常常给汉密尔顿送去一大包文件，要他写一篇国会咨文，还找麦迪逊和汉密尔顿给他起草告别演说。

杰斐逊所起草的国家文件以及书信，都是他自己亲手书写的。他的第一个私人秘书是梅里韦瑟·刘易斯及其几名后任的秘书，最初的任务只是接待来总统府拜访的客人、向国会递送咨文，有时向内阁成员传递机密信件、报告国会议事进行情况以及当副官的其他一些职责。偶尔誊抄一下总统致国会的年度咨文修改草稿和其他文件。杰斐逊习惯自己写完后，用活版印刷复印下自己的信件和其他文件副本。在复写机器发明出来后，他非常喜欢使用，几乎把自己所写的信都复写了一份留底。因此，他为后人以及历史学家留下的记录，比前面的任何一位总统都要详尽。

在杰斐逊的治理下，内阁成为他任期内制定政策的主要机构。每天的日常事务由总统与有关部门的首脑商议后办理。如果遇到重大的或棘手的事项，总统就召集各部门首脑在一起商讨，或是分别找他们面谈，或是书面联系征求意见。他最常用的办法，是将顾问们都找来召开一次内阁会议，视情况需要而定。

当时政府各部的办公地点都紧挨着总统府，所以能够在总统需要的时候迅速召集起内阁会议。作为第一任总统内阁的成员，杰斐逊深知，政府内部的分歧极度不利于工作，他曾亲眼看到前任亚当斯不得不面对一个更忠于汉密尔顿的内阁。因此，他希望自己的政府成为一个团结的政府。同他的前两任总统的内阁相比，杰斐逊的内阁是一个政治观点比较一致的、和谐的集体。而且他的领导作风以说服而非命令为主，所以他的顾问们都可以畅所欲言。在接下来的八年任期中，他的四个主要部领导一直同他一起共同工作，只有司法部长做过变动。

杰斐逊总统喜欢利用午餐时间进行社交活动，并以此作为他进行管理的主要方法之一。国会开会期间，他一周举行三次午宴，分批邀请议员(每次约十二人)，团团围坐在椭圆形桌子旁，无所谓主客高低，一起痛饮美酒，品尝佳肴，同时体察民情，了解全国各地的情况。用餐过后，一般到晚上六点之前，客人们告辞后，杰斐逊又会到书桌旁忙到晚上十点。

但是杰斐逊的好客使他常常入不敷出。他二万五千美元的年薪根本不足支付这些招待费。就任的第一年，光酒水就花了近二千八百美元，家用和办公费用超过了一万六千美元。于是这年底，他不得不借四千美元来平衡个人预算。然而，这些开支并未使他缩减他的招待，因为他将这种做法看成是管理过程中必不可缺的环节。

杰斐逊还非常不拘礼仪。一次，英国全权公使安东尼·梅里来白宫晋谒并递交英国驻美国公使的全权证书。人家礼服笔挺，披挂齐全，而接见他的杰斐逊总统竟然还穿着自己破旧的晨装：退了色的上衣、红背心和灯芯绒裤子，趿拉着一双便鞋。进餐时，杰斐逊不是挽着英国公使的夫人请她入座，而是向国务卿麦迪逊的夫人伸出手臂；而且杰斐逊按照平常的做法，让客人在桌旁乱哄哄地自己找座位，

讲究礼仪的英国公使感到自己受到了侮辱，他简直被气疯了。他并不知道杰斐逊实行的是先到者先入席而不是排座次的做法。梅里认为这一切都是对大英帝国的冒犯，差点把它搞成一次国际事件。

被杰斐逊总统的随意穿着而吓到的，还有普卢默参议员。当他第一次拜访总统时，看到后者一身家常便服，一件古铜色旧外衣、红背心、旧的灯芯绒裤子和脏脏的毛袜子，脚上还是一双便鞋，一时间目瞪口呆。

杰斐逊却认为，个人外表的穿着没有国家大事或热情待客重要。

此外，杰斐逊还去掉了不少繁文缛节。在法庭上，他建议“把那种英国法官看上去像是透过一绺绺乱麻筋向外窥视的老鼠似的丑恶假发扔掉”。

杰斐逊出现在白宫，大大地促进了民主作风的发展。他认为，一个普通的老百姓和最高的官员一样，都应当受到尊重。他一直都告诫部属，要把自己当作受人民之托的公仆来看。

## 7 购买路易斯安那

THOMAS JEFFERSON

杰斐逊在他总统的第一任期内最辉煌的业绩，便是购买了路易斯安那这块宝地。

当时的路易斯安那是一个“荒野乐园”，那里风景优美，资源丰富，人口稀少，只稀疏地住着几千个印第安人和少数强悍的白人。自1763年以来，路易斯安那就一直处在西班牙主权统治之下，只有不到四分之一的地区有移民定居，在1800年时约共有四万人，集中居住在密西西比河下游两岸新奥尔良一带。在河的西岸新奥尔良和圣路易斯之间，有几处卫戍要塞和贸易据点，雷德河岸边还另有几处，其余的地方都被印第安人占有着。1800年10月，这片广阔的领地易主，西班牙同法国签订了一项秘密条约，拿破仑从西班牙人手中夺得了路易斯安那及邻近的佛罗里达。

这块土地的门户是密西西比河上的新奥尔良，而密西西比河则是美国商业的生命线，美国的货物须经该河下游从新奥尔良出海。谁控制新奥尔良及密西西比河，谁就可以决定美国西部居民的命运。由于西班牙国势衰弱，美国西部人还可以平平安安地利用这条河与外界做生意。但是假如新奥尔良落入强国之手，美国就马上受到威胁，贸易就将受到种种限制。

所幸法国并未立即接管路易斯安那，对领地易主的条约保守秘密达一年多。

当杰斐逊在1801年登上总统宝座的时候，他并不知道路易斯安那易主一事的真相，对法国仍充满了友好的感情。5月，杰斐逊对路易斯安那易主之事已有所耳闻。这个使人为难的“谣言”一下子打破了杰斐逊一厢情愿的美梦。而更加令他心烦的原因，是杰斐逊曾坚信在一个适当的时期，美国将以某种方式至少把佛罗里达和路易斯安那从西班牙的衰微的主权中承继过来。然而，风云突变，波拿巴的不祥的阴影已经突然落在“希望之乡”上。

杰斐逊和他的国务卿詹姆斯·麦迪逊立刻商讨对策。他们一边让驻马德里的平克尼去做西班牙的工作，强调美国认为西班牙留在路易斯安那比法国在那里好；一边让驻巴黎的利文斯顿去摸法国的情况，设法说服他们不要履行转让协议，那样会严重损害两国的关系，如果已无法挽回，转让又包括弗罗里达在内，就摸摸法国有无可能把这个地区转让给美国。杰斐逊采取的是间接建议的方式，来劝阻波拿巴对路易斯安那的占领。

到1802年春，杰斐逊政府确信，尽管法国人一再否认，但转让路易斯安那之事即将进行。于是杰斐逊就加紧了外交活动。在给美国驻巴黎公使利文斯顿的私人信件中，杰斐逊总统回顾了法美之间的友谊，他现在看到友谊正受到威胁。“地球上只有一块地方的占有者是我们的天然宿敌，”他写道，“那就是新奥尔良……法国让自己站到了那个大门口，这是对我们的挑战。”虚弱的西班牙或许可以不声不响地占有新奥尔良数年，但“法国与美国在这样敏感的情况下相遇，是不可能继续保持它们的长久友谊的。法国占领新奥尔良之日，就是我们与大不列颠和大不列颠舰队联合起来之时。我们必须全力以赴地去发展海上力量”。杰斐逊生怕这一外交策略同政策声明有所混淆，所以特别挑选了一个让他信得过的信使。

皮埃尔·杜邦是驻在美国的一个法国籍火药制造商，从杰斐逊在路易十六王朝担任驻法使节时，他们便认识了，后来，当杰斐逊当上总统时，杜邦一语双关地对他说：“你一生中只有一个 vice（vice 意为“缺点”、“罪恶”等，又可用作构词成分，意为“副职”），现在你终于丢掉了它，为此我向贵国以及东西两半球表示祝贺。”当时杜邦正因事要到法国去，杰斐逊便托他带给利文斯顿的信，在封口之前允许杜邦看了信的内容。

这位新总统决意不让法国占领刚从西班牙手中夺取的路易斯安那。他对杜邦这样说：“……要使法国政府知道他们占据路易斯安那必将引起的后果。”杰斐逊对国家前途的整个政治见解围绕着这样一个信念：美国的民主与繁荣取决于自由民移居自由土地的能力。西部，包括路易斯安那，就是这个信念的一个组成部分。按照上述准则，杰斐逊早就拟订了《1784年土地法令》，从而打开了越过阿巴拉契亚山脉向西开拓扩展的大门，划出即将予以自治权的十块较大的区域，并规定，其中任何区域，只要它的人口同原来十三个州中最小的一个州的人口相等，就可以成为一个新州。杰斐逊指望杜邦把信的内容转告法国有势力的人：塔列朗或者波拿巴本人。杰斐逊公开表示，“我在此表示，割让新奥尔良和佛罗里达对我们来说将只是一种姑息手段，我相信不过如此而已”，但这件事总有一天会给法国招致一场被消灭在海上的灾难性战争。当然，外交辞令仍旧要讲，在信的末尾，杰斐逊也说他的政府对塔列朗怀有最友好的感情。

杜邦在起程去法国的时候写信给杰斐逊，提议由自己去同法国磋商，把新奥尔良和佛罗里达让给美国，交换条件是保证法国永远占据密西西比河西岸，并且帮助法国在下一次同英国的战争中夺取加拿大；或者他还可能向法国提出购买新奥尔良——这比起利用战争手段来，对双方都有好处。

到此为止，杰斐逊的路易斯安那外交一直是秘密进行的。但是发生了另一件事，几乎逼得他摊牌。1802年10月18日，西班牙驻新奥尔良总督取消了美国商人的“存栈权”，即美国商人在新奥尔良存放货物的权利。这种特权在1795年平克尼所签订的条约中，仅获得为期三年的保证。但是，俄亥俄河流域的居民，每年要在新奥尔良转运价值一百万美元的农产品，他们认为已可永远享有这种权利。因此在西部，群情激愤，怨声载道。反对派借此机会，大做文章。

杰斐逊是11月下旬得知这一消息的。西班牙驻华盛顿公使和路易斯安那州长对美国方面解释说，这是新奥尔良行政长官未经授权擅自做出的决定。麦迪逊国务卿立即发快函，指示驻马德里的平克尼去通知西班牙政府：“无论此举源于何处，总统希望西班牙政府不失时机地予以取消，并毫不犹豫地修复由此而造成的一切损失。”麦迪逊给驻巴黎的利文斯顿写信的语气更是火药味十足，他说已有或很快就有“二万民兵出现在密西西比河水域；他们一得到警报，全都会立即行动起来，搬掉阻拦出海的障碍。他们全都认为，自由使用该河流是天赋而不能取消的权利，并且知道他们有力量可随时去实行”。

杰斐逊仍然保持镇定。在1802年12月致国会的第二个国情咨文中，丝毫未提这些外交活动。在路易斯安那将会让给法国的问题上，杰斐逊只说了一句话，这一事件将会“使我们在对外关系方面发生变化”；而对不让在新奥尔良存放货物的危机问题，他则连提也没提。难怪失望的议员们都同意汉密尔顿将咨文称为“催眠曲”的说法。众议院立即通过决议，要求总统提供有关新奥尔良被关闭的文件。联邦党人更是大声疾呼，要求采取包括军事手段在内的一切任何措施，来对付在新奥尔良出现的问题。联邦党人的目的是只要有可能，就迫使杰斐逊政府进入战争，打乱政府工作秩序和经济秩序，如果办不到，也可以借此拉拢西部地区，把自己装扮成西部地区最好的朋友，以期重新掌权。

杰斐逊反对在争取谈判前就采取军事行动。尽管如此，他的政府还是在悄悄地进行军事准备，准备在谈判无望的情况下，随时拿下新奥尔良。陆军部长迪尔伯恩加强了防务，在西班牙属地边境以北、密西西比河上的亚当斯堡，集结了四个步兵团和三个炮兵连。密西西比州州长威廉·克莱本称，二千名“组织良好”的民兵正在纳齐兹待命，并说六百名民兵即可拿下新奥尔良。

1802年的最后一天，杰斐逊接到杜邦的来信，得知法国愿意协商谈判，并透露说可出一笔钱诱使法国出售新奥尔良和西弗罗里达，开价六百万美元。在此之前，杰斐逊已得到消息，法国愿意进行协商谈判。杜邦曾为杰斐逊把那封1802年4月18日措词强硬的信带给利文斯顿。他看到信中充满了威胁口吻，于是立即建议美国何不在拿破仑取得路易斯安那以前，就提出给他一笔钱来诱他出售新奥尔良和西佛罗里达。其实，杰斐逊和麦迪逊早就想买西佛罗里达了，曾指示利文斯顿去摸底。杜邦在法国呆了六个月之后，再次提出他的方案，并且提出六百万美元的具体数字作为开价。杜邦甚至还附上了一份拟议条约的简要草案。

1803年1月11日，杰斐逊为回答联邦党人调门越来越高的批评和缓和民主共和党支持者的情绪，向参议院提名任命詹姆斯·门罗为特使，赴法国和西班牙谈判解决这些爆炸性问题。杰斐逊写信给门罗说，虽然提名他出任特使一事未同他事先商量，但交给他的任务是不能拒绝的。参议院内的联邦党人虽然表示反对，但仍以十五票对十二票迅速确认了对门罗的任命。杰斐逊很担心联邦党人利用路易斯安那危机，来获取国内的政治资本。

门罗在西部很受赞扬，还受到各地民主共和党人的信任，因此最适合于担任此项工作。杰斐逊的言行使门罗无法拒绝，于是打点行装匆匆赶赴巴黎。在批准门罗使命的同一法案中，国会拨款二百万美元，作为“支付合众国与外国交往时的费用”。其实，这次拨款是为了谈判购买新奥尔良和东、西佛罗里达的，但这只是在秘密会议上才有所透露。3 月 8 日，总统委派詹姆斯·门罗为特使前往法国，随身携带着对他和驻法公使罗伯特·利文斯顿的训令。

首先，他们将可在一千万美元的限度内任意出价，以购买新奥尔良和东、西佛罗里达，这样就会使合众国拥有密西西比河的整个东岸地区以及墨西哥湾沿岸的东部地带；如果法国拒绝，则应出价此限额的四分之三，仅仅购买新奥尔良岛，或者购买东岸之地，以供建立一个美国港口；如仍不得手，则必须施加压力，以求对航行权和存栈权做出永久性的保证。这乃是杰斐逊的最后通牒。若遭拒绝，门罗和利文斯顿奉命应即“同英国政府的公使进行秘密接触”，以期“与大不列颠取得坦率的谅解和较密切的联系”，互相约定不同法国单独媾和，将不会“被认为是不合理的”。方案、步骤之严密，行动之果决与大胆，恐怕就连反对派的代表人物汉密尔顿也会自愧不如。

在门罗动身以前，利文斯顿已开始了谈判，但经过一段时间却几乎毫无进展。然而，1803 年 4 月 11 日，当利文斯顿去求见法国那位外交部长，准备重提他照常的出价以购买新奥尔良时，塔列朗突然问道：“对整个路易斯安那你们愿意出多少钱?”这话使利文斯顿这位耳背的、毫无思想准备的美国人吓了一大跳，差点从椅子上滑倒，以为自己又听错了。

其实，利文斯顿并没听错。就在那天早上，拿破仑召见他的财政部长巴贝·马布瓦，对他说他决定向美国出售整个路易斯安那。拿破仑在收回圣多明各的努力失败后，已放弃在美洲建立一个新的法兰西帝国的想法，他估计不久将与英国开仗，而路易斯安那是最易受攻击的。此外，他的国库枯竭。因此，与其让路易斯安那落入英国手中，不如卖给美国，既做了个人情，又可以得到一笔钱，充实战时国库。当时还有一个因素促使拿破仑放弃路易斯安那，那就是拿破仑1800年向海地的伊斯帕尼奥拉岛大举派兵三万五千人，次年几乎全军覆没——图桑·卢维吐尔领导下的黑人，打死了那些侵入内地的法军，突如其来的黄热病则消灭了其余的人。

没有伊斯帕尼奥拉岛，路易斯安那就大大丧失了它对于法国的价值，不如加强与美国的关系来抵抗英国。法国的善举对杰斐逊来说也是始料未及的。他说："我没有指望他（拿破仑）能够让步，除非法国和英国打起仗来；我的希望是姑息和忍耐，假如罗斯·莫里斯先生（联邦主义者在国会的发言人）等人在事变——就是说，一次新的欧洲战争——发生之前不过早地强迫断交的话。我相信那个事变不会过很久就发生，但我承认我没有想到它会来得如此之早。"

但是利文斯顿说，美国政府只是希望购买新奥尔良和佛罗里达。而塔列朗表示，法国只愿意出卖整个领土，而不愿单独出卖新奥尔良。翌日，门罗到来，又开始谈判。4月30日，双方草签了协定，美国出六千万法郎得到路易斯安那，并赔偿法国的损失二千万法郎，最后总共以一千五百万美元成交。

条约于5月2日签字。转让给美国的土地以西班牙让与法国时的边界为准，佛罗里达并不包括在内。但是新条约对界限规定十分模糊，怪不得有人怀疑拿破仑是想让美国同西班牙发生冲突。

这一意外之喜，没法不让杰斐逊总统高兴，一夜之间得了这么大一块土地，简直是天上掉下个大馅饼。条约签字的消息于1803年7月3日传到华盛顿，《全国通信者报》首先在次日宣布这一消息。该报情不自禁地欢呼说，7月4日"对总统来说是值得骄傲的日子"，他受到"万民拥戴，欢呼这一事件将成为一项最辉煌的业绩载入史册"。

利文斯顿在条约签字后，马上通知杰斐逊总统，劝他督促国会立即批准这项协议，以免拿破仑后悔变卦。

但是，美国历史上这笔最大的交易——购买路易斯安那，却给宪法带来了一个重大的难题，因为宪法并未言及获得外国领土之事，更没有期许这种领地日后建州。杰斐逊全力以赴，要使《路易斯安那条约》获得批准和执行。他认为要得到参议院的批准有一重大障碍："政府拥有的只是宪法给予的权力；而宪法没有给予它拥有外国领土的权力，更谈不上将此领土并入联邦之权。"

杰斐逊开始认为要将路易斯安那并入美国，必须有个宪法修正案，他立即为此起草修正案。但当利文斯顿向他提出拿破仑可能会改变主意的警告时，杰斐逊觉得言之有理。他想，通过修正案很可能是旷日持久的，万一中途节外生枝，岂不是让煮熟的鸭子又飞了吗?

于是杰斐逊决定对宪法采取一种广义的解释，认为由于情况特殊，国会可以不必通过修正案即可采取行动。事实上，当时参议院的对阵形势对民主共和党是有利的，1802 年的中期选举之后，两院中民主共和党人的队伍更强大了。1800 年人口普查后有了新的席位分配，俄亥俄加入联邦后，众议院内民主共和党人占一百零三席，联邦党人只有三十九席；参议院内民主共和党人有二十五席，联邦党人只有九席。有关路易斯安那的条约和协定于 10 月 17 日提交参议院，三天后，以二十四票对七票得到批准。联邦党内只有一人同二十三名民主共和党人一起投赞成票批准条约。总统在年度咨文中要求议员们马上行动，准备执行这一条约，并采取一切必要措施，立即去占有路易斯安那和组成临时政府，将它并入联邦。

参议院批准条约后，1803 年 10 月 20 日立即与法国公使进行了换文，第二天总统就要求国会制定必要的授予权力的立法。1803 年 12 月 20 日，在新奥尔良举行仪式，法国正式将路易斯安那转让给美国。路易斯安那的获得进一步证明了这样一个当时在美洲大陆流行的理论："欧洲的灾难是美洲的利益。"

将路易斯安那并入美国不仅需要授予权力的立法，而且还需要组织大量的行政活动。在接管八千人的新奥尔良城市时，美国不得不将整个外国人口以及法国人与西班牙人创立的行政结构也一并接受下来。杰斐逊在得知购买到路易斯安那的消息后就说："我们肯定要努力在那里推行美国的法律，除了将能在立法和行政管理方面起带头作用的美国人迁往那里居住外，别无他法。"

可是经过一段时间后，政府越来越认识到要尊重非美国居民的愿望、权利和传统习惯，因此于 1808 年认可了《奥尔良准州现行民法汇编》。该汇编将法国和西班牙的民法传统都编入了路易斯安那法。这一妥协换来的是，在路易斯安那居住的移民承认了美国的永久统治。

购买路易斯安那后不久，杰斐逊总统又派科学探险队到西部从事科学考察。这又为美国西部开发铺平了道路。

早在1802年11月下旬，杰斐逊便询问西班牙驻华盛顿公使卡萨·伊鲁霍侯爵，如果国会主要为了增进地理知识，批准派人去探险调查密苏里河流向，他的政府会不会反对。伊鲁霍对总统说，这种探险活动“肯定会使”他的政府“感到不快”。实际上，西班牙对美国可能进一步向西部扩张的意图已有所警觉。尽管西班牙没有同意，杰斐逊还是加紧实施他的计划。1803年1月18日，总统向国会提交了一份秘密咨文，要求拨款二千五百美元，资助一支小型探险队去调查密苏里河的源头和寻找可与密苏里河联运的、流向太平洋的河流。他在咨文中强调这是为了扩大与印第安人的贸易，并建议为了不引起注意，国会可以说该款系用于“扩大美国对外贸易的目的”。

国会悄悄地通过了这个请求，总统于1803年2月28日签了字。向国会提出这个请求之前，杰斐逊曾跟自己的私人秘书梅里韦瑟·刘易斯讨论过这一计划，因此他立即任命这位28岁的陆军上尉领导这次探险活动。杰斐逊选中刘易斯当他的秘书，部分原因是他们都住在阿尔贝马尔，相互认识，另外是因为刘易斯对美国西部地区的情况很了解。

国会批准后，刘易斯立即着手准备，收拾了旅途所需的给养和装备，还请威廉·克拉克中尉来共同领导，答应总统授予他多少权，克拉克也就有多少权，完全平等。杰斐逊本来一直对横贯大陆的远征颇感兴趣，这次他亲自拟写了详细计划，并于1803年6月20日签了字。

1803年10月，美法两国签订的《路易斯安那条约》得到参议院批准。第二年春，刘易斯和克拉克才出发溯密苏里河而上。又过了一年，到1805年，杰斐逊才收到他们直接写来的第一批进展情况报告。路易斯安那并入美国一事受到公众的普遍赞扬，杰斐逊对自己未卜先知地派遣刘易斯和克拉克去探索一大片尚无人知晓的土地很为得意，这些预示着即将在1804年大选中接受工作审查的政府获得成功。

远征队的第一个目标，乃是要在合众国领土内寻找“横贯本大陆的水道”。亚历山大·麦肯齐早在1793年，就已在加拿大领土上进行过这种探查。他从阿萨巴斯卡湖上溯皮斯河，越过不列颠哥伦比亚（即今加拿大不列颠哥伦比亚省）境内的大陆分水岭，由狄安海峡进入了太平洋。刘易斯和克拉克两人此行另外的目的，是要取得美国对俄勒冈地区的领导权，并使苏族和其他部族的印第安人获得印象，相信他们的“伟大白人父亲”住在华盛顿，而不是住在温莎（英国王室所在地）。这两个年轻人都是业余科学家，并且熟知怎样对付印第安人。

探险队终于在 1804 年 5 月 14 日从圣路易斯出发，全队有三十二名士兵和十名平民，共乘一只五十五英尺长的平底船和两只独木舟，扬帆摇桨，上溯密苏里河，远抵今蒙大拿州境内的南福克。9 月里在特顿河口，他们悍然面对一群易怒的苏族印第安人，设法通过了那个地区。1804～1805 年那个冬季，他们是在北达科他的曼丹族印第安人中间度过的。1805 年 6 月，他们在大瀑布以北制造了一批独木舟，乘坐着它们抵达今爱达荷州境内的落基山麓。在这里，他们的译员、斯内克族印第安人少女萨卡贸韦亚，同肖肖尼族印第安人进行了友好的接触。这些肖肖尼族印第安人，还给他们提供了乘骑用的马匹和驮运行李的印第安妇女。大队人马穿过莱姆亥山口北行，直下比特鲁特河谷，进入内班塞族印第安人地区，到达了向西流去的克利尔瓦特河，它是斯内克河的一个虽然湍急、但可通航的支流。

他们在这里又制造了一些独木舟，驶入哥伦比亚河，克服了险岩和急流的重重难关以后，于 11 月 7 日到达潮水区。克拉克在他的日记中写道：“宿营地上群情欢腾，我们望见了……这么长久以来我们一直渴望看到的、这个雄伟的太平洋。”他们在雄伟的太平洋浪涛喧啸可闻之处，修建了克拉特索普堡，在这里度过了又一个冬季。

这儿沿岸一带的印第安人使用着一些短语，如“投下铅锤”（行船测水深时的用语，在俗语中转义为“装病”或“吹牛”）和“狗娘养的”（新英格兰粗鲁水手的谩骂语）之类。刘易斯和克拉克由此得知，新英格兰的贸易船曾经到过哥伦比亚河。因此他们希望能乘上这样的船回家去，但是几个月过去了，不见有船到来，探险者们于是决定由陆路回去。

刘易斯走了较短的一条路，从今天蒙大拿州密苏拉所在之处前往大瀑布。克拉克则循原路返抵密苏里河的三个岔口（他曾把这三个地方分别命名为杰斐逊、麦迪逊和加勒廷），登陆取捷径到达黄石河，由此顺流而下，驶过被他命名为庞贝塔的、景色如画的台地，抵达黄石河与密苏里河汇合处，即今天的尤尼恩堡所在地。在这里，刘易斯和克拉克会合，探险队于1806年9月23日返抵圣路易斯。此行仅有一人丧生，而且不曾同印第安人发生过一次战斗。

杰斐逊对于他们的报告、行动和带回华盛顿来的实物感到高兴，随即任命梅里韦瑟·刘易斯为路易斯安那领地的总督。他们并未找到横贯落基山脉的水道，因为根本没有那样一条水道。但是，他们所发现的那些陆上的和河上的通路，对日后的拓荒者们很有帮助。他们在处理与印第安人的关系方面，更是令人赞誉的。

探险工作始于1804年5月，结束于1807年1月10日。探险行程达九千英里。刘易斯把探险的经历及成就写成报告，数年后出版，成为美国文学宝库中的珍品。此外，杰斐逊还派泽布伦·派克深入密西西比河的河源，后来又到西南地区进行勘探。在西南地区，派克绘制了落基山脉的地图。

那么，当时的这个路易斯安那究竟有多大呢？它大致包括了现今的阿肯色、密西西比、文奥瓦、俄克拉荷马、堪萨斯、内布拉斯加、南达科他及现今的路易斯安那、明尼苏达、北达科他、科罗拉多、蒙大拿、怀俄明的大部。

路易斯安那的购入使美国的领土由1790年的八十万平方英里增加到二百六十万平方英里。从密西西比河口到落基山脉，到处飘扬着杰斐逊的星条旗，州的数目当时已是十六个（最初有十三州，加上1791年佛蒙特加入联邦，1792年肯塔基加入联邦，1796年田纳西加入联邦），路易斯安那领土的一部分又组成了俄亥俄州（1803年加入联邦）、路易斯安那州（1812年加入联邦）。由此，州的数目增加至十八个，另还有五个地域，它们是密歇根地域（1805年组成）、伊利诺伊地域（1809年组成）、印第安纳地域（1800年组成）、密西西比地域（1798年组成）和奥尔良地域（1804年组成）。其中前三个地域是自西北地域中分解出来的。

美国领土的扩大，促进了国内经济生活面貌的改变。1790年，美国的定居地带只限于大西洋沿岸的狭长地带，人口总数仅为三百九十二万余人，其中94%定居在阿巴拉契亚山脉以东，山脉以西的人口只有二十二万人。1800年，美国人口已增加到五百三十万人，住在阿巴拉契亚山脉以西的人已增加到六十三万，由于路易斯安那的并入，1810年，美国人口激增至七百二十三万，住在阿巴拉契亚山脉以西的人增加到一百五十万了。与此同时，农业基地扩大了，市场扩大了，自然资源增加了，这就有力地推动了美国的蓬勃发展，使它在19世纪末20世纪初成为头等现代化工业强国。

关于这次购买的无尽益处，杰斐逊自有他的见解："密西西比河及其水系的财产权和主权，不但为西部诸州的产品取得了一个独立的出口，及一条贯穿整个河道的不受控制的航路（这条航路可以避免与其他强国发生冲突以及由此产生的对我们和平的威胁），而且这片土地的肥沃、它的气候和地域的广阔，在适当的时候肯定对我们的国库是一个重要的帮助，并为我们的子孙后代提供充足的粮食，为自由和平等的理想之国提供了一个广阔的场地。"

杰斐逊还在1803年底写信感谢杜邦："祝贺你能在有生之年，在为千百万未出世的人们造福的一笔交易中做出贡献。这笔交易将使地球上一部分区域变得辽阔广大，我指的是当今美利坚合众国的疆土。"

路易斯安那的购入是美国扩张领土的重大历史事件，被称为美国西扩的"里程碑"。美国历史学家丹纳在《美国历史中的边疆问题》一书中，给予杰斐逊的这一"功绩"高度评价。他说："路易斯安那的购入，使密西西比河流域获得了政治上的完整，其后果是意味深长的。它是美国摆脱与外国订立纠缠不清的同盟的羁绊、作为世界强国采取独立事业中的有决定意义的步骤。"

马萨诸塞州的国会议员弗朗西斯·贝利斯在1823年说："西进的人流如汹涌澎湃的浪潮涌向太平洋，势不可当，浩瀚的太平洋才是我们的广阔领土的界限……"

美国历史学家汉斯·科恩形象地总结说："美国扭过身去，背对着大西洋，而将它的脸朝向太平洋了。"

## 8 伯尔的阴谋

THOMAS JEFFERSON

路易斯安那的取得，受到公众的普遍赞扬，这预示着即将在1804年大选中接受工作审查的政府将获得成功。约翰·伦道夫的话可作为杰斐逊总统第一任期内最好的总结："截至这个时期，还不曾有任何一届政府是比杰斐逊政府更为卓越的。我们确实是处于'成功试验的高潮'。杂税废除了，公债连本金带利息均有充足的保证，干薪闲职一律取消，路易斯安那业已取得，公众的信任无限高涨。"

然而，政治斗争中，并不因为杰斐逊政府政绩卓著，深得民心，并未使联邦党人减少或停止对他的攻击。

事实上，马萨诸塞州参议员蒂莫西·皮克林和一小部分牢骚满腹的联邦党人就深信存在着一个"杰斐逊阴谋"——使民主共和党人永远当权。当杰斐逊购买路易斯安那之后，这些人铤而走险，走上分裂联邦的危险之路，策划要让新英格兰脱离联邦。至于每天发表在报纸上的那些对杰斐逊的煽动性的诽谤，就更多了。

杰斐逊本来打算在一任总统届满后就回到宁静的生活中去，当时联邦党人的攻击使他改变了主意。他说："联邦党人无节制的诽谤使我不得不让国家来做判决。"当然，杰斐逊之所以决定竞选连任总统，也是因为共和党人的劝说。他们知道，只有杰斐逊才是无人能与之抗衡的候选人。1804 年 2 月下旬，国会中的共和党议员开了一次秘密题名会议，一致题名杰斐逊竞选连任总统，会上还推选纽约的乔治·克林顿为本党的副总统候选人。

杰斐逊参加这次大选没有进行什么活动，也无需活动，他的政绩已经深入人心。投票结果，杰斐逊大获全胜，十七个州中他得到十五个州的支持，在复选团的一百七十六张选票中获一百六十二票，联邦党候选人查尔斯·科茨沃斯只获得十四票。

1805 年 3 月 4 日，年近 62 岁的杰斐逊在参议院会议厅里再次宣誓就任总统。这次他是乘坐马车而来，陪同他的只有他的私人秘书和一名侍从。在就职演说中，杰斐逊首先感谢全国同胞又一次对他表示的信任，而后他接着说自己问心无愧，实践了四年前他宣布的各项原则。他回顾了他任期内的重大成就。在国内政策方面，他着重提到裁减不必要的行政机构，削减不必要的开支，取消国内税收，以及在偿清债务方面的进展。他不无骄傲地指出，政府是用课征外国货物的消费税来维持的，是由那些买得起奢侈品的人们付的税。他说："美国人也许会得意洋洋地问道，有哪个农民、哪个技工、哪个工人，曾经见过美国的收税员呢?”在外交方面，他承认获得路易斯安那有些人不赞同，因为他们担心取得这块领土会危及这个联邦。他问道：“但是谁舍得限制联邦原则上可以活动的范围呢？我们的联盟越广，就越不会受到强烈的地方情绪的摇撼。”

“土著问题”是他在演说中讲得最多且最富有哲理的问题。因为路易斯安那有一批印第安人，白人的大量涌入，必然面临一个如何对待土著居民的问题。杰斐逊认为“土著居民具有人的各种能力和各种权利，热爱自由和独立”。“人性要求我们去教他们学会农业和持家技艺，鼓励他们去进行那种劳动，只有这样才能使他们继续生存下去，并及时为他们适应一种社会形态做好准备。这种社会形态除了物质上的舒适之外，精神和道德还将得到提高。”

在演讲最后部分，杰斐逊还谈到了新闻自由的问题。他的再次当选，使他深深感到，一个根据宪法的精神实质行事的政府，是不可能被谎言和诽谤打倒的。他的意思不是说各州不应该颁布关于反对造谣污蔑的出版物的法律，而是说，“既然真理和理性战胜了骗人的舆论和虚假的事实，保住了自己的阵地，那么只应如实报道的新闻界就不必再有其他的法律限制了”。

就职典礼后，杰斐逊在白宫举行了一个别开生面的招待会，开放程度很高，来的人什么样的都有，有的是普通技工，穿着很脏的鞋。

杰斐逊总统的第二任期是在一片喜气洋洋的气氛中开始的，但很快，他就遇到了极大的阴谋和重重的困难。

杰斐逊指望继续推行1801年的“贤明和节俭”的政策。不料，他的政党却开始按选区分裂为许多派别：力图扩张领土的西部人、新英格兰的受压抑者、弗吉尼亚只重原则的民主共和党人，以及中部各州不重原则、但很计较官职大小的民主主义者。欧洲的和平曾经是杰斐逊早期成功的条件，但今后十年欧洲将无和平可言，在1805年结束以前，拿破仑在陆地称雄；不列颠称霸海上不可一世。双方极力使用大陆封锁或海上封锁的办法，以求置对方于死地。对美国政府说来，这是一种比1792年至1801年期间各次战争还更难于应付的局面：成为双雄之间的“夹心饼干”。

对杰斐逊的时运盛衰起决定作用的一年，是以伯尔阴谋案这一插曲告终的。

早在1803年，马萨诸塞州和康涅狄格州的一些联邦党人就已开始策划组织一个“北部邦联”。用皮克林的话来说，它将可“免除南部贵族民主派的那种腐败及其腐化影响和压迫”，亦即成为一个以新英格兰为中心的邦联。

获知这一密谋的，仅限于新英格兰联邦党内的核心人物，以及对此加以怂恿的英国驻华盛顿公使。他们想拉汉密尔顿入伙，请他当司令。但汉密尔顿在性格上是不屑参与阴谋诡计的，他当场拒绝。密谋者们便转向了当时的副总统艾伦·伯尔。

伯尔出身世家，是一个城府很深的人物，为人精明干练。他的父亲是新泽西学院第二任校长，外祖父乔纳森·爱德华是殖民地时期最有名的布道者。他本人在革命中颇有军功（那时他只有20岁），有一个时期还做过华盛顿的幕僚，和汉密尔顿、拉法耶特是同事。伯尔21岁时做了团长，22岁时升任旅长，因为受伤离开部队。后来又攻读法律，并且在纽约法律界中成为最出色的青年律师。十年之后，他在社会上的声誉与地位，使他很顺利地当选为州议会的代表，其后成为参议员。1800年，由于他在纽约的势力，他被民主共和党推举为总统候选人，并最终担任副总统。

杰斐逊虽然是民主党领袖，但从来没有相信过他。自从那次僵持不下的总统选举之后，联邦党一有异动，伯尔无不参加，虽然该党党魁汉密尔顿和杰斐逊一样不信任他。第一任副总统的任期还没有结束，伯尔的处境已经非常尴尬，不知道究竟应该效忠哪一个党。

伯尔心中早已清楚自己政治上再无发展，便想在金钱上大捞一把，甚至不惜分裂国家。他在副总统任期届满、行将离开华盛顿之前，曾同英国公使梅里接触，提议若英国皇家海军予以合作，并付他五十万美元，他就可以使路易斯安那联邦分离出去。梅里先生认为此事可行，便向伦敦报告，伯尔愿意“协助陛下政府，尤其是在努力促成美国西部从位于大西洋和落基山脉之间的土地上分离出去方面，助一臂之力”。梅里还力促他的政府付款。但英国唐宁街的权贵们似乎无意推动美国的分离运动。

杰斐逊的首任总统任期终了后，伯尔无法再留任副总统了，甚至连民主党党员也不能做了。他竭力想当选纽约州长，但并非以联邦党员的身份参加，而是以个人身份参选。联邦党人把伯尔与杰斐逊的分道扬镳视作天赐良机，他们积极支持伯尔竞选州长。作为回报，伯尔曾同意事成以后使纽约州加入“北部邦联”，并自任该邦联的总统。

汉密尔顿竭力反对伯尔竞选，阻止其竞选活动，他支持约翰·亚当斯的女婿竞选州长，伯尔遭到了惨败。实际上，即使没有汉密尔顿的反对，伯尔也赢不了。这下他把所有的怨气都撒在汉密尔顿身上，对汉密尔顿满腔仇恨。联邦党人的密谋也随即告吹。

年方48岁的伯尔，已成为一个前程毁弃的政客。他既已同民主共和党人决裂，又大负联邦党人所望。在伯尔眼里，汉密尔顿对此是有责任的。这已不是汉密尔顿第一次对他作梗了，但必须成为最后一次。1804年6月18日，即纽约州的选举已过去六周以后，伯尔写信给他的对手汉密尔顿，要求“立即并且无条件地承认或否认”报界所传说的对他品格的诽谤。汉密尔顿拒绝收回成言，认为伯尔咎由自取，并回答说：“我相信，你多想一想，对这件事就会与我有同样的看法。否则，我只能对实际情势表示遗憾，并只得承受后果。”

按照美国当时南部和纽约的绅士们所遵从的“社交礼法”来说，这种言词等于要求进行决斗。果然，恼羞成怒、怒火中烧的伯尔向汉密尔顿挑战，提出决斗。汉密尔顿原本没有必要接受挑战。他无须证明自己的勇敢，他有一个妻子和一大家人靠他养活，而且他的悲剧还在于他认为，在决斗中击毙对手无异于谋杀。可是，他的心胸高尚这一“弱点”，却迫使他接受挑战。

汉密尔顿的爱子菲利普斯四年前死于决斗，这是汉密尔顿一生中最惨痛的经历。

汉密尔顿回首往事，发现自己别无选择。自己以背叛宪法遭民主共和党人诅咒；被联邦党人指责为背叛党。他悲哀万分地说：“也许美国没有人为了当前的宪法，像我这样做出了如此之大的牺牲。然而，我所得到的回报是朋友的抱怨和敌人的诅咒……每一天越来越向我表明，这个美国并非为我而生。”

也许为了这个缘故，或是其他的原因，汉密尔顿好像有一种预感，他会死于这场决斗。决斗前数日，汉密尔顿心平气和，精神愉快，伯尔则忙于用手枪练习打靶。他们划船到新泽西的维赫根——当日的决斗场，汉密尔顿的儿子就死在这里。两人都站好位置，彼此相隔十步，放枪的讯号发出后，伯尔第一枪便把他射杀了，那天是 1807 年 7 月 11 日。

决斗并不犯法，伯尔也不算是凶手。可是不论从哪个角度看，他在美国的政治生命已经完结了。此后他就开始从事他那个奇特的计划。

他先到美国西部俄亥俄河上游，然后带着几个友人，乘坐一只豪华的平底船顺流而下，沿途到处停泊，向各地兜售另一套计划。生性好斗的西部人都被纽约州的这位文雅绅士迷住了。有一个想入非非的爱尔兰亡命者哈曼·布伦纳哈斯特，神魂颠倒地竟打算征服墨西哥，扶持伯尔当皇帝，由他充任大摄政。在田纳西，伯尔会见了安德鲁·杰克逊，并赢得了他的友谊。杰克逊建议，如果伯尔移居该地，他将使他当选为参议员。身为路易斯安那总督和美国陆军高级将领的威尔金森将军仍接受西班牙津贴，但他并不满足，私下早就同伯尔讨论过一项方案，想从西班牙的统治下“解放”墨西哥，并使路易斯安那成为一个独立的共和国。

伯尔来到新奥尔良时，便同那些不甘心被拿破仑出卖的克里奥尔人进行了接触，并同一群急于入侵墨西哥的美国海寇取得了联系。新奥尔良的天主教主教和厄休拉女修道院院长，都对伯尔极力支持和祝福。伯尔在经由陆路的回程中，又发现所到之处的西部人无不盼望同西班牙开战。一趟下来，伯尔深受鼓舞，认为自己很得民心。于是返抵华盛顿以后，立即从西班牙公使那里得到了二千五百美元，公然准备夺取当时停泊在波托马克河上的美国海军船只，用以发动一次海寇远征，“解放”路易斯安那！

1806 年夏，这位前副总统铤而走险，在肯塔基的列克星敦成立总部，积极开始召募人员来进行他的远征。表面上，他是要去接管和垦殖他早先购得的、位于路易斯安那西部的一片广大的土地。而那些据称“深知内情”的人，则预期他会进入得克萨斯并“解放”墨西哥。史料充分证明，伯尔确是觊觎着墨西哥。但他首先是要促成路易斯安那领地的分离，并在该地自任总统，然后举兵南下。

早在 1805 年 12 月，杰斐逊就被告知要警惕伯尔。他收到了一封来自费城的手工印刷的匿名信，提醒他警惕伯尔的阴谋。该信称伯尔在西部各州的活动是“异常行为”，并说伯尔同英国公使安东尼·梅里的联系密切，他是“领英国津贴的”。几天后，写这封信的人再次给杰斐逊写信，他自称是杰斐逊的朋友，并进一步提醒他伯尔阴谋推翻政府。

杰斐逊对这些匿名信并未给予特别的注意。而美国肯塔基地区检察长约瑟夫·戴维斯于1806年2月初给杰斐逊的一封私信倒引起了杰斐逊的重视。戴维斯在信中称："我们中间有卖国贼，其目的就是要分裂联邦，让西班牙得利。"戴维斯特别告诫总统提防陆军指挥将领、路易斯安那总督詹姆斯·威尔金森将军。他怀疑此人得到西班牙政府的津贴。

杰斐逊让麦迪逊、加勒廷和迪尔伯恩传阅了这封信，但他们似乎无法相信威尔金森敢于冒天下之大不韪而背叛自己的国家。不过，杰斐逊还是立即给戴维斯回了信，要求把他知道的全部情况告诉他，包括参与这桩密谋的所有人的名字和任何有关证据。戴维斯又很快回信，并开列了一些人的名单，如威尔金森和伯尔，还有一些民主共和党要人，如杰斐逊的司法部长约翰·布雷肯里奇、威廉·亨利·哈里森和亨利·克莱。戴维斯后来在名单上划掉了布雷肯里奇和克莱的名字。

杰斐逊还从其他来源收到有关伯尔活动的报告。乔治·摩根上校从宾夕法尼亚西部写信给总统说，伯尔曾设法招募他的几个儿子去参加一项军事征讨，伯尔还谈到有关西部独立的问题。但是，杰斐逊仍静观事态发展，按兵不动。1806年10月20日，他收到邮政总局局长格兰杰发自马萨诸塞州的一封信。信中透露，去年冬季，伯尔曾向威廉·伊顿提出请他任威尔金森的副手，指挥旨在把西部诸州从联邦分离出去的征讨军。关于这一事实，格兰杰从伊顿那里获得了证实。

两天后，杰斐逊召集了内阁会议，传达了这个报告以及此前他和麦迪逊都收到的有关伯尔行动的几份报告。几次会议之后，内阁决定派遣当时正在华盛顿的奥尔良准州州务卿约翰·格雷厄姆调查伯尔的行踪，并授权他可以自行决定同西部诸州州长秘密商议，如伯尔有公开的犯罪行为，有权将其逮捕。

这时情况已万分危急。1806年10月8日，伯尔的一名助理塞缪尔·斯沃特沃特抵达位于纳奇托切斯的威尔金森总部，呈交了一封未署名的密码信，该信是1806年7月下旬写的。信上说，资金已到位，可望英国的海军援助，行动已经开始。伯尔于8月1日动身西行。部队将于11月1日在俄亥俄会合，第一批五百～一千人将预期在12月5～15日之间抵达纳齐兹，在那里希望见到威尔金森。这封信还说，威尔金森将仅次于伯尔，任第二把手。威尔金森认定，此信为伯尔手笔。

几乎就在政府要对伯尔和威尔金森决定采取措施的这一关键时刻，威尔金森将军回心转意，决定弃暗投明，揭露伯尔的阴谋。他派托马斯·史密斯中尉，带了一包秘密文件，十万火急地奔赴华盛顿交给总统。11 月 25 日，史密斯中尉到达总统府，呈交了威尔金森的密件。威尔金森举报了要肢解联邦的“一桩隐蔽、黑暗、邪恶而流布广远的阴谋”。同一天，杰斐逊召集了内阁会议，他们一致同意总统发布文告，向各军事部门和文职官员下达命令，无论这项计划在哪里进行，都必须立即加以阻止。两天后，总统发布文告，告诫全体公民团结一致粉碎这个阴谋。

伯尔直到 1807 年 1 月 10 日才得知威尔金森已出卖了他，总统已发布文告，密西西比准州的代理州长已下令逮捕他。一星期后，伯尔别无选择，只好自首。伯尔被解往里士满，以背叛合众国之罪受审。杰斐逊在 1807 年 1 月 22 日向参众两院提交了特别咨文，宣布伯尔的“罪行是无可置疑的”。他提交了一份备忘录，其中赞扬了威尔金森。此外，他还向国会递交了那封引起轰动的密码信的复制件。第二天，这封信在《全国通信者报》上发表了。对犯罪者来说，幸运的是，主持审讯的最高法院首席法官马歇尔极力主张，应当严格遵守宪法对叛国罪所下的定义，即：“与合众国作战，依附……合众国之敌人者”，以及宪法所规定的“经该案证人二人证明”这一保障。

由此而得出的结论是：仅仅招募人员意图谋反并非叛国。伯尔获得开释，随即流亡法国。他无疑很后悔当初一枪打死的是汉密尔顿，而不是杰斐逊。背叛了自己所参与的每一桩阴谋的威尔金森，仍得保高位和总统的信任。

杰斐逊对这一结果既失望又气愤。他在得知这一审判结果时说：“这等于是宣布任何勾结起来破坏联邦的叛国行为都可不受惩罚。”杰斐逊认为，最高法院首席法官马歇尔对这场审判的判决是有政治动机的。这是 1860 年以前最重大的一桩分离阴谋，如果伯尔到达新奥尔良，这一阴谋极有可能搞成。伯尔背后有数以百计有身份的人物，还有许多冒险家，尽管其中大多数人并未明确了解他的意图。

即使雨过天晴，这一事件仍给杰斐逊的第二任期带来许多麻烦。

## 9 公海风云和禁运风波

THOMAS JEFFERSON

杰斐逊的第二任总统期间，国家粉碎了伯尔的阴谋，摆脱了一次分裂的危险，总是一大胜利。然而一场新的更大的危机马上又出现了。

杰斐逊在第一任上对外实行孤立主义的外交政策，决心要使美国不受纠缠不清的联盟、旧世界的战争及外交骗局的影响。然而，在他第一任开始，为了维护地中海上美国商业的利益，就不得不派兵前去跟的黎波里打仗，直到1805年的黎波里的帕夏被迫订立了使美国人满意的条约为止。在他第二任的大部分时间里，更是不得不纠缠于欧洲事务之中，到他离职时，美国很快就接近于完全卷入世界事务之中了。

杰斐逊第二任期一开始，就卷进了纷繁复杂的欧洲事务之中。在1804年，杰斐逊派门罗去马德里，设法让西班牙在路易斯安那中有争议的边界线问题上同他进行谈判。法国把路易斯安那转让给美国，西班牙大为光火；美国要求将琅迪多河（今亚拉巴马州和佛罗里达州之间的界线）作为路易斯安那的东部边界线，西班牙政府对此更为不快。另一方面，由于路易斯安那的购入，杰斐逊受到鼓舞，在同西班牙打交道时也表现得颇为好斗。在路易斯安那转让给美国之后不久，他就预言，密西西比河东岸的居民将很快要求归属美国管辖。他给门罗写信说："我们并不期望同西班牙能有什么宽宏的或公正的解决办法，我们已做好一切准备，决心得到或取得我们应有的界线。"

到1804年底，门罗才动身去马德里。其间，门罗在巴黎停留，并发现法国已决定不再支援美国的努力了。杰斐逊在西佛罗里达建立了税收区，西班牙更感不快。加上其他一系列原因，差不多五个月过去了，门罗和平克尼与西班牙当局的谈判仍毫无所获。他们深信，只有动真格的了。于是他们向国务卿建议，美国应占领整个佛罗里达。杰斐逊早就试图在欧洲外交的浑水中捞取佛罗里达这条"鱼"。他认为，东、西佛罗里达原本都该并入路易斯安那，其中他特别想要取得西佛罗里达。因为墨西哥湾惟一的海军良港莫比尔湾，以及流经密西西比领地和克里克人土地的许多河流的下游，都位于西佛罗里达境内。

杰斐逊于1805年8月初在蒙蒂塞洛得悉门罗使命失败的消息。他怪罪拿破仑，他给麦迪逊写信说，他深信“法国有意跟我们作对，背叛我们。我们应该不失时机地去得到比同英国的相互友谊更为重要的东西”。因此，他开始考虑联英抗法。

杰斐逊总统于1805年12月3日向国会提交了第五个年度咨文。他在咨文中把同西班牙日益恶化的关系描绘得暗淡无光，通知国会他已命令边境军队随时准备保护美国公民，击退任何侵略。

这时，美国驻巴黎公使却发来情报说，如果使拿破仑感到有利可图，或许可以说服他代合众国出面，向西班牙索取西佛罗里达。杰斐逊于是在1805年12月，递交国会一份秘密咨文，暗示他需要二百万美元，以供“外交方面的交际”之用。过去对于路易斯安那问题的谈判，曾拨过一笔同样的款项。因此，他自以为这次拨款不会有什么困难。然而，这一次他错了。这份咨文成了民主共和党内产生分裂的信号。约翰·伦道夫作为接受杰斐逊提交秘密咨文的众议院那个委员会的领导，得知总统在为谈判寻求二百万美元时，明确表示反对。他宣称，他决不支持推诿责任之事，总统如果需款，必须不带借口，直接索要。伦道夫应邀与国务卿会商，麦迪逊告诉他说：“法国要钱，我们非给不可，否则就得同西班牙和法国打仗。”伦道夫立即公布了这段话，他认为这是对法国的贿赂，他说：“在进行谈判的努力屡遭失败之后，这样一个步骤将永远使我们蒙受耻辱。”

备感压抑的联邦党人便以此大作文章。然而，联邦党人和伦道夫的反对并未能阻止杰斐逊。1806年1月16日，众议院以七十六票对五十四票通过了秘密拨款二百万美元的要求，三个星期后又得到参议院的一致赞同。但是这笔钱在变化无常的欧洲，实际证明毫无用处。杰斐逊失去了部分弗吉尼亚民主共和党人的支持。民主共和党队伍中的破裂鼓舞了联邦党人，他们把这项计划说成是不光彩的阴谋，用金钱向法国宫廷行贿，以此来“购买和平”。

艾伦·伯尔被宣告无罪，标志着杰斐逊的时运和人望的转折点。杰斐逊现在时去运衰、政策失败，过去的“功劳”已被人们忘掉了。弗吉尼亚的许多老民主共和党人感到，自从取得路易斯安那，杰斐逊便背弃了他自己的原则。事实上他的确是如此，在他的第二次就职演说中，他就曾建议用联邦的钱来修筑公路和从事其他国内建设。正如约翰·伦道夫所说，杰斐逊把联邦主义"曲解了四年"，现在通过采取他过去曾加以指责的那些政策，已开始正确理解它了。

杰斐逊声称他相信美国能够"把利害双方交由理性来公断，而非诉诸武装冲突"。但打得难解难分的欧洲交战国没有谁会听他这一套，而且随着战事的发展，也使美国越来越不能作壁上观。1805 年底，英国将军纳尔逊在特拉法加的胜利，打垮了法国的海军力量，英国人成了海上的霸主。而拿破仑在奥斯特里茨取得胜利，迫使奥地利求和，使俄国军队撤退，使他成为当时欧洲的霸主。从此交战双方都不怎么注意中立国的权益或国际法的细则。双方都不断打击世界贸易大国美国的航运利益。

1805 年，英国的一个法庭裁决：美国商船从法属西印度群岛运往欧洲的货物，即便是取道美国，也应予以截夺。与此同时，拿破仑也搞了一个经济战时计划，他在 1806 年和 1807 年的两个敕令中，规定他控制下的欧洲港口，一律不对任何货物开放，并宣布凡属遵从英国贸易法规的中立国船只一律没收。英国政府也跟着宣布，封锁法国及其控制下的各国港口。从此以后，美国开往欧洲的船只屡遭交战各国任何一方的截夺。1807 年以前的三年中，英国至少俘获了一千艘美国商船，法国俘获的则为这个数字的一半。

最令美国人憎恶和不能容忍的是，英国恢复并极力推行几百年来强征海员服役的制度。英国法律允许战舰指挥官在需要人员时，可在任何地方征募所能找到的国王臣民中的壮丁。英国军舰在公海上阻截美国商船，搜索逃兵，抓走虽出生于英国但已入美籍的海员，甚至强行抓走土生土长的美国人。杰斐逊一再要求英国不要再强行征用人员，尊重中立贸易，但英方置若罔闻。

1807 年 6 月 22 日，危机终于爆发了。这一天，美国快速战舰"切萨皮克"号驶离弗吉尼亚海岸，前往地中海。在离弗吉尼亚海岸约十六千米处的海面上，英国快速战舰"豹"号突然追上了美国的这艘快速战舰，并要求搜查有无逃兵。"切萨皮克"号的指挥官答称，他的船里只有三个美国人是在被强征后从英国海军中逃出来的，拒绝英方搜查。“豹”号舷侧炮随即向毫无准备的“切萨皮克”号三次开火，当即打死三人，打伤十八人。桅杆断损，风帆飘零，破碎的舰壳进满了水。“切萨皮克”号被迫下旗示降，任凭英国人上船抓走了四名逃兵。美国的荣誉和主权受到了粗暴的侵犯，消息传开，群情激愤，不论是共和党人还是联邦党人都被激怒了，全国各地城镇纷纷举行集会，声讨英国的暴行。杰斐逊写道：“从列克星顿战役以来，我从未见过举国上下像现在这样的怒不可遏。”战争的阴影笼罩全国。但杰斐逊还不想要战争，他命令英国军舰驶出美国领海，要求英国赔偿、道歉并保证以后不再发生此类事件。英国当然没有给出一个令他满意的回答。

国旗受辱的消息，使美国人表现出自 1798 年以来第一次同仇敌忾的情绪。甚至联邦党人也感到惊愕失措，而在此以前，英国海上强权每伸张一步，他们都要为英国进行辩护。杰斐逊这时如果召集国会特别会议，他立刻就能得到战争，而且会比后来 1812 年时宣布的对英国战争更得人心。实际上，当时群情激愤，国会将必须在战争、禁运或者无所作为之间做出选择。但是，杰斐逊保持住了沉着冷静，他不愿看到战争的发生。他认为，一生中经历一次战争就已足够了。

杰斐逊要求国人做出的努力不是去赢得战争，而是使国家保持和平。1807 年 12 月 18 日，杰斐逊向国会表明：“我们的船只、船员和货物，在公海及其他地方，正受到欧洲交战国越来越大的威胁。”他提议采取行动，建议实施禁运，禁止所有美国船只驶离美国港口。无论是政府还是国会，都对拟议中的禁运能达到什么目标不明确，但两院都很快通过了。参议院以二十二票对六票通过了一项普遍禁运的法案。三天后，众议院以八十二票对四十四票通过了《禁运法》。第二天，杰斐逊就签署了这项法案。

《禁运法》规定：美国或其他国家的船只都不得驶往外国；一切自合众国启运的对外出口，无论经由海路或陆路，均被禁止；某些特别规定的英国工业品不许进口。禁运立即生效，此后接连十四个月，所有不在国外或未能逃出美国的船只，都只得停泊港内或仅从事沿岸贸易。

起初，一些国会议员对禁运抱有幻想。国会议员乔治·坎贝尔对他的田纳西州选民说，虽然美国人对这项措施将会身受艰难，但对英国和法国将会造成更大的苦难。他认为，禁运会使英法买不到足够数量的赖以生存的物品来维持生命。他预言，如果美国人民表现出他们支持禁运政策的决心，美国就将会赢得对其权利的承认。同样，议员约瑟夫·迪沙对肯塔基州选民说，禁运"不仅会起保卫我们资源的作用，而且还会强制我们的敌人改变从海上赶走我们从事商业的恶毒政策"。

禁运开始时得到了公众巨大的支持，一向乐观的总统甚至还希望，如果美国争取到更多的时间，欧洲的事态发展也许还能使国家摆脱困境。他一向认为时间对美国有利，因而认为美国最高明的政策，就是把自己孤立起来，免受"目前欧洲发作的精神错乱"的影响。人们普遍认为禁运会有助于杰斐逊跟英国代表乔治·罗斯进行谈判。

1808 年 2 月底，谈判无果而终。杰斐逊却仍然认定禁运是一项必须持续的临时政策，下届国会也将必须在禁运和战争之间做出决定。美国是一个海上贸易大国，其船只往来于大西洋两岸。在美国将近六百万人中，有四百八十万人生活在大西洋沿岸诸州，他们直接和间接地靠海上贸易生活。此次禁运对美国带来的影响是巨大的，使近年来已成为美国经济增长最重要源泉的对外贸易，遭到了沉重的打击。

自从 1793 年欧洲爆发战争以后，除英国以外的每一个交战国的船只都已经从海上消失了，从而使庞大的欧洲殖民地贸易留给了各中立国，特别是留给了合众国。为了避免截夺，载运食糖、咖啡、茶叶、胡椒、可可这些热带产品的船只，都先驶往合众国，然后再将它们的货物向外转运。

从 1790～1807 年，美国本国的出口增长了一倍，这时期的转口输出则从三十万美元增长到五千九百多万美元。对谷物和棉花的生产者来说，在这些主要产品的欧洲来源业已断绝时，战争就实际成为他们的一种福惠。在这段商业繁荣的时期，费城的人口增加了一倍以上，波士顿人口增加了将近一倍，而巴尔的摩和纽约则差不多增加了两倍。这种增长大部出自海运业和造船业，及其影响所及的各附属性工业，如缆索制造业、制帆业、伐木业、粮食供应业、海事保险公司甚至银行，等等。这一时期，这个年轻的国家在经济方面的成长，主要乃是依靠它善于利用在一个战乱的世界中保持中立的地位。禁运断绝了这种有利可图的贸易，并使成千上万的海员和造船工人失业。在那些新英格兰人看来，国会勒令他们"不许航海"，就如同它对南部说“不许种地”一样蛮横无理。

在禁运后的一年内，美国出口从一万一千万美元（一年）落到二千万美元。在五个月内，纽约市有一百二十五家商号破产。烟草、棉花及小麦无法出口，价格一落千丈，使农业人口受到严重损失。特别是普通民众、水手、农民、小商人及工匠，受到的打击最甚。固然不错，美国船只处在英国枢密院谕令和法国敕令的夹缝里，航行到世界上任何地方，都难免使自己有可能被交战国的某一方掳劫。但是，美国商船队船主们所需要的，只不过是英国海军给予他们的保护而已，欧洲所施加的种种限制，仅仅增加了获得利润所冒的风险，而且，有很多贸易路线都是对中立国船主开放着的，只要他们愿意忍受由英国进行检查和发给许可证。这同其后两次世界大战期间所实行的一种类似的制度比较起来，还是很不严格的。

禁运使走私活动猖獗。英国货物和美国产品的走私活动，通过加拿大和佛罗里达的边境不断在进行。失业的水手和造船工人大批迁往英属各领地，以致有一个爱讽刺的效忠派分子，把禁运称为“对美洲各英属殖民地予以较好的鼓励的一种行动”。一些在国外保有一支船队的较大的船主，经受禁运尚能维持下来；但是，很多小船主都倾家荡产了。有些较小的港口，如纽伯里波特和纽黑文，此后一直未能恢复它们原先的繁荣。杰斐逊甚至还曾试图用行政命令阻遏沿岸贸易，但是，当初为了抵制马歇尔而被他委任为最高法院法官的威廉·约翰逊，却颁布命令状制止了这件事。禁运对南部也造成了损害，使那里的棉花跌价将近一半。于是国内不满情绪与日俱增，骂声四起，怨声载道，杰斐逊日益成为攻击、谩骂的对象。猛烈的攻击主要来自新英格兰，因为那里受禁运之害最甚。

杰斐逊收到从新英格兰寄来的一封信，措词尖刻：“你这个歹毒的恶棍，究竟想把饿死我们穷人的这该死的禁运维持多久？”全国反禁运浪潮一浪高过一浪，新英格兰甚至威胁要退出联邦。联邦党人把这次禁运看作一种地区性的和党派性的阴谋。有一个联邦党人写道：“天塌下来了。没有人能预言将会产生什么后果。我所毫不怀疑的是，政府一心只想抑制商业精神，并逐步地摧毁这种精神。我于是猜测到，它对法国政府是满怀好感的。”

若要把在商业上采取报复行动作为一种外交武器而取得成功的话，必须基于各种客观形势有不同寻常的结合——这是很少出现的局面，在1807～1809年时就不曾出现。这次禁运造成了法属西印度群岛粮食不足和法国缺少殖民地产品；但拿破仑没收了驶抵法国港口的每一只美国船，却还说他是在帮助杰斐逊执行禁运措施！在英国的工业区，禁运曾经引起一些苦恼情绪，但各种通常的出口物品很快便找到了经由加拿大进入合众国的途径，英国船主们则很欢迎消除了美国竞争对手的这项措施。

禁运问题占据了杰斐逊任期的最后一年，在他的总统任期内还没有出现过如此尖锐棘手的麻烦。其实，实施这个匆忙制定的《禁运法》，几乎从一开始就明显地暴露出了很多问题，政府要求加强其实施，国会立即做出反应，赋予总统前所未有的权力，可以对美国人个人的经济事务进行管制。实施禁运的困难越来越多，加勒廷领导的部门负有贯彻《禁运法》的主要责任。因此他于7月底从纽约给总统写信道，如果禁运要继续下去，那就需要更为严厉的实施措施。加勒廷最后说："国会必须赋予总统最专断的权力和足够的力量来将禁运付诸实施，否则，就干脆全部放弃掉。"杰斐逊认同这位财政部长的看法："这次禁运法律确实是我们迄今执行的最令人为难的法律。"

杰斐逊虽然尚未放弃禁运会起作用的幻想，但潮水般涌来的要求撤销禁运的请愿书使他目不暇接。在8月底至9月初的两个星期中，他答复了三十八个城镇的请愿书。由于请愿书太多，他不得不指示在华盛顿的塞缪尔·哈里森·史密斯印好格式信件，以便他能继续回信作答。到了12月，总统收到一百九十九份反对禁运的请愿书。

杰斐逊的错误成了联邦党人的大好机会。他们的势力原是在一直不断地削弱，甚至在新英格兰也是如此——1807年在新英格兰，除了康涅狄格州之外，所有的州政府都落入了民主共和党人手中。联邦党人一直无法洗刷民主共和党人加给他们的那种要实行君主制和军国主义的污名，而且他们还由于很晚才开始发展有效能的政党组织而处于不利的地位。1801年费希尔·艾姆曾写道："我们必须博取民众的好感。我们必须研究民意，并按照民意所趋来制定措施。"但是到了1807年，他就哀叹道："我担心联邦主义不久将会死亡，而且所有关于它的记忆都将消失。"

现在却出人意料，杰斐逊竟给了他们一个题目来做文章，大可借以赢得民心了。1804 年时的密谋者、参议员皮克林，发表了一封激起新英格兰舆论的公开信，断然指称这次禁运乃是受拿破仑指使而由杰斐逊实行的，其目的在于消灭海运业者并使新英格兰陷入贫困。

1808 年 11 月 8 日，杰斐逊向国会提交了第八个也是最后一个年度咨文。他搜肠索肚，试图谈些禁运的有利成效，如它拯救了美国的船员和财产，使之免遭损失，而且给了美国时间准备防御等，但这些措词显得苍白无力、牵强附会。而对是否继续这项有争议的措施，他拒绝做出任何表示。国会为此吵得一塌糊涂。面对这骑虎难下的局面，杰斐逊似乎束手无策，只好暗自神伤。

1808 年的大选又款款而至。联邦党人抱着很大的希望投入了竞选。有一个新英格兰人在日记中写道："竞选运动开始了。小册子像风暴中的野鹅一样到处飞翔。"北部的民主共和党人处在禁运措施使他们的选民倒向联邦党人这种情况下，变得很难领导了；而在纽约市，禁运已造成了民主共和党内的分裂。当国会中的民主共和党议员会议提名麦迪逊为总统候选人时，纽约州议会竟另提名反禁运的民主共和党人乔治·克林顿。在弗吉尼亚，约翰·伦道夫的那一派"纯粹的民主共和党人"则提名门罗，门罗是自从他所签订的条约被弃置后一直心怀不满的。当时如果这几派人能同联邦党人实现联合，麦迪逊说不定就被击败。但联邦党的候选人查尔斯·科茨沃思·平克尼，几乎仅只赢得除佛蒙特州以外的新英格兰各州以及特拉华州的选举人票。麦迪逊以一百二十二票对四十七票的压倒多数票当选为总统。

杰斐逊想要继续实行禁运。1809 年 1 月，国会通过了《强制法案》，允许不带搜查令状的联邦官员对疑为运往国外的货物予以没收，并保障这些官员不因其行动而承担法律上的责任。大西洋沿岸各处码头都有监查人员巡逻，税务官员则取走风帆和拆卸方向舵。新英格兰人民这时已进入第二个艰难困苦的冬季，他们便开始盼望他们各自的州政府予以保护；到了这时，新英格兰所有的州政府又都落入联邦党人之手。那些州议会公然用 1798 年时《肯塔基决议案》和《弗吉尼亚决议案》所提出的理论，来回敬杰斐逊和麦迪逊。康涅狄格决议声称，"无论何时我们的全国性立法机构被导致逾越其经宪法规定的权力界限"，各州议会均有责任"在人民的权利与自由和中央政府所僭越的权力之间，设置它们的保护屏障”。1809 年 2 月，人们开始讨论召集一个新英格兰代表大会以求废除禁运的建议。

到这时，禁运已经实行了十四个月。北部的民主共和党人造反了，新英格兰各地的人们纷纷发表抗议，有的甚至以脱离联邦相威胁，使杰斐逊大受震撼。国会匆匆通过了一项撤销禁运的法令，随即于 1809 年 3 月 1 日由杰斐逊予以签署。三天后，他任期结束，告退隐居，回到蒙蒂塞洛去了。

杰斐逊原本有意要使这次禁运成为他的第二届政府登峰造极的光荣，一如他的第一届政府取得路易斯安那，但它却实际表现为令人沮丧的失败。杰斐逊试图拯救国家使其免遭损失，结果禁运至少使国家失去了五千万美元的贸易收入；他试图使美国人免遭外国人的侮辱，但他的禁运却激起了国人的愤怒和责骂。这样的结果是杰斐逊始料不及的：既未能影响不列颠或拿破仑的政策，也没有对商船队起到保护作用。禁运宣告失败，不幸而成为杰斐逊政治生涯中的一大败笔。

禁运政策确实失败了，杰斐逊不能不感到失望。但他在总统任期内对国家和国会提供了强有力的行政领导，功绩卓著。在他引退前夕，国会议员约翰·雷亚在田纳西向他的选民发表的演说可以为杰斐逊的总统生涯做最好的总结：

> 杰斐逊的政府，走过八年之后，将要结束了。在这段时间里，美国尽管在对外关系方面发生过某些不愉快的事件，但全国幸福繁荣，这是各国历史中没有先例的。在这段时间里，较之任何国家都要更加清楚地显示，一国政府可以依照并符合道德公正原则得到管理。在这段时间里，如果在美国同外国关系方面和外国的行为方面没有任何障碍的话，那么，一项梦寐以求的公正试验就可能成功，多么接近于一个以理性为基础的政府臻于完善的程度！尽量使美国人民体面、幸福、伟大和独立，乃是杰斐逊先生政府的目标。

# THOMAS JEFFERSON

# 第五章

# 息影政坛

正在杰斐逊的家人为他的离去而哀伤的同时，远在他乡的约翰·亚当斯在7月4日的这一天也躺在床上，处于弥留之际的他在正午时分，忽然清醒过来，说了最后一句话："托马斯·杰斐逊还活着!"几个小时之后，亚当斯也撒手人寰，追随好友而去，享年90岁。这两位晚年重又携手的好朋友，竟然在共同签署《独立宣言》50周年的同一天，一起离开了人间。难怪亚当斯的儿子、小亚当斯总统满怀深情地说，这是"上帝钟爱他们的表现"，他的这一说法也得到了当时全美国民众的认同。

## 1 告别白宫
THOMAS JEFFERSON

对于美国总统这个职位，不同的就任者均有自己不同的看法。有人视其为一种献身于国民的劳务，如乔治·华盛顿这样的人；还有人将它视为一种权力上的极大成就和虚荣心的极大满足，如约翰·亚当斯；而在另外一种人的心目中，这个职位则意味着沉重的负荷与“伟大的痛苦”，比如托马斯·杰斐逊。

二百年以前，当全世界几乎所有的国家都还是君主政体的时候，美国却毅然决然地选择了民主共和政体。美国历史固然有当时国际的具体背景的因素在起作用，但是也不能排除美国人民的明智选择，让人品正直的华盛顿和笃信民主的杰斐逊先后出任国家总统。

1787年的美国宪法规定，美国为总统制，总统由选举产生，任期四年，可连选连任。华盛顿是制宪会议主席，他支持宪法是理所当然、顺理成章之事。而杰斐逊却并没有参加制宪会议，他当时正在法国。当麦迪逊将宪法草案带给他审阅后，他在巴黎向华盛顿提出了两条意见。一、宪法必须添加一个人权（或权利）法案；二、总统不应连选连任，这是为了防止出现借机成为终身总统的野心家。他表达了自己的想法，他希望“在任总统四年期满后，永远不能有资格第二次当选”。但杰斐逊转念一想，意识到了一点：美国的第一任总统必定是华盛顿，而他却是一个最没有政治野心的可靠的人，如果这时就规定不连选连任的话，必将意味着反对连选华盛顿，这样就非常不妥。故而，杰斐逊就放弃坚持自己的第二条建议了。

之后的历史果然证明，华盛顿连任两届总统后，坚决地引退。而第二任总统约翰·亚当斯争取连任失败，不存在自动引退问题。接着由杰斐逊继任第三任总统，他也在连任两届之后自动引退了。

美建国之初，在如何称呼总统的问题上，就曾经大费周折。到底是该称呼为总统阁下、总统殿下，还是想个别的专用称谓来呢？说起来令人难以置信，第一届国会在美国建国之初、百废待兴的时候，居然花了不少功夫，专门来讨论对总统是否应当确定专用的尊称这样一件小事。

在第一任总统华盛顿尚未正式就任之前，参众两院就已经各自专门任命了一个委员会，用来“考虑是否应当给合众国总统和副总统加上宪法规定以外的尊称”。有些议员提出，为了表示对于总统的尊敬和感谢，应当给他一个尊严的称号，如“民选的君主陛下”、“民选殿下”、“合众美国总统殿下”或“合众美国权利的保卫者”这类雅号，才能显示得出总统的庄严与敬畏感。

而且给领导人增加尊称的提议并不仅限于总统本人，连副总统在内也可以享受到同样的殊荣。于是对于虚荣心极强的副总统亚当斯来说，由参议员所提出的一个“副总统陛下”的尊称，就让他不由得沾沾自喜。不仅如此，参议员们自认为都是“人民权利的保护者”，也应当荣膺一个“参议院议员殿下”的尊称。而且他们还认为，参议院议员和众议院议员在政治待遇上应有区别。由于在英国的上议院和下议院在开联席会议时，上议院议员有坐着的资格，而下议院议员只能站着，所以美国国会也应当以此为榜样。

然而在两个委员会在一起讨论之后，得出了这样一个结论：在宪法规定之外另给总统和副总统加上尊称是“不适宜”的，得到众议院全体成员的一致赞同。

然而，一部分参议员，在副总统兼参议院议长亚当斯的代表下，仍然坚持要给总统一个尊称，因为他们觉得这是一个“有尊严的和受到尊重的政府”所必需的。亚当斯是一位知识渊博的政治学家，但他的一个致命缺点，就是虚荣心太强。当他任驻荷兰公使的时候，曾经看到在那里的每一个官吏都有不少头衔，因此他就更加深了一个观点：一个共和国如果不设立荣衔就不会受到别国的尊敬！而且在当时已经有几个州的州长按照各州宪法，被尊称为“阁下”了，那么，作为合众国的总统就更该享有更为高贵的称号！按照亚当斯的想法，总统所享受到的尊贵程度应该超过外交官，因为“如果他国的普通大众可以直呼合众国总统的名字，他们就会永远看不起他”。

于是亚当斯不肯善罢甘休，他坚持要求参议院成立第二个专门委员会，负责研究总统的荣衔问题。这次委员会的建议是：应称总统为“殿下”。在亚当斯的极力敦促下，参议院做出了一项表决，给总统加上了一个“美利坚合众国总统兼护权公殿下”的奇怪的、具有浓厚君权色彩的头衔。

幸好有杰斐逊和华盛顿！

杰斐逊被任命为国务卿后，就已经对这种在“民主政体”的躯壳里，慢慢孳生的君主政体精神的企图有了极为清醒和反感的认识。在参加了几次华盛顿政府豪华的宴席之后，他目睹了更多在社会上蔓延的越来越浓厚的贵族习气，以及大有泛滥之势的“宫廷式”的礼仪和尊称，并为此忧心忡忡：“我不能描写出这些宴席上的谈论使我充满怎样的惊奇和压抑。谈话的主题是政治，宁愿在民主政体和君主政体中选择后者是一种流行的意见。我不能做一个变节者，也不能做一个伪君子，因此在许多场合中，我发现我是共和主义唯一的赞助者。”

而另一位头脑清醒的人物是华盛顿总统，他是一位真正的品格高尚、目光远大的人，从来就不赞成给总统附加什么尊称，而且他一向认为，“总统先生”就已经很合适了。幸好，众议院对参议院的那个荒唐决定未表同意，这才使得美国之后的历届总统能舒舒服服地接受“总统先生”这一朴实的称谓。

对于华盛顿的民主思想，杰斐逊给予了高度的评价。他在自己的总统就职演说中，称华盛顿是“我们第一个最伟大的革命者”。他还在华盛顿去世后，盛赞道：“他的思想境界很高，具有很大的精神威力……他正直无比，洁身自好，在我一生中我从来没有见过比他更公正不阿的人，个人利害、亲属关系、朋友关系或个人恩怨不会影响到他的决定。说实在的，他是一个有智慧的、善良的、伟大的人，而且要从上述字眼的全部意义来加以理解。”

杰斐逊于1801年就任美国的第三任总统。从某种意义上来说，杰斐逊并不适合从政，他也的确没有从政的意愿。他最大的梦想就是能避开政治、远离权力，回到他心爱的蒙蒂塞洛庄园，享受那种摆脱尘世纷扰、安宁和与世无争的生活。但是由于他反对权力的过度集中，主张民主、人权、自由，所以不得不被一次又一次地推到前台，并被抛上残酷政治斗争的浪尖。

与麦迪逊一样，杰斐逊也认为权力“具有腐蚀性”，相信权力会腐蚀掌权者，他对权力始终保持清醒的头脑。他曾在给友人的信中写道：“你我以及国会和各州众议院、法官和州长都变成了恶狼。这似乎是我们的一般的本性的法则，尽管有个别的例外情况。”“人民的错误所造成的危害，要小于国王、教士及贵族的自利政策。”他还坦率地说：“正直的共和政府在惩治叛乱时，应当温和，切勿过分压抑它。”“不时发生一点叛乱实是好事，它对政治界的必要性恰如风暴之与自然界。”“人民并不完全了解情况，即使因误解而使他们发生动荡，也比无动于衷要好——因为人民无动于衷就意味着共和国的死亡。”

杰斐逊的这种政治哲学还深刻而鲜明地体现在他自己的一句名言里，他说：“我在神坛前起誓，对于任何形式的针对人的心灵的专制我都将反对到底。”

而且，由于年事日高，精力衰退，杰斐逊的晚年也与华盛顿一样，越来越感到在应付繁重公务的时候力不从心，他将总统职位视作“苦役”。1807 年初，他在给约翰·迪金森的信中写道：“还要再忍两年。对于现职，我不见得比其他许多人更有贡献，我早就厌倦它了……总统职务除了使我终年劳苦以及朋友越来越少之外，还给我个人带来了什么呢?”第二年，他写信给门罗时又说：“我急切地盼望着退休。逐日面对劳苦的公务，简直不耐烦了。”

因此当人们拥戴他继续第三次连任总统的时候，他谢绝了民众的好意和依恋之情。他以华盛顿将军当年自愿引退为榜样，果断地中止了自己的政治生命。他相信，有了更多这样的先例，就会在无形中行成一种惯例，让那些妄想延长任期的野心家们无计可施，也许还能由此引出一个宪法修正案来，将这种惯例制度化。

杰斐逊的这种不加掩饰的厌倦和退却心，还给美国政治带来了一个好处。正如里士满《询问者报》的编辑托马斯·里奇所说，如果杰斐逊同意由于紧急情况而留任，那么“德行欠佳而野心勃勃的”继任者就可以轻易“抓住遥远地平线上任何正在下落的微粒，或虚构某种假设的危险，利用同样的借口来掩盖他的野心。而杰斐逊先生的引退，打掉了他后任者可以利用的这种巧言虚浮的借口。他们可从杰斐逊的榜样中看到，任何危机，不管有多大危险，也不管有多大的战争可能性，都不能证明延长任期是名正言顺的”。

杰斐逊毅然决然地退出这场竞争，使早在进行的继任总统的竞争不再受到约束。经过一番激烈的角逐，大选结果最后表明，麦迪逊大获全胜，得了一百二十二张选票，联邦党人查尔斯·平克尼得四十七票，乔治·克林顿只得六票。

当杰斐逊得知国家总统即将由自己长期风雨与共的好朋友麦迪逊接手时，卸下了心中的最后一个担子，心满意足。事实证明，麦迪逊是杰斐逊的化身和延续。

卸任的日子终于快到了，杰斐逊自己一直在渴望着这一天的到来。在他引退前夕，国会议员约翰·雷亚在田纳西州向他的选民们发表演说时，情不自禁地称赞杰斐逊政府，说它是一个“以理性为基础的政府”，并“尽量使美国人民体面、幸福、伟大和独立，乃是杰斐逊先生政府的目标”。

当卸任的最后一天快要来临的时候，杰斐逊反复表达自己的宽慰：“我终于要摆脱一件我不再适合的辛苦工作了。我要恢复宁静的生活，生活在家庭成员和朋友之中，这其实更适合我的年龄和本性的爱好。”在他结束办公的最后一天，他在日记中写道：“几天之后，我就要回到我的家、我的书房和我的农场去了……解除镣铐的囚犯也不会像我摆脱权力的桎梏那样，更能感到轻松和快意。”

1809 年 3 月 4 日，杰斐逊带着特地前来接他返乡的外孙托马斯·杰斐逊·伦道夫，乘坐马车沿着宾夕法尼亚大街，前往国会大厦参加麦迪逊的就职典礼。

在刚刚竣工的众议院大厅的前台上，杰斐逊平静地坐在麦迪逊的旁边，谈笑自若。不由得让人联想起八年前与此形成鲜明对比的那一幕。当时杰斐逊继任时，前任总统约翰·亚当斯竟不顾礼仪和个人形象，居然在那天早上凌晨四点时，非常有失身份地不辞而别了。

如今，在首席法官马歇尔主持他的继任者麦迪逊的就职宣誓时，杰斐逊回忆起了自己的第一次就职仪式，以及自那以后的风雨变迁。但是他是满意和快乐的，他可以说是成功地实践了就职演说中许下的诺言，给这个国家指明了新的方向，使新生的美利坚拥有了一个节俭、质朴的政府。他还把美国的领土向西扩展了一倍，并且成功阻止了国家的分裂，面对英国和法国蛮横无理的挑衅时，仍然能够压住火气，平和处理。他留下了对团结、和平的追求理念，他确保了这个有七千万人口的国家，有着可供子孙蕃衍的扩展空间，还保证“自由王国”精神的世代相传。

尽管在杰斐逊的第二任期内，由于禁运的失败，他曾遗憾地对弗吉尼亚州议会表示，他离开时，没有能给国家以持续和平的保证。但杰斐逊仍然是一位最伟大的总统，并且还是一位最富有宽容精神的革命者。有史以来，还几乎没有人像他一样，将高尚的理想与执政的才干结合到如此的高度。同时，他对权力的淡泊和清醒认识，也完全可以使那些疯狂追逐权力的人感到羞愧！

新闻记者玛格丽特·史密斯详细记录了在麦迪逊就职舞会上所见到的杰斐逊。她在给家人的信中写道：“在仪式上，麦迪逊的手在颤抖；在开始讲话时脸色苍白，双手明显地抖动，但很快他便恢复了自信，声音才大了一些”，“而杰斐逊先生则仪态优雅、得体，如释重负，显然对其继承人极为满意”，“但当我看到令人尊敬的杰斐逊先生时，心怦怦直跳……当他看见我时，他从人群中挤过来，握住我的手，足足五六分钟之后才松开。”

就职仪式结束以后，大家参加了麦迪逊的就职舞会，杰斐逊也饶有兴趣地加入其中，这是自他的爱妻去世后第一次跳舞。

“我是否来得太早了？”他问一个朋友，“你得告诉我怎么跳，因为我已四十多年未进舞场了。”

他的朋友笑着回答：“下了官场，又上舞场。你一定可以跳得很好。”这时麦迪逊夫妇携手走了进来。

看着麦迪逊那张苍白、若有所思的面孔，杰斐逊微笑着打趣道：“我刚卸装，他则刚刚上装。”

麦迪逊的夫人多利·佩恩轻盈地走过来：“先生，能赏光和我跳一曲吗？”

杰斐逊微笑着说：“当然了，夫人，我非常乐意。”

新总统的就职仪式结束之后，杰斐逊没有立即离开华盛顿，他还有几件重要的事情需要解决。杰斐逊清理了自己的所有文件，收拾了个人财物，支付了各种欠款，卖掉了自己在华盛顿的马车，其后还送走了载有他的财物的车辆。在离开华盛顿的那天，他办了最后两件事，一是将一张一千一百四十八美元的付款清单存入了合众国银行，这是他担任驻法公使回国后账户的最后一笔余款；第二件事，是放飞了自己豢养的一只小鸟。

在华盛顿任职期间，杰斐逊在书房里养了一只模仿鸟（学名嘲鸫，又名知更鸟，极擅长鸣叫和模仿，深受人们喜爱），他教给这只小鸟很多花样，比如飞落在他的肩上，甚至从他的嘴边啄食。1809 年 3 月，在杰斐逊终于要告别白宫，从他所称的“权力的镣铐”中解放出来时，他把这只心爱的鸟儿也放出了笼子。当他用手将小鸟送上天空之后，它转了一圈，又飞了回来，仍旧落在杰斐逊的肩膀上，婉转地鸣叫着，似乎不忍离去。杰斐逊把它握在手心里，抚摸着它的羽毛，恋恋不舍地说：“你自由了，去找你的家吧！”随后双手一振，目送着小鸟扑腾着翅膀，越飞越远了。杰斐逊百感交集，喃喃说道：终于自由了，可以回家了。

3 月 11 日，杰斐逊离开了华盛顿。当他出发的时候，天已经下起了大雪，归心似箭的杰斐逊等不到天气放晴，就迫不及待地冒着风雪踏上了归途。由于道路坎坷泥泞，马车常常被困在泥沼里。杰斐逊不得不解下马，弃车前行。他骑着马，在茫茫的风雪中穿行了整整八个小时。就快到家了，杰斐逊的心在胸膛里怦怦地冲撞着，这次是告老归田，与 1794 年因为与汉密尔顿争斗而被迫离开完全不同。他这次是满怀欢欣、心满意足地回家，准备要在蒙蒂塞洛这片土地上叶落归根、终老此生了。

杰斐逊热爱蒙蒂塞洛，在四十年前就在这里的小山上开始修建自己的庄园。他对蒙蒂塞洛的深深眷恋，还有一个鲜为人知的原因。他在 18 岁以前从未离开过弗吉尼亚，甚至从没见过二十户人家以上的村庄。在杰斐逊看来，自耕农才是美国平等观念的化身，是生命、自由和追求幸福等天赋人权的天然捍卫者和最合适的继承者。他曾在《弗吉尼亚纪事》中写道：“如果说上帝有选民的话，那么，那些在耕种土地的人就是上帝的选民，他的胸怀为上帝所造，洋溢着上帝在那里撒播的最美好的品德。”

很自然地，他对那些“城里人”，或从商、制造业的人毫无好感。杰斐逊曾说：“他们不像牧民那样依靠上苍、土地和勤勉获取生计，而是依靠坑害顾客、依赖顾客的冲动赚取财富。……这些人背有道德败坏的罪名。他们不仅品质堕落，而且是建立暴政专制的温床。……这种消极依赖的态度，导致阿谀奉承和唯利是图，窒息美德的萌芽，也是各种野心的温床。”他在从巴黎写给国内朋友的信中就说：“我生性犷野，我喜欢蒙蒂塞洛的森林、旷野和独立自主的生活，而不喜欢这个淫乐放荡的首都的一切令人眼花缭乱的欢乐。因此，我将怀着新的感情和对于它（蒙蒂塞洛）的优点的超越寻常的敬意，返回我的故里，因为尽管那里的财富更少，却有更多的自由、更多的安逸、更少的忧患。”

在杰斐逊看来，依赖性是城里人、商人和手工艺人的原罪，而独立性是美国小农的主要特点。因此，杰斐逊一生都在寻求一种远离喧嚣的城市、回归大自然的质朴生活。在他 66 岁重返故土之后，不管外界如何洪水滔天，他再也不想离开这个美丽的家园。它已成了他的身躯，成了他内心世界的中心。

家乡的百姓得知杰斐逊卸任而归，专门准备了正式的欢迎辞，欢迎他回到故乡。他的女儿还专门写信给他：“父亲，阿尔贝马尔县的乡亲们要在你回去的路上迎接你，不仅是民兵要护送你，还有很多乡亲们也要参加。他们希望把这看作是最后的一次机会，他们也会公开表示对你的尊敬和热爱。”同时还询问他具体哪天会到家，这样就可以安排一个仪式来迎接他。

但是生性淡泊的杰斐逊却一向不喜欢什么仪式、军队护送的事情，他在回信中婉言谢绝了乡亲们的美意：“得知家乡全县同胞对我普遍怀有友好的感情，他们不顾出门的困难，提出这样的建议来迎接我单独的一个人，我已经够高兴的了……我诚心诚意地说，我回到他们那里，使我感到无比愉快，是我离开他们后从未有过的那般高兴。”

但他发现家乡人民的欢迎辞恳切感人，于是在回到家两周后，他写了一封情深意切的回信：“亲爱的同胞们、父老乡亲们，受到你们热情的欢迎，我心中的喜悦无以言表。职位的浮华、混乱、奔忙和显赫，使人失去宁静的个人生活。我深知和你们在一起其乐无穷。我相信，我的邻居和朋友们，可以自由享受家庭的天伦之乐，这种欢乐给予了我们每一个人，每时每刻都使我们感到幸福甜蜜。为了这些，我心甘情愿地远离权力。”

杰斐逊回到家乡后，他的女儿也带着孩子们来到了蒙蒂塞洛，这个时候她已经给杰斐逊生了八个外孙子女，最大的孙女18岁，已经嫁人，最大的孙子在费城读书。最小的刚八个月大。儿孙绕膝的生活给曾经丧女之痛的杰斐逊带来了不小的安慰，他过着含饴弄孙的生活，日子一度颇为悠哉。

杰斐逊继续经营自己的农场和园艺，希望能提高收入，来还掉一些在担任总统期间的欠款，他如今已经负债一万多美元了，是个真正的“负翁”。

他的女婿托马斯·伦道夫提出了在山上实行“高等耕作”，并改良了玉米品种，对他的土地增产不少。除了农业，杰斐逊还从事一些其他的经营来增加收入。一个是他起先办的制钉厂，一个是他的父亲留下来的磨坊，还有一个是家庭的织布业。虽然这些在当时来说，经营得还算不错，但是收入与债务相比，还是差一截。

杰斐逊每天的生活是这样的：每天天一亮就起床，自己动手点燃壁炉，然后用冷水洗脚；然后进入书房里读信、写回信或者写一些日记和回忆录，接下来吃早饭；吃完早饭，就骑上自己的爱马，去菜园、工厂或农场到处查看，往往一走就是好几公里；午饭后休息，或者读一些轻松的书籍。下午精神健旺的时候，就会陪着孙子孙女们在房子附近的草坪上做游戏，他常常身边簇拥着一大群孩子，跟他们一起跑步、嬉闹，尽享天伦。

退休后的多年中，杰斐逊的身体都很好，精力充沛，这与他每天骑马锻炼、与孩子们玩乐有很大的关系，一方面有益身体，一方面可以活跃心情。

有人认为杰斐逊退休前如此繁忙，一刻不停，突然退休一定会空虚无聊。事实正好相反，他并没有得所谓的“退休病”，每天的生活都很充实，除了接见络绎不绝的客人、回复各种信件外，还可以看到自己所喜爱的各种发明和设计。更重要的是，除了五千英亩的庄园外，他又在七十英里外买下了一片“白杨森林”，常常奔波于这两个庄园之间。“白杨森林”环境幽雅，它不仅可以满足杰斐逊对寂静的需求，还可以满足他对知识的渴望。因为那儿有一座小小的图书馆，有一百多本藏书，都是诗歌、散文之类的书，语言包括英文、法文、意大利文、希腊文和拉丁文，所以他根本一天都没有闲过。

杰斐逊酷爱读书，他自称年轻时是一个“勤勉的学生”，到了老年，仍然勤奋好学，不曾懈怠。他的一生中收集过三批藏书，其中在1815年成了国会图书馆基本藏书的那一批，竟然多达六千五百多卷本。

杰斐逊的藏书，不仅包括了在一般科学和文学方面有重大价值的珍贵书籍，还包括了一个美国政治家所能拥有的全部文献。这批藏书，在外交和议会方面的资料尤其丰富。杰斐逊将它们送往华盛顿之前，亲自监督包装好，并把它们一一放在松木书箱里，目送着十辆满载的马车远去，心中暗暗说：这些书籍“无疑是美国最精华的藏书，我希望这些藏书将对我国的文献收藏具有某种普遍意义”。

后来，在这批书的基础上，美国修建了一座举世瞩目的大型图书馆，也就是后来的国会图书馆。然而，杰斐逊不能没有书，他给约翰·亚当斯写信说：“没有书，我不能活下去。”在他的书被运走之后，屋子里显得格外空旷和寂寥，杰斐逊付给外孙一百八十七美元，委托他买书，并请一位年轻的波士顿学者乔治·蒂克纳在欧洲给他买一些古典书籍。于是，这位老人又开始藏书，在他去世之前，他家里又收藏了一千多卷书。

在杰斐逊的内心世界里，人的幸福既有物质方面的，也有精神方面的，而后者比前者更为重要。在给麦迪逊的信中，他进一步说明他的幸福主要是在精神方面：“我是在我的家庭的怀抱和家庭的爱中，在与我的邻居的交往中，在我的书籍中，在我那对身心有益的农场事务和家务中，在对于怒放的每一个花蕾的兴趣和感情中，在休息或活动、思考或不思不想的从容悠闲（这是由于我的时间和行动只是由我个人支配）中，寻求幸福的。”

1809年8月1日，女记者玛格丽特·史密斯在杰斐逊退休后约五个月的时候，拜访了杰斐逊。杰斐逊带她参观他的个人图书馆，甚有雅兴。谈到能自由快乐地安排生活，他由衷地说：“我的生活一直在和我的爱好、感情和愿望相冲突。家庭生活和文学爱好曾是我第一也是我最后的爱好……就像一把琴弓，虽然已很早就弯曲了，但当解去弦松开时，又会回到自然状态。我高兴地恢复了自然所赋予我的性格和爱好。”

玛格丽特事后评论道：“我见到了，聆听了，最了不起、最伟大的人……一个真正的哲学家、一个真正的智者，他的心静如水，淡泊如镜。”最值得一提的是，华盛顿开创的两任先例，经杰斐逊再次肯定后，一直成为美国的惯例。直到第二次世界大战，由于战争之需，富兰克林·罗斯福连任四届，予以打破，并终于精疲力竭，病死任内。1957 年，美国通过宪法的第二十二条修正案，正式规定总统只能连选连任一次（即共两届）。在这一点上，杰斐逊又是功不可没的。

杰斐逊凭借着道义、信念和知识的力量，度过了曾经扰攘和峥嵘的岁月。如今他远离政治，远离权力，他可以用冷静、超然的态度对待同代人的意见和历史的判断，也能够用智慧去洞察和审视世界。杰斐逊在晚年的时候，达到了哲学上的平衡和精神上的和谐境界，被人们尊称为蒙蒂塞洛的圣哲。可以说，他是“哲人为王”这一柏拉图式理想的最有力的体现者。

## 2 与亚当斯重修旧好
THOMAS JEFFERSON

杰斐逊一生都认为，人如果想要幸福，就必须拥有和谐的人际关系。1784 年在他写给友人麦迪逊的信中，就表达了他的这个看法：“……和谐而融洽的交往，对于幸福和我们的生存价值来说，是头等重要的……人必须要好好地思考衡量：和谐美好的友谊和金钱、利益相比，哪一个拥有更大的价值呢？而且问问您自己，在您的一生中，哪个最能增加您的幸福感？”

在杰斐逊的晚年生活中，有两多：一个是个人来往信件多；二是家中来往的客人多。在 1809～1826 年期间，杰斐逊写了几千封信，这都是留给美国人民的宝贵遗产。仅仅在 1821 年的一年中，他就收到了一千二百六十七封信。在他逝世时，他的孙子发现在他的书房里保存了二万六千封来信以及一万六千封回信的复制品。他亲自写了所有的信，其中大部分是在一次事故后用摔伤的手写出来的。他渴求妻子、女儿的信，也渴望朋友们的信。当他们的信没能如期寄来时，杰斐逊便写信去抱怨和责备。他写给朋友的信是给予的象征，纯粹是一种在友谊艺术中给予的反映。这让他赢得了从乔治·华盛顿到约翰·昆西·亚当斯的友谊。亚当斯在 1785 年的巴黎日记中写道："我和我所爱戴的杰斐逊先生度过了一个夜晚。"宾州的参议员威廉·麦克莱对此事的描述是：他的脸"荡漾着愉快的微笑"。通过那些信件，人们可以将其视为一扇窗户，来窥视杰斐逊的内心。

虽然他喜欢与人交往，喜欢信来信往，但他也由衷地感觉到，对这些信一一作答非常辛苦，对他而言有时甚至成了一种负担，每天疲于复信。他由衷地感叹道："在最好的情况下，我也不过是像一匹拉磨的马一样，整天转圈，看不到尽头，直至精疲力竭地死去。"

尽管如此，他还是以最认真的态度一一地复以回信。他不愿被别人认为自己吝啬时间，哪怕是对那些令人生厌的记者也不例外。

杰斐逊渴望友谊。杰斐逊给詹姆斯·门罗写道："我认为失去友谊是人类最痛苦的事。"正因如此，杰斐逊晚年恢复了自己与亚当斯的友谊，被他认为是"一大乐事"。

这两位独立战争时期的爱国者从1790年开始，由于政见分歧，彼此之间的关系开始变得紧张起来；1800年的选举，亚当斯被杰斐逊击败，使这份友谊雪上加霜，看来似乎永远地结束了。

竞选的失败让亚当斯大丢其脸，并满腔怨恨地回到了老家马萨诸塞州；而杰斐逊对亚当斯的"午夜任命"也是一肚子不满，这让他一上任就认定，他的前任搞这种行动是一种有意的报复，目的是给他的新政府设置障碍。

这样僵硬的尴尬关系一直持续了四年，当1804年杰斐逊的第一任期快要结束时，他的小女儿玛丽不幸病逝。亚当斯夫人阿比盖尔得知后非常难过，她一直非常喜欢这个女孩，于是她写信给这位悲痛欲绝的父亲，表达了她自己自杰斐逊任驻法公使以来就对这个不幸的女孩一直怀有深厚的感情。

杰斐逊从丧女之痛中分出神来，认为这是一个与亚当斯重修旧好的机会，并且相信阿比盖尔并不像她丈夫那样对他充满敌意。于是他在给二女婿爱泼斯的信中写道："阿比盖尔所表达的同情是真诚的，她的真挚是始终如一的……这表明我们之间的友谊至少从她这方面来说，还没有完全地破裂……我对她本人和亚当斯先生的友谊依然存在……很高兴这封信给了我一个向他们表达我这一想法的机会。"

于是杰斐逊热情地给阿比盖尔回了信，他在信中说，亚当斯一生中唯一使他深感痛苦的行为，或者说是让他们分道扬镳的分隔线，就是他在最后一刻任命了最后一批官员，即“午夜任命”的举动，而其中一些人是杰斐逊的“死敌”。他认为，这种举动是个人不友好的表示。但是，他明确表示自己已经原谅了亚当斯，而且会在个人生活中“对他表示一贯的高度尊敬和友好感情”，同时对亚当斯夫人表示“诚挚的仰慕之情”。

但是这次主动示好的行动并未取得双方共同的谅解。随后，杰斐逊与亚当斯夫人的通信联系又持续了好几个月。但是她在写了第四封信之后，就单方面中止了联系。杰斐逊以为亚当斯不愿恢复与他的友谊，于是也停止了主动的表示。但是这件事直到 1804 年 11 月，阿比盖尔才把这事告诉了丈夫。原来，阿比盖尔一直是背着亚当斯与杰斐逊进行通信的。

又过了四年，直到杰斐逊告老还乡之后，他再次写信给亚当斯，暗示自己的退休已经给予他们恢复通信的机会。但是，他仍然没有从亚当斯那里获得回信。

这时，又一次和解的机会出现了。费城的本杰明·拉什是他们两人共同的朋友，也是《独立宣言》的签署人之一，长期以来为这两位总统的相互疏远而深感苦恼。他表示愿意从中斡旋，设法撮合这两个伟人消除旧怨，恢复友谊。拉什写信给杰斐逊说：别忘了“你和亚当斯先生相互的深厚感情”。但是杰斐逊起初认为，要打破他们之间的隔阂并重修旧好，已经完全不可能。因此他写回信说：他“一直在希望并努力去消除这种误解”，并把 1804 年亚当斯夫人给他的信的复制件寄给了拉什，证明给他看。拉什明白了，只有亚当斯这方面采取主动，才能打破这种僵局。

于是拉什在杰斐逊这边，努力向他诠释亚当斯夫人信中的友善的一面，以期尽量缩小杰斐逊对亚当斯这边的仇视，然后伺机再在亚当斯这边做思想工作。

一件偶然发生的小事，改变了事情发展的趋势。1811 年夏，杰斐逊的年轻朋友、废奴主义者爱德华·科尔斯（他同时还是麦迪逊总统的私人秘书）带着他的兄弟约翰拜访了亚当斯。亚当斯谈到了他担任总统时期的政治形势，以及与杰斐逊之间的分歧，后者也热情地谈起对年迈的前总统杰斐逊的尊敬和爱戴。听到这些，亚当斯情不自禁地脱口而出：“我一直喜欢他，现在仍然喜欢他。”

到了晚年，杰斐逊与亚当斯终于重修旧好。

如获至宝的科尔斯欢天喜地的来到蒙蒂塞洛，把这一故事讲给杰斐逊听。杰斐逊心中所有的坚冰转眼就消弭融化了，他立刻给拉什写信，重复了一遍亚当斯对科尔斯讲的充满感情的话。他激动不已地在信中说道："对我来说，这已经足够了"……"我只需要这能恢复我们生活中最为兴奋和热诚的时光"。

拉什得此信后欣喜若狂，他立即写信给亚当斯，并摘录了一些杰斐逊信中的热情语句，极力催促他说："接受一个仍然爱戴你的人向你献上的橄榄枝吧，你们是建立美国独立大厦的共同劳动者！……拥抱吧，互相拥抱吧！"

亚当斯收信之后，才知道原来杰斐逊为了与他恢复交往，已经做出了这么多的努力，还有拉什在从中调解。远在千里之外的亚当斯再也坐不住了，于是他在1811年圣诞节给拉什写了回信说：也许"不久之后就会在我们彼此之间产生一封信来了"。

五天以后，也就是在1812年的元旦那天，提笔给杰斐逊写了封短信，祝他"新年快乐，岁岁如意"，署名为："致以难以忘怀的诚挚敬意，你的朋友和仆人约翰·亚当斯。"除此以外，他还告诉杰斐逊，他很快会寄去一件邮包，里面是"两块家纺土布"，幽默地开了一个小玩笑，因为他认为支持家庭工业的杰斐逊一定会"赞赏不已"的。此举终于打破了他们之间持续十一年的沉默和抵触。

早就多次表示希望和解的杰斐逊收到亚当斯的信之后，使得他兴奋得夜不能寐，于是欣然提笔，给亚当斯洋洋洒洒地写了一封热情洋溢的长信作为回复。信的开头就由那两块"家纺土布"油然阐发，大讲了一番弗吉尼亚家庭工业的情况。接着就很快地自然回忆起他们俩作为"共同事业的共同劳动者"相处在一起的美好时光，他在这里动情地写道："你的来信，唤起了我对美好往事的回忆。它使我回到那个年代，既有困难又有危险，我们皆为了一个共同的事业而奋斗，即争取人类最宝贵的权利——拥有自治政府的权利。在同一条船上，面对汹涌的波涛，我们并不知道如何渡过那些风风雨雨，但我们的小船避风破浪，带着我们驶向成功的港湾。"他在信中还谈到了国家自独立战争后这些年来所面临的种种困难和问题。他说："在你当政时期，法国进行了掠夺；在我当政时期，英国进行了掠夺，还有柏林敕令和米兰敕令；而现在则是英国枢密院谕令。”他表示自己现在已经离开了政治，不看报纸，而是在研读塔基图斯、苏基季泽斯、牛顿和艾夫克利兹等人的著作，他认为这样要快乐得多。他还谈及自己的健康状况，以及自己的外孙子、外孙女的可爱小事。最后他写道：“我用永远不变的感情和敬意向您问好”，并希望“多考虑和照顾自己”。

当杰斐逊拿着信，兴冲冲地准备寄出时，收到了亚当斯所寄来的邮报，他打开一看，呵呵大笑，原来，包裹里根本不是什么“家纺土布”，而是两本亚当斯的儿子约翰·昆西在哈佛大学任教时写的两卷书：《关于修辞和演讲的讲义》。杰斐逊被亚当斯的幽默逗笑了，他所说的“家纺土布”原来是这样的两块“布”啊！于是他又拆开自己给亚当斯的回信，补充了一句说，要是他“猜得聪明一点”，亚当斯就不用读信中那段关于真的家纺土布的长篇大论了，不过这样也再次给了他一个向亚当斯表示友谊和尊敬的机会。这封信是一个良好的开端，这一年，其时亚当斯 76 岁，杰斐逊 68 岁。

闻讯之后，拉什对于自己的撮合成功很高兴，他说：“我很高兴你们能恢复联系……我认为你和他是美国革命的北极和南极。”

此后，二人之间书信往来不断，在其后的岁月中，他们一共通了一百五十八封信，其中亚当斯写了一百零九封，杰斐逊写了四十九封。亚当斯似乎有一种急迫感：“生命之分分秒秒如此短暂。虽然我写了两封信，然而却没有引起注意，我必须写第三封信。别介意，我亲爱的先生，如果我给你写了四封信，而你的一封却比我的四封信还值……在我们相互向对方解释清楚之前，你我都不能撒手而去。”

他们都是饱学之士，也饱经忧患。在信中，二人回忆过去共同经历的峥嵘岁月、他们对精英政治的议论和观点，以及他们当政期间的情况；谈论他们广泛的兴趣；讨论政治理论和哲学问题，讨论他们读过的书；阐释他们对人和社会的本质的思索；当然还有不少垂暮老人以及家庭之间的互相关爱和鼓励等等。这些信件的往来，是美国历史上一次最非同寻常的文献交换，留给后代许多精彩的、引人入胜的宝贵资料，而这两位饱经风霜的智慧老者，也在这样罕见的文件交换中，相互扶持、相互理解，甚至是相依为命，奏响了一曲美妙的友谊乐章。

这期间，亚当斯年仅 49 岁的独生女内比·亚当斯·史密斯死于乳腺癌。杰斐逊早在巴黎的时候就认识内比，他一直很喜欢亚当斯的这个宝贝女儿。然而内比之死，又勾起了他对早亡的小女儿玛丽的怀念。重又令杰斐逊沉浸在对女儿的痛苦思念之中，因而好几个星期难以动笔。在一封安慰亚当斯的信中，他说："我理解这种深深的痛苦，我无比同情，没有任何痛苦能比失去最亲爱的人更沉重。时间和沉默是唯一的药方，然而它们虽能减轻痛苦，却无力消除这种痛苦。这种悲痛会深埋在心里，只能与生命一起消失。"

他们之间在通信中直诉胸臆。亚当斯的文笔轻快活泼、热情奔放，嬉笑怒骂、毫不掩饰；对于人性，他认为人性本恶，比悲观的杰斐逊却乐观得多。从信件的内容中来看，他们的话题涉及广泛，从美洲印第安人的起源到拿破仑的性格、贵族的实质、科学的未来、人类的理智、悲伤的影响、死亡的不可避免等，都有所涉及。然而在政治方面，虽然亚当斯愿意讨论，但是杰斐逊却在小心翼翼地回避一些内容，不希望重提他和亚当斯之间的那段不快往事。

他们还相互谈到了各自的家庭情况，诸如有多少孙子、重孙，每次骑马能骑多远等。谈到孩子，丧女的亚当斯感叹，没有孩子对麦迪逊而言是桩憾事。他说："孩子们虽然使我们苦恼、担忧、伤脑筋，甚至受到羞辱；但是他们也给我们带来了不尽的欢乐。实际上，从很大程度讲，是他们让我们活着。"

当时社会上出版了不少的书籍，其中很多都附载了亚当斯批评杰斐逊的信；还有另外一些则收录了杰斐逊批评亚当斯的信。显然，这些信的刊登都未曾得到两位当事人的首肯。然而当两位已和好如初的朋友，再次面对这种尴尬的时候，均一笑置之，略不萦怀。

当这两位前总统捐弃前嫌、重修旧好之后，他们的朋友却都一个个地离开了人世，这让两位老人彼此日益变得相依为命。亚当斯在一封信中说："你活着，我似乎就在蒙蒂塞洛有一个银行，当我高兴时，便可以提取一封友谊之信，并给我快乐。"杰斐逊则提醒亚当斯："当心身体，你是我最亲爱的人。"

1818 年 10 月，一直在讨论"悲伤的效用"的亚当斯给杰斐逊写信说，他的妻子阿比盖尔已生命垂危。亚当斯在信中写道："老弟，我悲伤之至！与我风风雨雨、相濡以沫五十四年的爱妻，已经走到了生命的尽头。她已经不能说话，也丧失了听力。如果人的生命是一个泡影，就无所谓多么短暂；如果是永恒的存在，那我们就应听从上帝的安排。"

接到这封信的杰斐逊非常伤感，他回信说："我亲爱的朋友，看到报纸刊登了你10月20日给我信中所提的那种不祥预感……我很理解，理解你所失去的，理解你的痛苦和你所忍受的一切。"

1819年，亚当斯问杰斐逊："如果可能，你是否愿意再这样活七十年？"杰斐逊的答复是肯定的，至少对大半生是如此。他说："是的，在25岁到60岁的时候，我会说我愿意；也许还可以往前推，但是我不愿往后推。我想这个世界总的说来还是好的，以仁慈为原则，欢乐多于痛苦……我驶着希望之舟，把担心留在身后。"写到这里，他似乎意犹未尽，又补充写道："我的健康状况很好，周围的一切都使我愉快，但我可以向你保证，我今年、今日、今时就可舍下这一切而离去。这一点能够最好地证明主宰世界的上帝本来是很仁慈的。"

然而对于亚当斯来说，回忆起自己的父母、妻子、孩子和朋友的永诀，他认为自己却不愿意再这么活一次。他说："与其再次忍受这些痛苦，不如一直往前，命归黄泉。"

这些对话，深刻反映出杰斐逊的悲剧性气质的对立面。这给予他全部的工作中贯穿一条清新的、潜流般的深刻信念：一切都会变好，生活自身就会表现出来。而这个前瞻性的乐观思想，才使他在这漫长而痛苦的一生中，能坦然面对任何不幸和悲哀。无论他身在何处，自己都能找到美好光明的一面；在蒙蒂塞洛的晚年岁月中，他从未感到有必要离开这里数英里之外。相反，生活总是向着他迎面而来，就像那些慕名而来拜访他的人们一样。对他而言，最大的失败莫过于暂时打断事物通向善终的畅顺过程。毕竟，他将离之而去的并非是经济或政治制度，也不是一个政党，而是一种以不朽的言辞表达的不朽信念。

对耄耋之年的约翰·亚当斯来说，两件事是他晚年的最大幸福：一是恢复了与杰斐逊的友谊并鱼雁互通；另外一大幸福是亲眼看到了自己的儿子当上美国的国务卿，继而当上美国第六任总统。

约翰·昆西·亚当斯是约翰·亚当斯的长子。他和父亲一样都是哈佛大学的毕业生，20岁时就成了著名的外交官，曾出使欧洲多年，非常熟悉欧洲事务。1817年，门罗任美国第五任总统，他提升昆西为国务卿。昆西表现得很出色，美国历史学家普遍认为他是美国历史上最好的国务卿之一。

1825年1月，昆西·亚当斯当选为总统。他和父亲是美国历史上第一对父子总统，也是很长时间以内的唯一一对父子总统。当约翰·亚当斯收到杰斐逊写来的贺信时，这位自豪的父亲称这是他所得到的“最大的安慰”。杰斐逊还让外孙埃伦和托马斯·杰斐逊·伦道夫去马萨诸塞州替他拜访亚当斯。

亚当斯曾在致杰斐逊的信中说，约翰·昆西“不仅是我的孩子，也是你的孩子”。这话有双层含义。一是如实的，因为在驻法期间，杰斐逊经常到亚当斯家做客，小昆西与杰斐逊混得很熟，就如同杰斐逊的亲侄子一般；另一是比喻的，也就是说，亚当斯同杰斐逊在政治上已经成为了一家人，他们之间从前的联邦党人与民主共和党人之争已烟消云散了。

## 3 晚年的生活

THOMAS JEFFERSON

当杰斐逊终于卸下一身责任和包袱，两肩轻松地回到蒙蒂塞洛准备养老时，等待着他的却并不是一个幸福平静的晚年，相反的，却充满了无穷无尽的烦扰和忧伤。

在当总统期间，杰斐逊就不时地受到传来的死讯而蒙受打击。他的老朋友们，如萨姆·亚当斯、埃德蒙·彭德尔顿、斯蒂芬斯·梅森和曼·佩奇等等曾经一同在《独立宣言》上签过字的老伙计们相继撒手人寰。就在杰斐逊要当选美国总统之前的几个月，与他同年出生、在威廉—玛丽学院时形影不离、之后又多年一直担任他的车夫的忠心耿耿的丘匹特，在病魔手中挣扎了九天之后也离他而去。丘匹特的死，给杰斐逊的日常生活留下了一处“无法填补的空白”。而杰斐逊的另一个忠诚的家奴——詹姆斯·赫明斯于1801年离开了人世。

1801年，杰斐逊患痢疾，认定自己活不了多久了，决定独个儿面对死神，对医生保密，闭口不谈自己的病情。他拒绝任何形式的治疗，而是以自己坚强的意志，坚持每天骑两个小时的马，让自己放松一些，忘掉这折磨他的病痛。也许死神真的被他的决心和顽强所吓退，他熬过了这一关。

但是杰斐逊的亲朋们就没有这般幸运了。三年后，也就是在1804年，杰斐逊的姐姐玛丽于1月的寒风中告别了人世；三个月后，杰斐逊心爱的小女儿玛丽，也在病痛的折磨下咽了气；这年的7月，艾伦·伯尔在决斗场上将亚历山大·汉密尔顿一枪打死；五年后的1809年，曾经远征西部、成为英雄人物受人膜拜的梅里韦瑟·刘易斯，竟然吞枪自杀身亡。

还在杰斐逊担任总统期间，他的法律老师乔治·威思就被谋害了，也让杰斐逊伤心至极。乔治·威思是杰斐逊最敬爱的亦师亦友。1806年6月4日，杰斐逊收到威廉·杜瓦尔从里士满写来的信，信中说，威思因被毒害，生命垂危。而下毒的人竟然是他的甥孙乔治·斯韦奈。后者由于财产纠纷的原因，一怒之下就毒死了这个老人。威思没有孩子，他在吃水果、喝咖啡的时候，不知不觉就中毒身亡了。

杰斐逊一生经受的死亡打击太多了。他不得不顶着高龄和苍老，一次又一次地去面对对自己极为重要的生命的消失，这其中，有同龄人，有年迈者，更有比自己年轻得多的亲人。所有的这些离开人间的亡者，不论从哪方面讲，都对杰斐逊产生了很大的影响。

像所有成长在宗教家庭里的孩子一样，杰斐逊幼年对上帝是非常虔诚的。然而随着年龄的增长，他对上帝的信任却没有增加。他小时候关于上帝的想法，却随着年龄的增长在缩减，自幼所笃信的“病痛是对个人罪恶的惩罚”的思想也在渐渐消退。然而在这些一连串的个人悲剧一再出现后，似乎最初那种“好心”与“歹心”的所谓冥冥之中的惩罚的忧虑又回归到杰斐逊心中了。

杰斐逊其实并不十分喜欢他的姐姐玛丽·博林，而且她的丈夫、杰斐逊的姐夫又是个标准的酒鬼——用玛丽的话来说，就是一个“酒杯在手，一生无忧”的家伙。夫妻俩曾为此分居多年。杰斐逊曾给姐姐写信说，要她容忍丈夫的恶习，以便让他离酒瓶子远一些。但是这些泛泛的解劝之语没有起到任何作用，玛丽终究还是郁郁而终，结束了丈夫给自己的一生所带来的无穷痛苦。

当玛丽去世的时候，杰斐逊的小女儿玛丽，正怀有身孕。

玛丽是杰斐逊的孩子中，第二个得以成人的孩子，她的容貌酷像其母。在别人的眼中，她是一个十分可爱的少女，家人都称呼她的昵称——波丽。然而她却始终生活在她的姐姐玛莎的阴影之下，她总是认为自己在姐姐的相形之下黯然失色。因此，她总是长期忍受着抑郁症的折磨。

杰斐逊在蒙蒂塞洛的卧室

为了安慰焦虑的玛丽，并且打消她那种总是忍不住与玛莎竞争的恐惧，杰斐逊总是使用既严厉又慈祥的语气，从白宫给她写信说："不，你绝不要以为我对你们姐妹俩有什么偏心。我全身心地爱你们，而且你俩都具有这种让我喜爱的气质。你们都是那么的完美，绝不可能有哪一个会独占我全部的爱。"

然而就在他的这封信寄出不久，玛丽就去世了。无论杰斐逊使出多么大的力气来培养玛丽，他这个17岁的小女儿与父亲的感情总是远远淡于大女儿玛莎和父亲的感情。

1797年，玛丽深深地爱上了她的表哥杰克·爱泼斯，却生怕父亲不会同意，一直踌躇着、没有勇气告诉父亲这件事。

不出所料，杰斐逊欣赏的是另一个人，那就是杰斐逊在议会中的朋友威廉·布兰奇·贾尔斯。威廉也喜欢漂亮可人的玛丽，并积极地向玛丽款诉心曲，并向她求婚。玛丽在得知父亲的心意之后，不好意思直接对父亲说，只好求助于姐姐玛莎。

于是玛莎给杰斐逊写信，细细讲述了这件事。当接到玛莎的来信、并得知玛丽爱上杰克的事情后，杰斐逊的心有些隐隐作痛。因为这件事并不是玛丽自己直接给父亲写信说明的，这种间接的表示明确地显示了父女情上的生分。于是他略带怒意地给玛莎，而不是给玛丽回信，表示这件事其实取决于玛丽自己的选择，做父母的不能强迫孩子服从自己的意愿。杰斐逊虽然对子女要求极严，但是不得不承认，他在子女们的婚姻问题上却非常开明。

1797 年 10 月 13 日，玛丽和杰克在蒙蒂塞洛静悄悄地举行了一场俭朴的婚礼。杰斐逊给小女儿的嫁妆是二十六个奴隶，一些马匹、耕牛和猪，以及八百多公顷的土地。玛丽和杰克婚后住在埃皮顿，离杰克的父母不远。这桩婚事更进一步巩固了杰斐逊家族与威利斯家族（玛丽母亲家族）之间的关系，这种家族联姻所带来的经济力量和社会力量，无疑象征着弗吉尼亚州乃至全美的首要权势的源泉。

之前说过，杰斐逊对自己的姐姐玛丽并不是十分喜爱和关心，这从一件小事上就能有所判断：玛丽的死讯，是由二女儿玛丽写信告诉杰斐逊的。其实对于玛丽的去世，杰斐逊早有所预感，但还是不愿相信这是事实；但是与此同时，他的心里更惦记着女儿玛丽的生产，因此回信时竟对姐姐的去世只字不提，却叮咛女儿去找一个好点的接生婆。为了减轻女儿对于生产的恐惧，他在信中还安慰女儿说：听你妈妈的女性朋友们讲，分娩不过“像是被胳膊肘撞一下”，没什么大不了的。

话虽如此，玛丽依旧忧心忡忡，加上她多年的抑郁症，使得这个年轻的少妇在临产前承认自己“心情欠佳，身体似乎也不太好”。但她又怕父亲担心，于是便写信安慰父亲说：“您送给我的八棵刺槐树，我把它们放在寝室里，现在它们长得很茂盛，象征着极其旺盛的生命力。每当看着它们的时候，我就对生命充满了无限的热爱和依恋。请您放心，一切都会好起来的，我也会挺过这一关。”但是事实上，不知道是否因为预感到了什么，这样的话反而透露出了明显的不安与恐惧，有着明显的自我安慰的意思。而且的确如此，玛丽的生命之树的确就要枯萎了。

1804 年 2 月，玛丽的产期临近了，杰斐逊要爱泼斯不必等到议会休会，赶紧回家去照看娇妻。爱泼斯于是星夜兼程往回赶，但是路上遇到了大风暴，迷了路。当他终于赶回埃奇希尔时，玛丽已在 2 月 15 日生下了一个女儿，跟随她的姥姥和姨妈的名字，叫作玛莎。

尽管孩子已经平安诞生了，但是玛丽的情绪状态和体质却一直没有起色。想到了自己的妻子就是在经历了这样的患病后逐渐失去活下去的信心，杰斐逊心碎不已，他对女儿的健康情况极为担心，但是无法可想，只得每天向上天祈祷：“上帝保佑你，我的宝贝，上帝保佑你平安，这将是我们全部的祝福。”

杰斐逊一边承受着女儿病重的打击，一边顽强扛着国家公务的重担，压力极为沉重。因此每当国会一休会，杰斐逊就风尘仆仆地往家赶。4 月 4 日，他回到家中，希望自己的出现能重新点燃女儿的生命热情。4 月 13 日是杰斐逊 61 岁的生日，这一天他都守护在女儿的病榻前，祈祷、陪伴，但是他依旧回天乏术：玛丽很快地沉入昏迷，高烧不退。四天后，17 日上午八点，年仅 25 岁的玛丽，抛下了老父、夫君和刚出世不久的婴儿，追随她的母亲去了天国。

巨大的悲哀再一次将杰斐逊击垮，让他很久都回不过神来，连话也说不出口。小女儿死后不到两个月的时间，杰斐逊在给老朋友约翰·佩奇的信中写道：玛丽的死使我“失去了我的一半”。

他沉浸在巨大的悲痛之中，以至于开始担心自己唯一的孩子玛莎也会离他而去。那种白发人送黑发人的深沉悲痛，久久地包裹着这个年过花甲的老人，他情绪低落，悲观绝望：“每走一步，我们的旅途就越短”，“我们的夏天已不多了，命运之神已在向我们招手。”这些令人心碎落泪的语句，就是他此时心情的真实写照。

小女儿离开了，杰斐逊便将更浓烈的父爱一心倾注在自己唯一幸存的孩子——玛莎身上，把她当做了自己感情的全部依托。从此之后，这父女二人相依为命，共度余生。

玛丽的死不由得让杰斐逊想起一桩伤心的往事，他未能满足这个苦命的女儿当年曾提出的一个小小的请求：等雕塑家圣梅明来华盛顿做画像和雕塑时，请这位艺术家给父亲画两张肖像，一张给姐姐，另一张给自己。"由于常常不在你的身边，要是能有一张酷似你的肖像在眼前，你就知道我们会有多么高兴!"玛丽在给父亲的信中说道，"我想你是不会拒绝的吧？这是我们一生中一直最希望得到的东西。"

之所以玛丽会有这样的愿望，是因为特朗布尔曾在巴黎画了一张杰斐逊的像给玛莎，而玛丽希望有两张，是不希望让自己的父亲为此感到自责，因为玛丽一直就感到父亲喜欢姐姐胜过喜欢自己。然而，直到1804年11月，这位艺术家才辗转来到华盛顿作画，杰斐逊专门请他为自己画了一次肖像。但是这时，杰斐逊的小女儿玛丽已离开人世七个月了。

杰斐逊退休后的生活，其快乐程度很多时候取决于他的大女儿玛莎。玛莎和丈夫孩子于1809年搬进蒙蒂塞洛，之后她就俨然成为了这个庄园的"女皇"，掌管着庄园里的一切吃穿用度、日常经营。

与玛丽的多愁多病相比，玛莎的身体很不错，因此子息不断。在1818年前，她每一年或隔十八个月，就要生一个孩子，一直持续不断地生了十二个，其中有一个夭折，另外的十一个最后都长大成人。

但不幸的是，杰斐逊与他的大女婿伦道夫之间，却出现了不愉快的裂痕。1794年8月，伦道夫莫名其妙地患病。他四处求医问药，第一次前往波士顿，随后又从弗吉尼亚的一个矿泉疗养地迁移到另一个矿泉疗养地。结果后来医生们经诊治发现，伦道夫有些精神失调。不少人都认为这是因为他和他伟大的岳父杰斐逊生活在一个屋檐下，因此加重了他精神上的压力。而且，对于玛莎来说，父亲的位置总是在第一的，她常常会有意无意地把丈夫伦道夫和父亲互相比较，这样就使得伦道夫的缺点和不足就更显得突出了。

1795年10月，杰斐逊借给伦道夫一千二百四十八镑给他治病。接着他还准备把两个外孙女安妮（4岁）、托马斯·杰斐逊（将近2岁）接到蒙蒂塞洛来照看。这让伦道夫的自尊心受到极大的伤害，他无法容忍这样的事实：让杰斐逊抚养他的孩子。而对此玛莎也感到有些羞愧和自责，因为她的丈夫从物质上来说，几乎没有对孩子的成长贡献过什么，尽管伦道夫在华盛顿就诊的时候，病情大有好转，但是也无法改变玛莎的这种痛苦。

三年后，杰斐逊的两个女婿爱泼斯和伦道夫，被双双选进弗吉尼亚州议会。爱泼斯接替了因病离职的威廉·布兰奇·贾尔斯，也就是曾经追求过玛丽、但是被其拒绝了的人。伦道夫在阿尔贝马尔的选举中轻轻松松地击败了杰斐逊忠实的朋友塞缪尔·卡贝尔，塞缪尔却指责选举中有舞弊嫌疑，于是议会组成了一个调查小组进行调查。五个月后，经调查组确认没有舞弊情况，伦道夫才正式就职。当然，伦道夫的精神方面的疾患被严格地保密，除了亲密的家人以外，并没有多少外人知晓。甚至在他们的许多邻居看来，伦道夫是个相当不错的农场主，尤其是他率先使用了防止雨水冲蚀土地的循等高开沟法等富有创造性的农耕新工艺。

如果说杰斐逊的小女儿就是一生都处于姐姐的阴影中喘不过气的话，那么杰斐逊的大女婿伦道夫就是一生都处于他岳父的阴影中无法自拔，而且根据两人生活中的表现，他们都深深地、长期地承受着由于自卑、多疑而导致的抑郁症的折磨。尽管如此，伦道夫也有过短暂的辉煌，那就是1819年在他当选为弗吉尼亚州州长的时候。那一年，他竞选弗吉尼亚州州长成功，在接下来的两年中又以微弱多数连任。即使是在这段时间中，他也从未给家中寄过什么钱，而是在不断地接济他的兄弟姐妹以及他那些挥霍无度的狐朋狗友。自他第二任开始，伦道夫就开始酗酒，致使他的公共形象每况愈下。甚至在1822年11月21日，他还在给杰斐逊的信中暗示，自己可能自杀。

同时，伦道夫的债台也是越筑越高，当他离开州长职位的时候，屁股上已经欠下了三万三千美元的债务。同时他的旧病再次复发，只好让儿子代他来处理一切事务。随着时间的推移，他的情绪越来越低落，人也渐渐变得郁郁寡欢、沉默寡言。他拒绝去蒙蒂塞洛看望岳父，直到最后干脆彻底断绝了所有与岳父和儿子的往来、交流。最终当他的儿子被迫出售埃奇希尔和瓦里纳的地产时，伦道夫已经由原来的抑郁、自闭变成了一个妄想狂，指责杰斐逊和他儿子是在联合起来阴谋害他。

虽然伦道夫在他的妻子面前脾气暴躁，但是在女儿的面前，他却是一个充满慈爱的父亲。然而在面对自己的儿子们，尤其是大儿子（也许是因为大儿子也叫托马斯·杰斐逊的缘故）的时候，却是个粗暴、严厉之极的父亲，常常用马鞭抽打他们，甚至当儿子们已经长大成人之后，还常常会挨父亲的鞭笞。

想到这个暴戾乖张、压抑成性的大女婿，杰斐逊也无可奈何，因为晚年的他由于自己也债台高筑，自顾不暇，根本无力帮助大女婿，唯一能做的就是好言安慰，并恳请他到蒙蒂塞洛来休养。但是伦道夫直到杰斐逊去世的时候，也没有过去。

1823 年，死神再一次光临杰斐逊家族，他的二女婿约翰·爱泼斯去世了，除了必须再次温习白发人送黑发人的感伤，还又勾起了杰斐逊的丧女之痛。

然而，命运之神似乎格外“眷顾”这个多灾多难的家族，三年后，杰斐逊的外孙女安妮·班克黑德于在 2 月 11 日去世了。消息传到蒙蒂塞洛时，杰斐逊又一次陷入悲痛的漩涡。他跪在窗前，将头埋进双手，银色的头发辉映着窗外清冷的月光。他痛苦地长叹道：“上帝啊！你为什么要把所有的不幸都降临到我们的头上?”而在这件事中，最令人痛心的是，安妮其实是被她丈夫虐待致死的。据说，她的丈夫班克黑德常常无缘无故地暴打她，甚至当着她母亲的面，无所顾忌地抽打她，而且还酗酒成性，有一次仗着酒意，还企图拿刀杀人。

在杰斐逊这并不平静的晚年中，还发生了一件震惊弗吉尼亚上层社会的丑闻：杰斐逊的大女婿伦道夫的妹妹安妮·卡里·伦道夫与其表兄比扎雷·理查德·伦道夫通奸，之后由于安妮意外怀孕，两人不得不想方设法堕胎。被人发觉之后，两人因杀婴罪而被起诉。

理查德·伦道夫的妻子是他的表妹朱迪思·伦道夫，安妮就是朱迪思的同胞妹妹。朱迪思婚后不久，生下了一个可爱的孩子，但是这个孩子很不幸地夭折了。从此朱迪思就变得悲观失望、情绪低落，并且开始染上了毒瘾。她的小妹妹安妮·卡里便在这种情形下成了第三者。不久，她与表姐夫私通的私生子被人发现，而且已经死去多时了，同时也有证据表明理查德·伦道夫曾经去药房购买过堕胎药。幸运的是，帕特里克·亨利和约翰·马歇尔竭力为这对偷情者辩护，最后被宣判无罪。

尽管法律没有追究，然而这件道德丑闻也让两大家族都感到颜面无光，名誉扫地。杰斐逊更是被闹得心神不宁。

除了至亲血肉，杰斐逊在晚年还有一些来自朋友们的安慰。例如被称为“两个世界的英雄”之一的法国革命家拉法耶特，在 67 岁时被詹姆斯·门罗总统邀请访问美国，他与亚当斯聚谈了一天，但是却在蒙蒂塞洛与杰斐逊呆了六周。1824 年 11 月，杰斐逊刚刚庆祝过自己的 81 岁寿辰，而且还在忙碌地准备着自己一手创办起来的大学——弗吉尼亚大学的开学事宜，拉法耶特一行已经来到了这里，由一队士兵护送着，跟随着一百多人的美国友人和群众，前来看望杰斐逊。当拉法耶特来到蒙蒂塞洛，从车里蹒跚走出时，杰斐逊立刻从台阶上走下来，拖动着不大灵便的腿脚，口中喊着：“啊！拉法耶特!”拉法耶特也急忙跛着脚小跑着：“啊！杰斐逊!”两位伟大的革命家重逢了，这是自从他们在 1789 年巴士底狱被攻占之后的第一次见面。当两位老人紧紧拥抱在一起的时候，在场的人无不感动得潸然泪下。

杰斐逊的老情人玛丽亚·科斯韦自他们在伦敦分别之后，就再也没有重续前缘，但杰斐逊一直惦记着玛丽亚，关心着有关她的消息。

1790 年 4 月，杰斐逊收到了一封伦敦友人写来的信，告诉他，玛丽亚怀孕了：“这位小姐第一次有了孩子，她身体极差，现在已完全恢复了。”这时，杰斐逊的周期性头痛发作，持续了差不多六周。他的病还未好，就收到玛丽亚·科斯韦的信，她在信中责备他说：“我担心亲爱的朋友已把我忘掉了吧！自从分手后，音讯杳无!”但是信中却完全没提她怀孕的事情。

当年 6 月，玛丽亚生下了一个女儿。此后三年半中，她没再给杰斐逊写信。由于杰斐逊和玛丽亚的兄弟、年轻的建筑学家乔治·哈德菲尔德相识，因此他会零零星星地从乔治那里得到一些玛丽亚的情况。1793 年，玛丽亚投身修道院当了修女，她把女儿托给丈夫，要他把女儿抚养成人，并信奉天主教。

科斯韦忠实地履行了自己的诺言，而且还继续给他的妻子寄钱，直到他 1794 年病倒为止。玛丽亚只得从修道院出来，照看丈夫和女儿。

然而这个天真活泼的小女孩 6 岁的时候就夭折了，这给科斯韦带来了很大的打击，他渐渐开始出现精神错乱的迹象，最后完全精神失常了。玛丽亚回到巴黎，想再次树立起自己的画家形象。在这些努力都失败之后，她又迈进了里昂一所修道院，接下来转入意大利的洛迪，在那儿向不少有影响的意大利人募捐，以建立一所女修道院。她只是偶尔回到伦敦，照顾科斯韦，此时科斯韦已完全疯了，胡言乱语、神志不清。在这段时间里，玛丽亚不时给杰斐逊写信，而从杰斐逊那里返回的信件则越来越少，有一次竟隔了两年之后才回信。

1823年，玛丽亚·科斯韦给杰斐逊写信说，她在意大利洛迪修建的修道院已经完成。但没有得到杰斐逊的只言片语。两年后，玛丽亚最后一次给杰斐逊写信，请求给她寄一幅蒙蒂塞洛或弗吉尼亚大学的风景画。但最终杰斐逊都没给她回过信，也许他认为这些绘画与修道院始终无法相称吧。

## 总统的绯闻

THOMAS JEFFERSON

与所有的名人一样，杰斐逊不可避免地成为公众关注的焦点，就连他的私生活在内，都总是不免成为当时人们津津乐道、茶余饭后的谈资。

在托马斯·杰斐逊成为美国总统之后不久，有一天，一条小道消息在华盛顿流传开来，一时间，女人们窃窃私语，男人们眉眼含笑。原来，有人说杰斐逊与他的一个女黑奴有私情，而且还言之凿凿：杰斐逊有几个奴隶长得非常“像总统本人”。而这个与总统有染的女人，名叫萨莉·赫明斯。

萨莉·赫明斯天生丽质，身材颀长、面容姣媚，虽然身为黑奴，但是有一半白人的血统，是个漂亮的黑白混血儿，因为她的母亲是杰斐逊的岳父——约翰·威利斯家的一个家奴——贝蒂·赫明斯，而萨莉·赫明斯就是约翰·威利斯与贝蒂·赫明斯的“爱情结晶”。这样说来，杰斐逊的妻子玛莎实质上与萨莉·赫明斯是同父异母的亲姐妹。由于众所周知的原因，萨莉·赫明斯跟随了她母亲的姓氏。

杰斐逊的妻子玛莎·威利斯·斯凯尔顿嫁给他一年半以后，她的父亲就过世了。老爷子的遗产平均分成了三份，其中的一份就留给了玛莎——

一百三十五个奴隶，其中包括老爷子的情妇贝蒂·赫明斯和她所生育的十二个孩子中的十个。后来，这些奴隶大都成为杰斐逊家最为受宠的奴仆。

贝蒂·赫明斯一生育有十几个孩子。当她在1775年搬到蒙蒂塞洛的那一年，她与当地的一个白人木匠——约翰·内尔森欢好，生了一个名叫约翰的儿子。两年后，她又与当地的一个奴隶生下了一个女儿——露西。后来，她的后人总结她的生育史时说：她“与白人男子生了七个孩子，另外七个是与有色人生的，总共十四个”。

当萨莉随母亲来到杰斐逊家时，年方9岁，就已经是个小美人胚子，而且血统明显偏向白色一方，“简直看不出是个黑人”。

萨莉与母亲来了之后，所接受的任务就是照顾女主人玛莎的病体，她身体虚弱，长年缠绵病榻，她的香闺俨然就是一个慢性病患的看护病房，而萨莉就俨然成了这个家庭病房的管理者。玛莎的床头安有一个银铃，每当她感到不舒服或者需要什么的时候，就摇响它，然后萨莉就会闻声而至，并蹦蹦跳跳地四处传递着女主人的意愿。后来，这个银铃被赫明斯一家精心保存了起来，传了四代之后，在20世纪60年代赠给哈佛大学收藏。

1787年6月，萨莉14岁时，她陪着杰斐逊的小女儿玛丽越洋跨海，千里迢迢到巴黎寻找父亲。这个时候的萨莉已经浑身洋溢着青春的气息和美感，发育良好的胴体开始散发出迷人的女性魅力。

就在这一年的12月，身在巴黎的杰斐逊与他深爱的女人玛丽亚痛苦分手，但是他一直为自己与她的通奸行为而感到内疚与不安，失恋的痛苦也在咬啮着他，这些都让他迷惑、愤怒。但是在他的眼前，在同一个屋檐底下，又冒出来这么一个成熟美貌的少女，而且她所拥有的不仅仅是美貌，她还很聪明伶俐、善解人意，是一个让人无法拒绝的可人儿。

不仅如此，远在异国他乡、远离亲人故土的小女孩又是如此的无助、迷茫，而每天与她朝夕相处的男人在她眼中完全是一个天神般的令她仰慕的人物。对任何蒙蒂塞洛的童奴来说，杰斐逊那种对所有女性来说是十分体贴的骑士风度自不必说，他更像是一个上帝的化身。而且她的父亲约翰·威利斯在她出生时便死了，对她来说杰斐逊就是她所知道的最接近于父亲般的男人。

而且有趣的是，杰斐逊的老岳父更是一个身教大于言教的人。约翰·

威利斯在他的三个白人老婆死后，就爱上了一个女奴。而萨莉的榜样就是她的母亲贝蒂・赫明斯。很显然地，直至约翰・威利斯去世，贝蒂都在左右着他的私人生活和感情。

有了这两位前辈珠玉在前，又有天时地利的辅助，杰斐逊与萨莉的私通可以说是水到渠成。那么他们何时在一起的呢？

有人说，在杰斐逊于 1788 年 3、4 月在法国、德国、荷兰的旅行中，就开始注意到萨莉了。当他 1788 年 4 月 23 日回到巴黎时，又收到了玛丽亚・科斯韦给他的一封绝交信，两人之间的关系出现了裂痕，为萨莉的成功上位做足了铺垫。

还在萨莉刚到巴黎的时候，杰斐逊就为她添置了漂亮时髦的新行头，从头到脚焕然一新。1787 年年底，杰斐逊又花了二百四十法郎，专门为萨莉接种了牛痘，这在当时可是一笔不菲的投入。之后不久，杰斐逊就为她请了一个法语家庭教师，至少教了她二十个月的法语。从 1788 年 1 月起，杰斐逊开始向他的奴隶们发工资，二十四法郎/月，元旦节另加十二法郎的“年终奖”。萨莉的工资则是每个月三十六法郎。但随后直到 1788 年 12 月，她才又按月得到工资。1789 年春，杰斐逊又在萨莉的衣服上大笔花钱。

但是在杰斐逊四十三年的所有书信集中，却看不到任何与萨莉之间的情书或者信件。蹊跷的是，关于 1788 年的一册却失落了，这是唯一消失了的一本，因此，有人怀疑杰斐逊与萨莉之间的信件是否被有意毁掉了。

而至于杰斐逊与萨莉的后裔，在杰斐逊家的《农场账目》上记录着萨莉・赫明斯名下的五个孩子，其中四个有详细的出生记录：“贝弗利，生于 1798 年；哈丽亚特二世，生于 1801 年；麦迪逊，生于 1805 年；埃斯顿，生于 1808 年。”却不敢十分肯定没有被记录在案的哈丽亚特一世是否是萨莉的孩子。

由于下面的几项原因，人们多倾向于认为杰斐逊就是这些孩子们的父亲：

首先，这本《农场账目》没有按例行规定，注明这些孩子们的父亲是谁。

第二，哈丽亚特生于 1801 年 5 月，而埃斯顿生于 1808 年 5 月，这两个时间点向前推九个月，恰巧都是杰斐逊每年 8 月定期在蒙蒂塞洛度假的日子。

第三，麦迪逊生于 1805 年，也正好是杰斐逊到蒙蒂塞洛参加女儿波丽的葬礼之后的第九个月。

在杰斐逊与萨莉的这些孩子中，麦迪逊和埃斯顿分别被送往萨莉的哥哥那里，学习木匠手艺，后者是杰斐逊庄园里的木匠头头；哈丽亚特成为了一个非常得宠的家奴；1826 年，当杰斐逊去世后，他的遗嘱授予麦迪逊、埃斯顿和萨莉的哥哥——约翰·赫明斯的自由身。这时，萨莉·赫明斯已经 53 岁了，从此她就在所有的杰斐逊文件记录中销声匿迹了。而麦迪逊·赫明斯娶了一个奴隶的女儿，搬去了俄亥俄州，在那里找到了一份工作，并成为黑人社会中受到公众尊敬的成员。哈丽亚特和贝弗利则前往华盛顿，在那里他们都和白人结了婚，作为白人社会的一员生活。埃斯顿和麦迪逊差不多，娶了一位黑人女性，生了三个孩子，但是在搬到威斯康星州后不久，他就去世了。

麦迪逊在回忆录中详细地记录下了他的母亲与杰斐逊之间的不寻常关系："我母亲在法国逗留了十八个月。正是在这段时间里，我母亲成了杰斐逊的情妇，当他被召回家（国）的时候，她已经有孕在身。他希望能把我的母亲带回弗吉尼亚，但是她却不愿意回去。因为她刚刚开始懂一点法语，而且在法国，她是自由人，如果返回弗吉尼亚，她将重新变为奴隶。因此，她拒绝和杰斐逊一同返回美国。为了说服她回国，杰斐逊答应给予她非同寻常的特权，而且庄严发誓——她的孩子们能在 21 岁时获得自由。架不住杰斐逊的信誓旦旦，而她也深信不疑，于是她与杰斐逊一同返回弗吉尼亚。刚到家不久，她就生产了，托马斯·杰斐逊是这个孩子的父亲。"

事实上，萨莉·赫明斯在巴黎住了有差不多二十六个月，而不是十八个月。萨莉出生于 1773 年，她到法国时正值 14、5 岁左右，回到弗吉尼亚时是在 16、7 岁之间。

关于总统和女奴情妇的往事，首先是由詹姆斯·汤姆森·卡伦德在他于 1802～1803 年的《里士满纪事》一书中详细揭露出来的。在随后的几年中，联邦党人的报刊也回应了杰斐逊在蒙蒂塞洛有"混血孩子"的说法。

卡伦德人品败坏，被称为是一条"咬主人的狗"。他一生别无所求，就是喜欢挑别人的毛病，这是他的独特癖好。这个人一开始在英国诽谤乔治三世，结果受到指控，不得不在1793年逃往美国，娶了一个名叫雅各布·克林曼的女子。1797年，作为一个年轻的民主共和党人，他加入到杰斐逊的阵营中。他一路叫嚣华盛顿是个“秘密的叛徒”，亚当斯是个“流氓”。结果，在1800年，他因造谣中伤而被判刑。正是在监狱里，他偶然得知了杰斐逊曾有一个黑奴情人的流言，于是出狱后的他便开始四处走访，罗织各种材料。最后从杰斐逊的邻居那里，他得知杰斐逊与萨莉生有五个孩子，而且大儿子汤姆“据说与杰斐逊如出一辙”。如此这般，他的那本书问世了，将杰斐逊的“私情”大白于天下，这使得杰斐逊极为难堪与被动。

事实上，杰斐逊还是卡伦德的恩人，当后者刚到美国时，狼狈不堪，穷愁潦倒。正是杰斐逊爱惜他的才华，接济过他。后来，卡伦德便从杰斐逊写给他的信中断言摘句，吹嘘杰斐逊如何赞赏他，赞助他钱花。

而此前，卡伦德就曾竭力调查和披露过有关汉密尔顿和雷诺兹夫人的“私情”，以致闹得沸沸扬扬、满城风雨，结果给公众造成一种印象：作为副总统的杰斐逊花钱雇佣了卡伦德，让这样一个“鸡鸣狗盗”之徒来揭露汉密尔顿的老底，绝对的一个政治阴谋！这件事让杰斐逊感到自己被出卖了。

卡伦德还在喋喋不休、没完没了地披露杰斐逊的“绯闻”。他称“萨莉一共生了五个混血儿，如果弗吉尼亚的八万个白人男人都以他为榜样的话，弗吉尼亚将多出四十万个混血儿”。

杰斐逊已经学乖了，他对报纸上所刊登的关于他“丑闻”的文章一概不予理会。当初汉密尔顿深陷在其与雷诺兹夫人的绯闻之后，竭力辟谣、否认，结果越描越黑，掉进了一张硕大无比的蜘蛛网，越是想挣脱，蛛丝越缠得紧。于是各种各样的问题越来越多，也越来越无法说清。

杰斐逊明白这个道理，他对朋友说：“我从不对报纸的评论做任何答复……因为答复了一个问题，又会冒出来二十个问题。”

虽然有人把杰斐逊的沉默作为有罪的证据，认为他在默认，但是与在蜘蛛网中做徒劳的挣扎相比，杰斐逊的麻烦要少得多。

然而杰斐逊也从未在公开或是私下的场合，具体地否认过与萨莉的事，也未进行过任何的直接回答。因此，他就成为了第一位因私生活而被政敌用来攻击的总统。

与萨莉有关的事情，长期以来就是一个禁区，因为惟恐损害杰斐逊的形象。但是对于黑人来说，他们的历史学家却接受这个故事，而且因为他与黑女奴有情而被他们视为英雄。有人甚至说杰斐逊的黑人情妇所生的女儿在新奥尔良被卖，这就是威廉·韦尔斯·布朗的小说《总统的女儿》(1853 年）所讲述的故事。

至于杰斐逊的家人们，他的女儿玛莎就对萨莉的事默不做声，只有一次她破例对自己的儿子提起，却断然否认她父亲曾与萨莉有过暧昧关系。

虽然杰斐逊让不少奴隶获得了自由，但是萨莉却一直和杰斐逊生活在蒙蒂塞洛，没有要求过自由。有人认为，如果杰斐逊给了萨莉自由，那么他们就会失去彼此。与其说他们是主仆关系，不如说是真正的相爱来得恰当。

其实除了萨莉的故事，杰斐逊还沾惹上了一个绯闻，而且与萨莉的故事不一样的是，他与萨莉的地下情，是迫于罪恶的奴隶制度和社会舆论；然而另一件绯闻就是搁在现在看来，都是有点不光彩的。

当时，杰斐逊刚当上总统，这个投身于国家、民族的自治斗争，并在他声名鹊起、一展宏图的同时，早年与朋友之妻的暧昧情事被抖了出来，比萨莉之事更加引人注目，而这次绯闻出现所引起的攻击，几乎毁掉了他第二次连任总统的机会。

1763 年，杰斐逊正值弱冠之年，他热烈地追求心上人丽贝卡，却遭到了拒绝，因此度过了一个“黑色的 10 月”。第二年，也就是杰斐逊 21 岁时，他的老朋友约翰·沃克与伊丽莎白·穆尔举行了盛大的结婚典礼，杰斐逊应邀担任了伴郎。杰斐逊与沃克是真正的铁哥们儿，早在摩莱校长的小学校就读时就已是同窗好友，两人的父亲又是通家之好，沃克的父亲是杰斐逊父亲的遗嘱执行人之一，新娘的兄弟还是杰斐逊在威廉—玛丽学院的同学。

沃克在威廉—玛丽学院时，是个有名的刺儿头，因为太过捣蛋而被处罚“暂停学业一月”。但是自从他结婚以后就开始约束自己的行为了，夫妇俩搬到贝尔沃种植场，距离位于沙德威尔的杰斐逊家只有五六英里，所以两家彼此往来甚密。1768 年，沃克和杰斐逊都打算竞选弗吉尼亚州的众议员。这年，穆尔生下了一个女儿。而就在这个夏天，杰斐逊不知不觉地再次滑进了一个感情的旋涡。

沃克前往斯坦威克斯堡，协助与印第安人签订条约的事情，于是他便将妻女托付给杰斐逊。临走前，他颇有一种“壮士一去不复还”的慷慨，甚至立下了遗嘱托孤，并指定杰斐逊这个还未成家的单身汉代为其遗嘱的执行人。在接下来的四个月里，他都不在家。

然而，孤男寡女永远是一个不老的话题。杰斐逊正值血气方刚的壮年，且没有家室，还得承担起照看朋友妻女的责任，这对他来说无疑是一个苦差事。25 岁的杰斐逊经常面对这样一个风韵十足的少妇出出进进，内心里压抑的对异性的向往和需要，使他按捺不住，便向穆尔求了爱。这让穆尔大吃一惊，立刻拒绝了杰斐逊。但是坏事传千里，何况是这种发生在兄弟手足之间的风流韵事，传闻沸沸扬扬，说杰斐逊和沃克的妻子通奸了。在当时，沃克并不知道，而且当他返回家中后，他的妻子对他说，杰斐逊照顾她们母女非常地尽心尽力。

谁知，差不多快二十年过去了，穆尔却好端端地向丈夫抖落出了这件尘封的往事。又过了十多年，到了 1802 年，被杰斐逊的政敌煽动起来的沃克，才对新闻媒介曝光并指责杰斐逊曾勾引过他的妻子。

1805 年，他给杰斐逊的政敌亨利·李（此人娶了沃克的外甥女）写信，详细讲述了这一段历史：

1764 年 6 月 6 日，我在切尔西——我岳父的别墅里结了婚。我曾在威廉—玛丽学院接受教育，杰斐逊也在那儿上过学。我们一起在一所私立学校里长大成人，我们在大学时期建立的友谊非常深厚、互敬互爱。

我父亲是他父亲的遗嘱执行人之一，也是他的保护人，并为他的学业预先支付了学费……在我的心中，杰斐逊是我的至交好友，邀请他参加我们的婚礼，并担任我的男傧相。

1768 年，我应召去斯坦威克斯堡担任弗吉尼亚代表团的秘书，与印第安人签订条约。这个代表团由威廉·约翰森率领，其中还包括盖恩·路易斯和我的父亲。

我把妻子和女儿留在家里，拜托我的邻居兼好友杰斐逊先生代为照顾，并保留我离开前立下的遗嘱，指定他作为我的第一位遗嘱执行人。我在离家四个多月后，在11月份才回到家。

在我离开的那段日子里，杰斐逊先生对我的夫人有行为不检之处，以至于她抱怨过，为什么要对他寄予如此的信任。

1769～1770年时，在沙德威尔杰斐逊的家里，我们常常彼此串门，这在邻居来说是再正常不过的事。但是他企图搂抱我的夫人，在她的长外衣袖子里，塞了一张字条，试图让她相信，他对这份错位的爱的无知，我的夫人在一瞥之后就把字条撕得粉碎。

这之后又有一次，我们拜访一个住得较远一些的邻居，杰斐逊也正好在场。就在女士们回房间之后，杰斐逊谎称自己不舒服、头疼，离开了我们所在的屋子，出去休息。但是他并没像真生病似的去床上休息，而是悄悄地溜进了我妻子的房间。当时她肯定已经宽衣解带或躺在床上了，那次他又一次遭到了断然的拒绝。

1772年，杰斐逊结了婚，然而他还在继续伤害我们的平静生活，直到1779年底。

我还记起另外一件事。我的老房子有一个楼梯，可以通上二楼，楼上两边各有一个房间，两门相对而开。杰斐逊和他的妻子睡一个房间，我和我妻子睡另外一间。在通道的尽头有一小房间，它是我妻子的私房，她一早一晚都去她的小房间里祈祷。一天早上，杰斐逊先生在得知她的这个习惯之后，在过道上堵住了她。当时他只穿了一件短袖衫，伸手想拉住她——他的行为极端猥亵。

1783年，杰斐逊先生在他妻子去世后去了巴黎。从1779年起，他才停止骚扰我们平静的生活。我一直把他当作我最好的朋友，我也是这样对待他的，并且一直坚持让他作为我遗嘱的第一执行人，就像对过去发生的一切毫无察觉一样。在他去法国之后不久，我的夫人重新提到了我的遗嘱，我征求她的意见，那时她才把这些事都告诉了我，并对她这么多年来一直保持沉默表示了道歉，因为她担心这样做的后果也许对我来说是致命的……”

面对这一指责，杰斐逊从未在公开场合做出过回答。然而，他却在1805年告诉自己的总统秘书威廉·伯韦尔，这件事早已不是秘密。亚历山大·汉密尔顿曾威胁杰斐逊，要把此丑事公之于众。杰斐逊告诉伯韦尔说，那次勾引或试图勾引——伯韦尔不清楚所指的是哪一次，只是一次心血来潮的企图，并不是像受害人丈夫所控诉的那样是“有预谋”的或“巧合”的。另外，伯韦尔在未出版的备忘录中记载道，杰斐逊曾承认有过一次不检行为。杰斐逊在1805年写给其海军部长罗伯特·史密斯的信中说：“我得承认他们对我的指控中有一点是对的，那就是在我年轻、单身的时候，我向一个漂亮的女性求爱。我承认这一做法并不正确。”

但是不少杰斐逊的拥护者并不认可这些事，例如著名的杰斐逊传记作家杜马·马龙就称沃克的信是“令人厌恶的、莫须有的故事，任意夸张，简直不可信”。

在这件桃色事件中，让人感到好奇的是，沃克夫人为什么要等到她40岁的时候才承认杰斐逊曾在多年前引诱她？很多学者都认为这是因为亨利·李在1802年设下了一个政治圈套。而在威廉·伯韦尔看来，则是1805年时，沃克夫人本人为支持汉密尔顿的报纸《纽约晚邮报》，才发表了这件事。而这份报纸又添油加醋，对此事大加渲染。

另外，这件事也许还表露了另外一个阴谋：沃克夫人非常想让全国都知道，美国人民爱戴的总统曾经疯狂地追求过她，以证明她曾经的魅力。历史上曾有无数的虚荣心旺盛的女人把自己捏造成总统的情人，而其中的不少人也的确把这种虚构变成了现实。当然，沃克夫人是否曾是杰斐逊的情妇最后并不重要，只要大多数美国人相信她可能是，就已经达成她的目的了。

值得一提的是，最后在1809年，约翰·沃克弥留之际，他和他的妻子曾暗示杰斐逊的好朋友詹姆斯·门罗，想邀请杰斐逊去看他们。这个念头不知道是想对杰斐逊表示歉意，还是表示要尽弃前嫌。但是杰斐逊当时刚从总统职位上退下来，并没有亲自去，而是派人送去了一篮无花果。

在古代，无花果暗示的是爱和罪。在这件桃色的无头公案中，到底是谁犯了罪、谁付出了爱，恐怕只有深埋地下的当事人们才真正明白了。

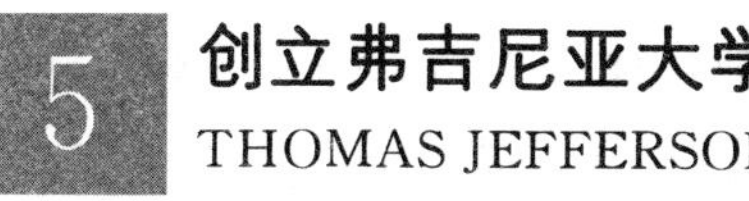

## 5 创立弗吉尼亚大学

THOMAS JEFFERSON

在杰斐逊退休之后，在他的晚年生活中，他做出的最辉煌的贡献之一，就是创办了弗吉尼亚大学。

杰斐逊一生爱好广泛，博闻强记，而他对科学技术、文化教育更是情有独钟。特别是在他退休、远离政坛之后，由于自己日复一日的年迈体衰，而他所一向关注的法律制定、完善以及奴隶的解放问题，都让他感到越来越力不从心，于是便将自己的所有精力和心血都投入到教育上来。他在 1817 年这样写道：“在这个世界上，使我牵肠挂肚的，只有这件事了。它是诞生后看护了四十年的幼儿，而如果我一旦能看到它站立起来行走，我就会含笑离开人世。”

1818 年，他就对科学技术的进步以及其所能发挥的作用进行了深入、具体的严密论证。他表示：“任何人都无法否认的是：每一代人都继承了上一代人所获得的知识，并且把所获得的知识和新的发明，都加入到这个人类共同的知识宝库中去，然后再把这个知识宝库一代一代地流传下去，让每一代人都把新的知识储存到这个知识宝库中去。如此这般，知识的积累就会一代比一代更丰富，就会无限期地一步一步地增进人类的幸福。因而，人类幸福的增进应该是无止境的。的确，我们只要回顾半个世纪以来的情况……就可以看出在这半个世纪里，在科学和技术方面人类所取得的令人惊奇的进步。其中的某些进步使得物质要素本身为人类的目的而服务，使得人们不但利用它去节省劳力，而且还能利用它去完成人类本身的微薄力量所无法完成的工作，从而大大增加人类生活上的舒适。”

杰斐逊不但重视科学技术，而且为推动科学技术的发展做了大量工作。在出使法国期间，他定期向国内科学界的朋友寄回欧洲出版的最新科学技术书刊，给他们提供最新的科学信息。

为了促进美国科学技术的进步及应用，他致力于创办一个“农业协会”，宗旨在于“推进这个技术的传播，并且借此用现在使用的劳动为我们同胞取得更多的维持生活的手段和幸福”。同时他还是“美国哲学协会”主席，为发展社会科学事业贡献出自己的力量。

更难能可贵的是，在案牍劳累之余，他还能分出精力来从事科学观察和创造发明活动。他爱好广泛、涉猎甚多，从认识论到机械学无所不包，但让他最感兴趣的还是后者。他对计算、测量、观测都非常着迷，有一次他写信给女儿讲："每一簇嫩草都会引起我的兴趣。"他的价值标准是讲求实用，对此他说："对国家的最大贡献，莫过于在其文化土壤上添植一棵有益的树木。"

像我们前面所讲述过的，他曾自己动手设计住宅，深入并卓有成效地研究手下奴隶的工作，令他所经营的农场在相当大的程度上达到了自给自足；他在出任驻法公使期间，就把农作物的种子和植物寄回国内，以供实验之用；他还注意改进成衣机，他发明了大麻纤维拍打器；他津津有味地钻研改进新的犁耙、蒸汽机、节拍器、温度计、升降机以及诸如此类的器具，此外，他还研究过黄油和奶酪的加工工艺；他还发明了一种当时最小阻力的铸板犁，这一设计"标志着由尝试错误的发明，过渡到按照科学法则的发明"；他还因此获得了法国塞纳—瓦兹省法兰西农学院的奖励；除此以外，他还设计了一种皮制的轻便马车车篷、一种旋转的座椅及一种旋转碗碟架；在旅途上，他对所见的农场、庭院、社会状况甚至风霜植物等自然现象，都不放过，一一进行详细的记载。一个名叫艾伯特·杰伊·诺克的人，对杰斐逊在这些方面的兴趣评价说："对于西欧的一草一木，只要有用，他都研究，并且还要研究其栽培情况。"

杰斐逊还长期坚持每日记录天气温度及气压数据，并为国会撰写了一份论述美国衡具、量具标准的论文，以及一篇关于调查设计报表的精彩评论，其中对于数据的收集提出了详细的改进建议。他在欧洲旅行时，收集了欧洲十二个大城市的详细地图，并在后来借给法国设计师朗方，以供他在为美国设计首都华盛顿的市区蓝图时作为参考。而且是他构想了美国的十进币制。除此以外，在1790年博学的富兰克林博士去世后，杰斐逊这个美国最杰出的知识分子和思想家，又致力于研究在美国各地发现的化石分类工作。……所有的这些，都可以看出杰斐逊为科学技术的发展倾注了多么大的心血，以及他这个"重理论的幻想家"在实用技术方面所作出的巨大贡献。

杰斐逊有如此多的成就，更重要的在于他超人的勤奋。他常常夜以继日、不分昼夜地埋头工作和学习，他还将自己感悟出来的道理告诉女儿，要她"下决心永不怠惰，从不浪费时间的人不会抱怨时间不足。如果我们永远干下去，那将会干出多少事来啊"！

正是出于对知识终生孜孜不倦的追求和渴望，才让杰斐逊深深感到，教育是通往人类进步的必由之路，他相信教育的巨大社会功能，并且认为发展教育可以促进人们生活水平的提高和社会的进步。因此，他在1818年自己起草的弗吉尼亚大学筹备委员会的报告中体现了这样一种思想：他认为人类是不断进步的，一代比一代更改进、更完善，人类历史便是一部进步的历史。而这所有的进步，都依赖于科学、文化知识，尤其依赖于教育。他指出：美国印第安人之所以过着悲惨的生活，就是因为他们"顽固地崇拜他们祖先的所谓智慧，并且荒谬地认为为了追求更美好的事物必须向后看，而不是向前看，似乎在渴望返回吃橡树皮的时代"。

那么为什么教育会促进人类生活的改善呢？对此他回答道：正是因为通过教育，人们可以获得知识，需要用教育来"启发人民、教育人民，对身体和心灵的压抑将像精灵一样在天快拂晓之前，就逃之夭夭"。

除此以外，杰斐逊还认识到普及教育的重要性。1822年，他在一封信里写道："我把教化和教育的普及看做是为了改进人类生活、促进道德和提高人们的幸福而最应该依靠的手段。……而且，我希望在当前把教育的好处扩展到人类广大群众的潮流中，可以看到人类幸福的巨大提高，而且这个提高将是无止境的。"

可以说，在同时代的美国，可能没有一个人能像杰斐逊那样重视教育、并深刻地领会到教育的重大功用。因此，他大声疾呼，通过创办广泛的公立学校制度和自由的报刊来教育人民、广启民智："这个新的国家需要接受过一定教育的公民"，并让他们了解自己国家的情况。

由于他一直对国家抗腐败和抵制堕落的能力表示深刻怀疑，因此他在1779年《关于进一步普及知识的法案》中就曾直言不讳地指出："经验证明，即使是在最好的政府统治之下，被委以权力的人也终将会使政府逐渐蜕变为暴政。"但是，他希望并坚信可以通过群众的教育来遏制这样一种腐朽衰败的过程。他认为教育将不仅给共和国政治带来稳定，为其民众带来智慧，而且也会扩大就业的机会，并充分发挥普通百姓的天赋才智。另外，在杰斐逊看来，人民的良知是伟大力量的源泉，人民拥有治理自己事务的能力，但他同时也认为，人民缺乏明确的辨别力，有时还可能犯错，因此必须"用教育的力量来提高人民的判断力"，以启迪人民。

杰斐逊终其一生的思想都贯穿着对人本主义的关注，其宗旨是“追求幸福”，追求不受阶级限制的个人发展。于是，他得出了这样的结论：“除了教育以外，任何事物都无法促进一个国家的繁荣、强大和幸福。”

杰斐逊积极支持1787年的《西北土地法令》。这个法令规定，美国西北领土的每个市镇都要以教育为目的，至少保留一平方英里的土地，以培养对良好政府和人类幸福所必需的宗教、道德和知识。这项法令还规定，在这片领土内的每个州都确定能够建造政府所支持的高等院校的市镇。

美国人民这种在政治上进行的独立民主的实验，使得良好的教育对于美国人民来说变得更为重要。但是选举权通常只限于那些拥有财产的奴隶主们，他们中的大多数人皆有能力为其子女上学支付日常的费用。为了避免教育的阶级化，杰斐逊提出，“要为所有的男女儿童提供至少三年的免费小学教育、并为成绩优秀的孩子提供进一步教育”这一富有远见卓识的计划。

他所设想的全面的计划，在独立以后的最初几年里，在州议会中都没有获得通过。但是，他对建立初级学校、高级学校以及大学等这一套州立教育制度一直痴心不改。在这个计划中，他将教育制度分为三个部分——初级学校、高级学校及大学。

初级学校向学生传授读、写、算术及地理知识。学生全部免费受初级教育。杰斐逊主张：政府有责任“使每一个公民……都接受与他们的生活条件及职业相称的教育”。

高级学校传授古代和近代语言、高等数学、高等地理及历史。从初级学校的贫苦学生中，选拔出那些品行端正、头脑聪明的学生，使其免费接受高等教育。

大学是最高学府，它应该由许多职业性学院组成，专门培养建筑师、音乐家、雕刻家、经济学者、科学家、园艺学家、农学家、医生、历史学家、牧师、律师及各级管理人才。他一再努力想让弗吉尼亚议会同意从小学抓起，创立这样一个综合性的教育系统，但是一直没有获得允许。他最后决心，将自己的所有精力都投入到建立一所州立大学上来。

他所想要建立的大学，是一所“面向广泛、自由空气浓厚和非常现代化的学府，使公众认为值得赞助，同时也能吸收其他各州的年轻人来共同分享一杯知识之羹，与我们亲如兄弟”。

1800年，他曾试图改组自己的母校——威廉—玛丽学院，但是牧师们粉碎了他的想法。但是杰斐逊可不轻易认输，1814年，他又当上了尚在筹建中的“阿尔贝马尔学院”的理事，这让他意识到，机会终于来临了。于是在9月7日，他写信给彼得卡尔，阐述了他自己对学院建设的设想。

在欧洲驻访的那几年，杰斐逊曾经考察过很多大学，并做出了详细的笔记。他认为，应该是机构适应人，而不是人适应机构。在给卡尔的信中，他指出：“我们不能照搬任何一所欧洲大学的模式，而应该博采众家之所长，建立起最符合我们社会实际的大学。”

在杰斐逊退休前两年的时候，他听说弗吉尼亚州议会对开办大学终于产生了兴趣，于是他就到处奔走，收集欧洲各著名大学的学习计划。但是他认为欧洲的那些著名大学已经完全落后于现代科学一两个世纪了，于是美国建立的新大学，要“教授各项有实用价值的学科”，具体科目要根据时代的需要而定。后来，他对大学的建造已经有了一个总体的构想，认为一个大学，不应该只是一座楼，而是一个村，应该有教室，也该有学生宿舍，所有的房子之间都有走廊相互连接。

这个大学的建立方案，虽然在1806年的时候被提交给了州议会，但却如石沉大海。

直到杰斐逊返家之后，建立学校的愿望再次占据他的整个身心，并且义无反顾地一肩挑起了创办大学的担子。最终，以他的地位、影响和热情，终于在他的晚年时，将梦想变成了现实，成功创建起了弗吉尼亚大学。可以说，他为这所大学倾注了几乎所有的热情和精力，给后人留下了又一座历史丰碑。

杰斐逊参考了国外大量有关教育的著作，积极向海内外的教育专家虚心请教，最后在1817年，他正式开始筹建大学。而此时，这位伟人已经年近75岁了。

第一步是获得弗吉尼亚州议会的同意。1818年，在杰斐逊的朋友约瑟夫·卡贝尔的推动下，弗吉尼亚州议会接受了杰斐逊提出的创建一所大学的建议，最终同意将“中央学院”与“阿尔贝马尔学院”于1819年正式合并为弗吉尼亚大学，但州议会只同意每年拨给学校一万五千美元的办学经费。议会又指定了一个二十四人的委员会，由它负责来研究大学的组织及地址问题。参加委员会的有杰斐逊、麦迪逊及门罗总统等人。而杰斐逊是被詹姆斯·普雷斯顿州长特别指定参加的。

1818年8月1日，在蓝岭山的洛克菲什山隘口举行了监察委员会的会议，除杰斐逊之外，还有麦迪逊、门罗总统和卡贝尔等二十一人参加。会议首先讨论了大学的选址问题。杰斐逊事先就做了充分的准备，带去一份拟好的报告。有人提议将学校继续留在威廉斯堡，但是杰斐逊不同意，他认为威廉斯堡太闭塞，气候也不利于学生们的健康。而是建议把大学建在夏洛茨维尔，也就是阿尔贝马尔县府所在地。理由是，这里的气候有益于人体的健康。为了说明这一点，他开列了阿尔贝马尔县境内80岁以上老人的名单。然后他又拿出地图，指出夏洛茨维尔同时还是弗吉尼亚的中心。最后，委员会采纳了杰斐逊的建议。第二年1月，州议会也批准了这一选择，并且正式授权成立弗吉尼亚大学，还任命杰斐逊为大学的名誉校长。

威尔逊·卡里·尼古拉斯自里士满给杰斐逊写信说："我说学院是你的，因为你是它的真正创始人，只有你当之无愧。计划的批准完全是你大力推动和运用个人影响的功劳。"

年逾古稀的杰斐逊白发飘飘，他亲自带着几个人，很快来到选定的院址进行实地勘查，并根据地形调整、修改了自己的设计，用桩标出了三块地坪，并决定了六个馆的馆址。选址标桩后的第二天，他写信给一位未在场的监察员约翰·拜克将军说："我们的各个地区都已标出，制砖已经开始，周内即将平整土地。"那种成功的喜悦和满足的欢乐溢于言表。

可以说，在从此以后的六年中，杰斐逊是为弗吉尼亚大学而生活的，他把全部精力倾注到弗吉尼亚大学的筹建工作中。他把与建校有关的一切重要工作，几乎都包了下来。从设计校舍建筑蓝图，到物色建筑工程的承包人、监督建筑工程的进行、派人到意大利邀请大理石雕刻师等等，均事无巨细，亲历亲为。

杰斐逊雄心勃勃，一心一意要把这所学校建成第一流的大学。他要求这所大学的不同建筑要"成为纯粹古代的建筑模式，为学该门课程的学生提供样板，让他们明白，他们将来要学习的就是这类艺术"。教学馆就要"风格和精致建筑的典范，外表要各异，不能雷同，这样，建筑学讲师就能以此为范例，进行讲解"。

除了建设工程本身，他还要为建校经费四处奔走，绞尽脑汁。

1819年12月，杰斐逊向州长汇报说，已经有七座馆和三十七幢学生宿舍（每个房间里面可以住两个学生）的墙体已经砌好，但是还需要八万美元才能完工。

第二年，议会还是不愿为大学拨款。从里士满送来的报告使杰斐逊很失望，他想这辈子别指望能看到大学开学了。他原本希望能免予偿还在前一年的贷款，同时再增拨一些款项来完成校内建筑，包括建图书馆大楼所需的四万美元。但议会顶多只再从文学基金中批准贷款六万美元。

由于对建筑的严格要求，费用早已超出了当初的预算，议会的拨款俨然是杯水车薪，但是他认为这样并不为过。因此他要求议会再拨二十倍于已拨的款项，议会每年开会时，他都要一而再、再而三地提出拨款的要求。为了说服议会，他总是“巧立名目”，提出种种理由，比如说“发扬爱国主义精神”、“别的州用于教育的经费远远高于弗吉尼亚”、“这所大学是弗吉尼亚州的骄傲”等等。于是就这样挤牙膏似的，每次议会会议都争取到一点款，集腋成裘，最后在修完主要建筑时，已花去了三十万美元，这些钱大部分是议会一次次地拨给的，除此以外，他还为筹集资金而开展了一个募捐基金运动，因此还包括社会各界的捐赠，包括杰斐逊自己的倾囊相助。

杰斐逊在讲述这段历史时这样回忆道：“我不是一个职业建筑家，我的设计还需要他人的修改和完善，但我自感为自己的梦想而劳动，是真正的享受。看着那些堂皇的红砖建筑，完全按照自己的精心策划，在夏洛茨维尔一年一年地兴建起来，心里有说不出的快乐。我在蒙蒂塞洛装了一具望远镜，每日都能从望远镜中观看下面山谷中大学的建筑。”

杰斐逊不但为大学的创建付出无法计算的心血，而且也为办好这所大学花费了无数精力。他要办的是一个“讲授所有科学学科的学校，并且要达到人类头脑所能承担的最高限度”。因此，他不想办一个仅限于地方一级的学校。当工程还在进行中的时候，杰斐逊就又决定，要为将来把它变成更大的州立教育系统而努力。杰斐逊曾对乔治·蒂克纳说，他“现在一门心思地要在自己的家乡建立起一个全面的教育系统”。

要建立一所一流的大学，仅仅有漂亮的校舍当然是不够的，更重要的是它的“软件”，也就是教师的水平，这才是决定学校水平的关键。他说：“我们一开始就瞄准的伟大目标，是让这所学校成为美国最著名的学校。”所以他又承担起了物色优秀教师的重要任务。聘请教授在当时是一个难题，因为当时的美国大学很少，而优秀杰出的教授更是凤毛麟角。所以他不得不从欧洲高薪聘请好教授。他派美国学者弗朗西斯·沃克·吉尔默，到英国牛津、剑桥及爱丁堡等大学，物色第一流的学者来美国教书。吉尔默是一位年轻的律师，住在夏洛茨维尔附近。杰斐逊认为他是弗吉尼亚同代人中受过最良好教育的人。另外，他还通过个人与英国的关系来聘请教授。

杰斐逊在挑选教授时，除了重视对方的学术水平，而且也极为重视对方的政治观点，尤其是对法律教授的政见问题，要求更为严格。在杰斐逊看来，法学教授必须是一位坚定的共和主义者，因为他殷切地期望这个大学能培养出一批拥有民主倾向的律师，并且通过律师来影响立法机关（大多数被选进议会的人都是律师），使立法机关倾向于民主。

费尽周折之后，杰斐逊终于聘请到了七名教授，其中除了二名美国人外，其余都是远涉重洋的欧洲人。其中：托马斯·基教授数学；乔治·朗讲授古代文学；乔治·布莱特曼讲授现代语言；罗布利·邓格利森医生讲授解剖学和医学；查尔斯·邦尼卡斯尔教授自然哲学。另外，纽约的约翰·佩顿·埃米特博士被委任为博物学教授；弗吉尼亚的乔治·塔克当时还是国会议员，则被委以伦理学教授之职。

这些教授的待遇在当时可谓非常优厚，年薪为一千五百美元，并且免费提供住房。杰斐逊说：“第一批教授的薪金应当是非常高的，这样，我们就可以吸引欧洲第一流的人来学校任教，为的是让它一开始就扬名在外。它将引来其他州的有志青年，使弗吉尼亚成为他们珍视热爱的母校。”

杰斐逊终日埋头忙于起草各个班级的课程表、学生行为准则、教职员工作细则、考试的要求、学位的授予以及各种其他细节规定。然后，他将所有这些都送交监察委员会批准。在这些规定中，有一条基本规定是：“每一个学生都可以自由选择学院上课，而且只能由他自己来选择。”

杰斐逊对大学课程的设计，无疑是美国教育史上的一个重要成就。他计划讲授现代和古代语言、纯文学、数学、军事、海军、建筑、机械、天文学、气体力学、地理学、解剖学、光学、物理、化学、矿物学、哲学、自然、历史、法律和美术等等。委员会还规定了每一学院教授的科目，其中包括每一教授上的课程。委员会特别指定，法学院必须讲授政府管理诸原则和政治经济学，反复向学生灌输这种思想，并规定“凡与本州宪法和美国宪法的真正原则相抵触的思想，一律不得讲授”。

因此，委员会还要求必须使用指定的课本，包括：约翰·洛克和阿尔杰农·西德尼的著作、《联邦制拥护者》、1799 年的弗吉尼亚决议和华盛顿的告别演说。杰斐逊曾与麦迪逊和卡贝尔讨论过这个书单。他曾经说过：“这所学院将以人类思想可以自由驰骋为基础。因为在这里我们不惧怕真理会将我们引向何方，只要允许理性自由地去斗争，我们也不怕容忍任何错误的存在。”

虽然有那些十分硬性的规定，但是在他生命的最后一年，他仍然十分骄傲地写道，这所大学“现在已经能够将在校的青年培养成任何其他州都无法与之相比的科学人才。从学校鼓励思想自由的程度，从其他神学院受到飞扬跋扈的僧侣统治集团桎梏的限制，以及从那种死守旧习陋规的现象来看，这个优越性就更加显而易见了”。

1924 年 11 月，法国著名革命家拉法耶特拖着病体来访问杰斐逊，两位老人多年重逢，唏嘘不已。第二天，杰斐逊就在尚未竣工的圆形图书馆大圆顶下二层的一间极为宽敞的圆形房屋中，为拉法耶特举行了盛大的欢迎宴会，这场宴会举行了三个多小时，场面热烈而感人。杰斐逊准备了一篇热情赞扬拉法耶特的祝酒辞，在其中他感谢他的朋友和乡亲们这么多年来毫无保留地奉献给他的深情厚意。这篇祝酒辞是杰斐逊的最后一篇公开讲演，同时这次宴会也是这个图书馆的首次对外使用。宴会中，大家频频祝酒，祝福拉法耶特，也祝贺杰斐逊，称他为“弗吉尼亚大学的创始人”，并祝愿这所大学创办成功。

1824 年 3 月 7 日，弗吉尼亚大学经过近十年的筹建之后，正式开学了。能容纳二百一十八名学生的十个帐篷形亭子和一百零九间宿舍，没有喧嚣浮华的鼓噪，只有大约三十名学生参加了开学典礼。当时，图书馆大楼的内部装修还未完成，一座教学楼暂且被用作图书馆。弗吉尼亚大学终于在杰斐逊精心设计的环境中，开始了令人难忘的第一天。一位哈佛大学的教授在参观了这所学校的校舍之后表示，这所大学的建筑“比新英格兰的任何一个建筑都要美丽，大概世界上再也找不到任何一处更适宜做大学的地方了”。

杰斐逊一开始的时候，主张学生自律自管。但是开学不久，就爆发了一场骚乱，等好不容易平息下去之后，学校开除了三个学生（其中一个就是杰斐逊的外孙），十一人受到严厉的惩戒。于是杰斐逊不得不改变了自己的主张，决定以严格的纪律作为学校管理的根本。

开学数星期后，杰斐逊无比欣慰地写道：“以创办和扶植一所教育我们的后来人的学校，来作为结束生命的最后一幕。我希望学校对他们的品德、自由、名声和幸福都起到有益而永久的影响。”他一直积极参与学校的事务，直至逝世前三个月，还出席了他最后一次的弗吉尼亚大学监察委员会会议。

对于创建弗吉尼亚大学，杰斐逊极为珍视自己的这一成就，他在回忆录中写道：“我把弗吉尼亚大学看做是结束我生命的最后一幕，并希望它在将来对人的品德、自由、名声和幸福都能起到有益而永久的影响。可以说弗吉尼亚大学是我人生中最重要的三件事之一，和《弗吉尼亚宗教自由法案》、《独立宣言》具有同等重要的地位，所以我打算把它们一并刻到我为自己设计的墓碑上。除此以外，我不希望我的墓志铭再多添一个字。”

受杰斐逊之托，詹姆斯·麦迪逊继承杰斐逊，担任了弗吉尼亚大学的校长。在美国历史上，还没有哪一座学府，能像弗吉尼亚大学这样受到一个人如此深远的影响。在世界上，也许更没有哪一所大学是在创建人75岁时投入了全副身心力量来创建的。

## 6 最后的日子

THOMAS JEFFERSON

在杰斐逊看来，每一个事物后面总有一个阴影。这一哲理也正好能体现在杰斐逊的余生。因为谁也没有想到，杰斐逊这位曾经叱咤风云的一代圣哲，竟是在穷困潦倒的愁苦中度过了他一生中的最后岁月。

杰斐逊一生乐善好施，不惜借债以赠乞丐。但他的生活方式及其慷慨程度，又远非自己囊中财力所能及。

在总统任期内，他大幅度减少国家债务，而自己的债务却有增无减。在任职的第一年里，他就花掉了三万二千六百三十四美元，然而那时美国总统的工资只有二万五千美元。那一年他出卖烟叶所得仅有三千美元，以致不得不借四千多美元来填补亏空。但他却同时花钱充善举，1801 年约一千美元，1802 年为一千五百八十八美元。到了总统第二任期届满之际，他甚至不得不去借八千美元，以清偿他离职时在华盛顿欠下的债。

他母亲 1770 年欠英国银行的钱，直到 1808 年才由他还清。1815 年，即国会图书馆在 1812 年战争中被英军付之一炬之后，他忍痛把自己苦心积攒下来的六千多册书，以二万三千九百五十美元卖给国会，其价还不到拍卖价的一半。但这笔钱还不够填拖了数年的欠好朋友威廉·肖特和撒迪厄斯·科斯基斯科的钱。然而，杰斐逊发现空空如也的书架比债务更让他难以忍受——“我不能没有书”，因此，尽管他已捉襟见肘，却又开始拼命买书。仅 1816 到 1817 年的一年中，他就花了近五百美元来买书。

杰斐逊退休后，家庭经济每况愈下。原因之一是家口庞大，杰斐逊必须养活上百的家人及亲戚。

他还有一种维护大家庭的责任心，这把他最终拖进了最具灾难性的财政泥潭。他最喜欢的外孙托马斯·伦道夫娶了他的老朋友威尔逊·尼古拉斯的女儿。那时尼古拉斯是弗吉尼亚的州长，他同时还是里士满银行的行长，该银行有三十万美元的资本。杰斐逊曾为他签署过一份二万美元的贷款担保，在当时的弗吉尼亚，相互担保是一种骑士风度的举动。

但是对于已经债魔缠身的杰斐逊来说，这样做恐怕还是处于儿女亲家的原因。杰斐逊对债务的有增无减越来越担心，他在给大女婿伦道夫的信中就透露，如果银行破产，他很可能将承担尼古拉斯的“所有灾难”。结果被他不幸言中。1819 年的金融恐慌让所有的弗吉尼亚银行都倒闭了，尼古拉斯破产之后不久就一命呜呼。于是，杰斐逊必须承担这二万美元的贷款，仅利息每年就是一千二百美元。当杰斐逊得知尼古拉斯去世的消息后，急性的消化不良和便秘差点要了他的命。

更要命的是，杰斐逊晚年虽然自己过着简朴的生活，但对朋友仍旧异常慷慨，自顾不暇之余还为一个处境窘迫的邻人签付借据等等。而且杰斐逊的客人和来访者源源不断，一年四季，蒙蒂塞洛门庭若市，来访者和亲朋好友在此短则数日，长则数周、数月，这笔招待费的开销，就无疑使杰斐逊的债务雪上加霜。由于来往客人甚多，杰斐逊在其波普拉森林种植园建了另一幢房子，专门用来接待来访者。农场收入只够缴税及支付利息，入不敷出。因此，欠债及穷困就像恶梦一样，压得杰斐逊透不过气来。但杰斐逊不愿听到别人评价他小气、吝啬，仍然对公共事业和朋友们慷慨如故。他在回忆录中写道：

“我承认我在经济上很窘迫，无论过去还是现在，我都不懂得节俭。但是我绝不因此以权谋私，公费不够，我宁愿自己贴上。在担任总统的八年中，虽然我鄙弃繁文缛节，但是请客的酒食都是华盛顿最好的。即使是最仇视我的敌人，也喜欢和我一起吃饭，我想我的美酒佳肴是其中的一部分原因。我的积蓄本来就不多，现在蒙蒂塞洛的房舍和弗吉尼亚大学又花去了我不少的钱。虽然我年纪大了，已经退出社交界，但时常还是有人来看我，我很高兴他们仍然记得我，更欢迎他们和我讨论各种有趣的问题，所以我一律用好酒好菜来招待每一个来访者，以示我的真诚。这一切我都不在乎，钱并非人生最重要的东西。”

1817 年，他对中央学院慷慨捐款一千美元，而一年后，为了去蓝岭山的洛克菲什山隘口，参加推荐弗吉尼亚大学校址的委员会会议，他还借了一百美元。杰斐逊 80 岁生日前数日，他为全家开出了一个欠债、收入的账目表。这个账目表显示：1823 年，他欠的债务高达四万二百六十二美元，仅利息就达二千一百二十一美元，占农场这年收入一万零四百美元的五分之一以上。

为了偿清这沉重无比的债务，杰斐逊准备出售一部分他所拥有的大片土地。然而，1819 年又碰上了美国的大萧条时期，弗吉尼亚的地价骤然跌落，“这个州土地的卖价现在低到都不及一年的租金”，出售土地的办法已不可行。更糟糕的是，当时放宽贷款期限的合众国银行开始缩短期限。银行宣布，所有票据再要延长时一律贬值 12.5%。杰斐逊没有现款来承受这个要求，只得再去借钱，拆了东墙补西墙。到 1819 年夏，这个原本仇视银行的老头已经在里士满的三家银行内借了五笔款子。

这时，杰斐逊所欠的债务已超过了十万美元。年轻的外孙杰斐逊·伦道夫眼睁睁看着父亲和外公都将面临破产，于是竭力说服父亲把埃奇希尔种植园全部种烟草，并出卖一部分奴隶。杰斐逊和伦道夫对这一建议都"大吃一惊"。最后属于伦道夫的埃奇希尔和瓦里纳种植园还是被迫卖掉了，杰斐逊却不愿卖掉他的奴隶，而且即便卖掉了所有的奴隶，所得的金钱对于他庞然大物般的债务来说，无疑仍是杯水车薪。他把"白杨森林"卖掉了，但还是还不清，甚至得把蒙蒂塞洛搭上。

这位曾经风云一时的老人如今已经非常窘迫了，他最后的一点希望是来年能有个好收成。谁料到，第二年竟然洪水泛滥，毁掉了良田，冲垮了作坊。所有的不幸都接踵而至，让他濒于破产。但是尽管负债累累，他却从不自怜，从不抱怨自己为国家所做的一切没有得到应有的报偿。他也不愿张口向别人求助，他对麦迪逊说："我宁可死于贫困，也决不愿失去自尊。"

很快，讨债的登门了。1826 年，杰斐逊眼看就要倾家荡产，心爱的蒙蒂塞洛就快保不住了。于是他授权外孙托马斯，通过弗吉尼亚司法当局，组织一次彩票抽奖，出售他的地产，中奖者可以得到他的土地和奴隶，但蒙蒂塞洛可以保住。他希望这样可以偿清他的债务，并且能给女儿和外孙们留一部分积蓄。

然而，尽管杰斐逊·伦道夫使出了浑身解数，但彩票的出售却十分缓慢，令人失望。负债累累、身体日益衰弱而郁郁寡欢的杰斐逊，在去世前几周，给麦迪逊写信说："我们之间持续了半个世纪的友谊，我们在政治原则和事业追求上的和谐，一直是我在漫长岁月中的幸福源泉。如果我不能再照顾这所大学（弗吉尼亚大学），或者走出了生命本身的界限，学校留给你管是对我一个很大的安慰，也是不可缺少的保证……对我来说，你是我一生的支柱。我死后也请你来照管它（弗吉尼亚大学）。请相信我将自己最后的爱皆留给你。"这或许是杰斐逊所有信件中最为伤感和动情的一封信了，字里行间流露着无可奈何和死无葬身之地的悲凉心绪。

在杰斐逊 83 岁的那一年，亦即他去世的那年，他的女婿小托马斯·曼·伦道夫破了产，负担更加沉重了。杰斐逊不得不担负起女儿和所有未婚外孙子女的费用，这使得他经济上的困窘达到了无以复加的地步，不得不筹划拍卖大部分田产，而且要还清债务，还得把蒙蒂塞洛也算进去，这所房子在当时市值十万多美元。这无疑是给杰斐逊的一个巨大的打击，因为蒙蒂塞洛是他一生惨淡经营的最后归宿，很难想象，没有了蒙蒂塞洛，杰斐逊一家的生活会是什么情景，他给女儿及子孙竟留不下一丝遮风挡雨的地方。

然而，当杰斐逊要靠出售彩票来筹资抵债的消息传开之后，人们开始了自发的捐助。先是北方的几个州，不久，全国各地都伸出了援助之手，许多地方还举行募捐大会。纽约市的居民很快捐献出八千五百美元，费城人捐献五千美元，巴尔的摩捐献了三千美元。

国人的这一义举，使这位垂危老人甚为感动，他说这是“纯真的、自发的爱的表示”。杰斐逊只好取消了出售彩票的计划。在他生命的最后两个月中，杰斐逊终于获得了一丝安慰：蒙蒂塞洛可以保留下来，黑奴也可以全部留下了。

在扛着沉重债务的同时，杰斐逊的身体也每况愈下。73 岁的时候，他的身体还十分健康，虽然已经无力长时间步行，但是仍然可以自如地骑马，每天在马背上消磨几个小时。视力有所下降，夜晚或者白天看小字的书时必须借助眼镜。听力也开始退化，牙齿常常给他惹麻烦。但是他仍然没有停止写长信的习惯，在他给老友查尔斯·汤姆森的信中说：“我感到最大的压力是写起信来十分劳累，虽然我很长时间以来一直在尽量压缩信的篇幅，我能把这种写信的苦役减少到只限于我的朋友们和我的事务范围之内吗？……我的生命会在老人疾病允许的范围内尽可能地快乐，我会以一个‘既不害怕也不希望死期降临’的镇静态度看着它圆满完成。”

他的这种长寿要归功于对饮食的节制，多年来他很少吃肉，“蔬菜与其说是他的佐餐品，不如说当成了营养品”，构成了他的饮食主体。“但是我饮酒时用药酒杯喝两杯半葡萄酒，与朋友饮酒时甚至喝三杯，但我只饮淡酒。”

然而在 1814 年，杰斐逊不得不承认，自己“不过是一把剩下一半弦的手提琴”，随着岁月的增加，“机器”已经显出了明显的磨损迹象。78 岁时的一天，杰斐逊想到外面去散步，不料一脚踩空在断缺的阶梯上，旋即摔倒，左手手臂骨折，红肿、僵硬了好长一段时间。三十四年前他在巴黎时的右手也是如此。他在自己的《读书札记》中写道：“我不为来世发愁，即使死亡的命运就在眼前。因为我们是人，不可能长生不老。我们所有的人都有一死。”但是“身体的衰弱”是“出现在眼前的令人沮丧的事情，因为在人类可以想象到的一切事情中，最令人憎恶的莫过于一具没有思想的躯壳。作为一个糊涂的老人，同一件事在一个小时内重复唠叨四次”，如果这就是生命的话，它“充其量不过就像一棵卷心菜的生命而已”。他的信明显少了，但仍不忘给约翰·亚当斯写信说：“年轻和健康是人生最大的幸福。”

1818 年，杰斐逊到温泉去治疗风湿病痛，但温泉似乎反而给他添了新疾。自从他从温泉回家后，就感到严重的下腹不适，而且医治之后更趋恶化，还一度处于死亡的边缘。这个病后来有所减轻，却始终未能根除。后来，各种病痛每天都折磨他。由于前列腺肿大而尿道阻塞，1825 年当拉法耶特回法国之前向杰斐逊道别时，老态龙钟的杰斐逊疼得只能半靠在长沙发椅上，不能完全躺下，不能走，不能站。拉法耶特告诉杰斐逊，巴黎有一种更好的导液管，回去后给他寄一些来。拉法耶特真寄来了一百支导管，但在这些导管寄到之前，杰斐逊已经合上了眼睛。

前列腺肿大使杰斐逊行走越来越困难，但他仍坚持骑马。骑马成了杰斐逊晚年生活中最重要的锻炼方式。82 岁时，他一天还骑 10～15 公里。一碰到烦人的消息，他便上马扬鞭，飞奔而去，以发泄心中的郁闷。一次，他的马在激流中摔倒，杰斐逊被摔坏的手腕幸好被缰绳缠住，不然差点淹死。

1826 年 3 月，杰斐逊开始起草遗嘱，布置后事。

由于他晚年仍坚信农奴制总有一天会终止，如同 1825 年他写信给弗朗西斯·赖特说的那样：“废除这一坏制度不是不可能的，因此，永远不应对之失望。应当制定每一项计划，做出每一样试验，总会有助于达到这一最终目标的。”所以，他率先行动，在遗嘱中，他给予五个黑奴以自由，这五个人都有手艺，可以在自由社会中养活自己。他还吁请议会准许他们留在本州，因为弗吉尼亚法律规定，所有被解放的农奴，必须在一年内离开本州。在遗嘱的附录中，杰斐逊将他的镶金手杖留给了麦迪逊，以纪念他们之间深厚长久的友情和多年的政治合作。

当年 6 月，杰斐逊收到请帖，参加签署《独立宣言》五十周年的庆祝仪式并讲话。但是这时杰斐逊的身体已极度虚弱，加上腹泻，连家门都出不了。24 日，杰斐逊写信给华盛顿的公民，表示了他对邀请的感谢，并渴望去华盛顿参加纪念活动，但由于自己的健康原因不能去参加《独立宣言》五十周年的庆祝活动了。

这是杰斐逊亲笔写的最后一封信，他谈到了根据《独立宣言》而实行的自治所带来的诸多幸福，其中有“无限制地运用理性的自由权利”，表现出指导他一生对理性追求的坚定信念，一直支持着他直到生命的最后日子。这也是他的最后一篇公开声明，因此他写得格外仔细、认真。

不得不说，杰斐逊生命中的最后时刻，也如同他这一生一般，具有传奇色彩。假如世界上只有两个人能选择和控制着他们离开人世的时间，那么他们就是托马斯·杰斐逊和约翰·亚当斯。虽然杰斐逊在 1816 年 8 月 1 日致亚当斯的信中就曾经说过，人人“命各有期”，但似乎他们都决心一定要活到签署《独立宣言》五十周年的那一天，而且冥冥之中，也已经如此安排好了。

就在临终前几天，杰斐逊请来了他的医生、弗吉尼亚大学的解剖学和医学教授罗布利·邓格利森博士，后者一直据守在杰斐逊的病床旁，一直看护他到去世。邓格利森记载道：在 7 月 2 日以前，杰斐逊语言自如地谈到了他自己的死期已经不远；他还与他的外孙伦道夫先生就私人事务进行了最后的安排与叮嘱；他还念念不忘刚创办起来的弗吉尼亚大学，并相信麦迪逊先生和其他监察委员会为它尽了全力。他在世的一周，我一直呆在蒙蒂塞洛；……7 月 2 日白天和夜里他都处于昏迷状态，偶尔会苏醒片刻。但到了第二天，他就整日昏迷不醒了。

7 月 3 日早上以来，他就一直处于临终状态。中午刚过，杰斐逊睁开眼睛问道：“是 4 号吗?”周围的人回答说：“还不是。”闻言他继续昏迷过去。守在杰斐逊身旁的尼古拉斯·特里斯特对他兄弟说：“我们都担心他恐怕活不到他所希望的光荣的 4 号这一天了，他已停止服药，他喃喃道：‘噢，上帝!’‘不，什么也不要了!’”

大约在 3 日晚上 7 点多左右，杰斐逊又一次醒来了，他看见站在床边的邓格利森医生，用模糊而沙哑的声音说道：“啊，大夫，你还在这里吗?”接着他又问：“到 4 日了吗?”医生回答道：“马上就到了。”这是杰斐逊在人世间的最后一次对话。

7月4日中午12点50分，杰斐逊在昏迷中，心脏渐渐停止了跳动，在他起草的《独立宣言》获通过的五十周年纪念时刻，在家人挽留的目光中，静静地、永远地睡着了。

在逝世前，杰斐逊就已经告诉了女儿玛莎，他留给她的最后的东西，藏在一个抽屉的旧皮夹子里。当玛莎找出这个皮夹子之后，从中拿出了一张杰斐逊亲笔写的字条，上面写了八行字："托·杰留给马·伦的遗言。"在这张字条里，没有任何的哲学说教，没有任何的对往事的回忆，只表达了这位老人的最后希望：在那"圆满实现了我的一切希望，或者说埋葬了我的忧虑"的岸边，他将会看到"两位已经逝世很久的天使"——他亲爱的妻子和他的幼女玛丽——在等候着他。

而正在杰斐逊的家人为他的离去而哀伤的同时，远在他乡的约翰·亚当斯在7月4日的这一天也躺在床上，处于弥留之际的他在正午时分，忽然清醒过来，说了最后一句话："托马斯·杰斐逊还活着！"几个小时之后，亚当斯也撒手人寰，追随好友而去，享年90岁。这两位晚年重又携手的好朋友，竟然在共同签署《独立宣言》50周年的同一天，一起离开了人间。难怪亚当斯的儿子、小亚当斯总统满怀深情地说，这是"上帝钟爱他们的表现"，他的这一说法也得到了当时全美国民众的认同。

杰斐逊被安葬在蒙蒂塞洛的家庭墓地中，沉睡在他挚爱的妻女之间。遵照他的遗愿，葬礼没有发出任何请柬，没有通知他人举行葬礼的时间。"他的遗体由他的家人和仆人在没有让外人知情的情况下，抬出他的住处，但是他的邻居和友人们，急切希望向他们敬爱的人表示最后的敬意，群聚在一起，等候在墓地里。"没有送葬的队伍，没有讲话和冗长的仪式，死者被安葬在他披荆斩棘开辟出来的土地上——这是一个典型的、美国早期拓荒者式的葬礼。

杰斐逊死后，蒙蒂塞洛转眼之间便物是人非。他的女儿玛莎和她的女儿一起去了波士顿，由尼古拉斯·特里斯特负责照看蒙蒂塞洛。他的大女婿伦道夫似乎得到了最终的"解放"——大名鼎鼎的岳父死了，不再有忌妒与仇恨的对象了；妻子也离开了，他的病也渐渐好起来，并继续从事测量工作。不幸的是，没过多久他就旧病复发了，他曾回到蒙蒂塞洛和妻子

生活了一段时间。但是第二年他就郁郁而死，年仅 60 岁，

1826 年杰斐逊的去世，给原本和父亲相互支撑、相依为命的玛莎失去了精神和经济上的依靠，并且还从父亲那里继承下来了一堆债务。为此她一度考虑，要把蒙蒂塞洛卖掉或把它办成一个学校。丈夫已对家庭十分疏远了，只留下玛莎来承担对这个家庭和对蒙蒂塞洛必须承担的法定责任。蒙蒂塞洛卖出后不久，许多杰斐逊家的奴隶也被送上了拍卖市场。杰斐逊生前的地下情人、黑奴萨莉·赫明斯已获得了自由，带着她的儿子麦迪逊和埃斯顿生活在蒙蒂塞洛附近一间租来的小屋里。萨莉于 1835 年去世，享年 62 岁。她死后，麦迪逊搬去了俄亥俄州，埃斯顿则去了威斯康星。

1836 年，玛莎在父亲逝世十年之后，死于中风，享年 64 岁。但她并没有安葬在与其丈夫共有的住所埃奇希尔，而是埋葬在她父亲的心爱家园——蒙蒂塞洛，永远陪伴着父亲、母亲和妹妹。她的一个儿子乔治·伦道夫，在托马斯·杰斐逊·戴维斯的联邦政府里，担任了第一任陆军部长。

蒙蒂塞洛从此日益衰败，后来杰斐逊·M. 利维曾对它进行了部分维修。直到 1926 年 7 月 4 日，在签署《独立宣言》一百五十周年、杰斐逊逝世一百周年时，蒙蒂塞洛被弗吉尼亚的妇女们集资买下，作为全国的一处圣地保护起来。经过历史学家和维修专家的修复、装饰，成为今天无数朝圣者心中的“民主麦加”。

蒙蒂塞洛代表着美国人民心目中的杰斐逊的形象：清心寡欲、从容睿智、沉着典雅。来蒙蒂塞洛的访者络绎不绝，他们都不约而同地来到杰斐逊家族墓地，怀念长眠在这里的真正的主人。在这片绿茵覆盖、山花遍野的土地里，他安详地与妻子相守在一起，永远不再分开。墓前竖立着杰斐逊亲自设计的方尖石碑，碑上刻着亡者在生命的最后时刻为自己写下的墓志铭，也是他一生中最希望能被后人所铭记的：

托马斯·杰斐逊

美国《独立宣言》的起草人

《弗吉尼亚宗教自由法令》的执笔人

弗吉尼亚大学之父

安葬于此。

作为开国先辈中最长寿者之一，杰斐逊在有生之年看到自己成了崇敬的对象。虽然随着岁月的推移，他很可能像罗马皇帝临死前那样说：“我觉得自己正在成为神。”但是他无意使自己以及同代人成为后人的预言者。他喜欢说：“世界永远属于活着的人们。”世界会不断变化，惟有真理，永远不会腐朽。

# 附录　托马斯·杰斐逊大事年表

1743年4月13日，杰斐逊出生于弗吉尼亚阿尔贝马尔县沙德威尔。

1748年（5岁）在塔卡霍进入英语学校。

1752年（9岁）进入道格拉斯拉丁语学校。

1757年（14岁）8月17日，父亲彼得·杰斐逊去世。

1758年（15岁）进詹姆斯·莫里牧师的学校，学习希腊、罗马作家的著作。

1760年（17岁）3月，进入威廉—玛丽学院。

1762年（19岁）4月，从威廉—玛丽学院毕业，在乔治·威思的律师事务所学习法律。与丽贝卡小姐初恋，后来向她求婚，未成。

1765年（22岁）3月，英国政府颁布印花条例消息传到北美殖民地。5月，他到弗吉尼亚议会听帕特里克·亨利做反印花条例的演讲，深受影响。

1766年（23岁）取得律师资格。

1769年（26岁）3月，当选为弗吉尼亚议员。

1770年（27岁）2月，沙德威尔大火，房屋和藏书被烧。

1772年（29岁）1月，与玛莎·威利斯·斯凯尔顿结婚。9月，第一个女儿玛莎出世。

1773年（30岁）4月，参加通讯委员会会议。

1774年（31岁）4月，第二个女儿简·伦道夫出世。7月，出席弗吉尼亚第一次人民代表大会，撰写《英属美洲权利概论》。

1775年（32岁）3月，出席弗吉尼亚第二次人民代表大会，当选为大陆会议候补代表。6月，到费城参加第二届大陆会议。与约翰·迪金森起草《必须采用武力宣言》。8月再次当选为大陆会议代表。

1776年（33岁）3月，母亲简·伦道夫逝世，终年57岁；为弗吉尼亚起草宪法；6月，当选为《独立宣言》起草委员会委员，提交《独立宣言》草案；7月4日，大陆会议通过《独立宣言》；10月，出席弗吉尼亚议会，向弗吉尼亚议会提交废除限定继承权的法案。

1777年（34岁）起草了弗吉尼亚宗教自由法案，到1786年才通过；5月，儿子出生后不久夭折。

1778年（35岁）8月，第三个女儿玛丽·杰斐逊出生。

1779年（36岁）6月，当选为弗吉尼亚州州长。

1780年（37岁）6月，连任弗吉尼亚州州长；11月第四个女儿出世。

1781年（38岁）1月，命令民兵抗击英军侵略；6月，州长任期届满；11月，独立战争结束；12月，州议会决议表彰他在州长任内的政绩，撰写《弗吉尼亚纪事》。

1782年（39岁）5月，最小的女儿露西·伊丽莎白问世，两年后病死；9月，妻子玛莎·威利斯·杰斐逊去世，终年34岁。

1783年（40岁）6月，当选为国会议员。

1784年（41岁）5月，与亚当斯、富兰克林一起被任命为与欧洲各国签订友好通商条约的谈判代表；8月，到达巴黎；9月安排出版《弗吉尼亚纪事》。

1785年（42岁）5月，被国会任命为驻法公使。

1786年（43岁）3月，离开巴黎赴伦敦会见亚当斯；5月返回巴黎。

1787年（44岁）9月同意美国制宪会议通过联邦宪法。

1789年（46岁）9月，被提名为国务卿；离巴黎启程回国；11月，回到美国。

1790年（47岁）3月当选为美国艺术与科学学院会员；4月21日，抵达纽约出任美国第一任国务卿。

1792年（49岁）9月，写信告知华盛顿，想归隐田园。

1793年（50岁）1月4日，当选美国哲学学会副会长；12月，辞去国务卿职务。

1794年（51岁）1月，回到蒙蒂塞洛家中。

1795年（52岁）4月23日，致信麦迪逊，明确拒绝出任官职。

1796年（53岁）12月，当选为副总统。

1797 年（54 岁）3 月，当选为美国哲学学会主席；3 月 4 日，就任副总统。

1798 年（55 岁）7 月，反对《客籍法》和《惩治叛乱法》。

1800 年（57 岁）5 月，被提名为总统候选人；夏天，着手改组威廉—玛丽学院。

1801 年（58 岁）2 月当选为美国第三任总统；3 月，宣誓就任美国总统；12 月，向国会提交第一个国情咨文。

1802 年（59 岁）12 月，向国会提交第二个国情咨文。

1803 年（60 岁）1 月，就派刘易斯和克拉克组织西部探险一事向国会提出特别说明；5 月，美法在巴黎签署《路易斯安那条约》，美国从法国手中购得路易斯安那；7 月，拟就购买路易斯安那提出宪法修正案；10 月，提交第三个国情咨文；《路易斯安那条约》得到参议院批准。

1804 年（61 岁）12 月，再次当选为美国总统。

1805 年（62 岁）3 月，宣誓就任美国总统。

1806 年（63 岁）11 月，颁发逮捕伯尔的公告。

1807 年（64 岁）1 月，再次当选为美国哲学协会主席；3 月，签署禁止贩卖奴隶的法案；7 月，颁布反对英国战舰的公告；12 月，签署《禁运法》。

1809 年（66 岁）3 月，引退；15 日，回到蒙蒂塞洛。

1811 年（68 岁）1 月，为“美国农业协会”起草工作计划。

1812 年（69 岁）1 月，与约翰·亚当斯重归于好。

1814 年（71 岁）把私人藏书 7000 册作价卖给国会图书馆。

1815 年（72 岁）1 月，提出弗吉尼亚大学纲要。

1819 年（76 岁）1 月，弗吉尼亚议会通过创办弗吉尼亚大学，以后选定夏洛茨维尔作为校址；3 月，当选为弗吉尼亚大学校长，亲自设计第一批校舍，派人去欧洲延聘教授，设法筹措经费。

1824 年（81 岁）5 月，弗吉尼亚大学建成开学。

1826 年（83 岁）3 月，立遗嘱；6 月 24 日，谢绝参加 7 月 4 日庆典的邀请；7 月 4 日，逝世于蒙蒂塞洛。

# 重要参考文献

1.《杰斐逊》(世界大人物丛书) 郝怀明著　中国少年儿童出版社

2.《美利坚开国三杰书》沐欣之主编　新世界出版社

3.《托马斯·杰斐逊》武志军编著　辽宁人民出版社

4.《美洲精神》房龙著　张文等译　北京出版社

5.《美国开国之父的领导艺术》李旭大编译　中国商业出版社

6.《总统和女奴》(美) 芭芭拉·蔡斯著　王仲年译　新华出版社

7.《民主之魂杰斐逊》阮宗泽著　世界知识出版社

8.《杰斐逊评传》(美) 希纳尔著　王丽华等译　中国社会科学出版社

9.《美国总统全传》(上下图文本) 李富民等编　中国社会科学出版社

10.《美国历届总统小传》(美) 弗兰克·弗雷德尔著　刘庆云　高学余译　新华出版社

11.《美国民主的先驱》(美) 乔伊斯·亚普雷拜著　彭小娟译　安徽教育出版社

12.《杰斐逊作品选》(美) 托马斯·杰斐逊著　韦荣臣译注　天津人民出版社

13.《独立宣言》(美) 托马斯·杰斐逊著　京华出版社

14.《不朽的杰斐逊》(美) 亚当斯著　曹明译　海燕出版社

15.《杰斐逊的故事》肖培霞编著　汕头大学出版社

16.《杰斐逊传》李旭东，必晟编著　湖北辞书出版社

17.《杰斐逊》张昱琨，马树岩编著　海天出版社

18.《杰斐逊》刘祚昌著　中国社会科学出版社

19.《美国总统全书》(美) 威廉·A. 德格雷戈里奥著　周凯等译　社会科学文献出版社

20.《美国总统轶事》(美) 小保罗·F. 鲍伊勒著　姜栋，张欣译　当代世

界出版社
20.《父与女美国总统与女儿们的书信》(美)杰勒德·加沃尔特安·加沃尔特著　陈加丰，叶凯译　机械工业出版社
21.《历届美国总统演讲精选》北京汇智时代科技发展有限公司制作　东方音像电子出版社
22.《美国总统书系》(美)亚瑟·M. 萨勒辛格，Jr. 主编　安徽教育出版社
23.《第一母亲　造就美国总统的女人》(美)哈罗德·I. 古兰著　王宪生　吴振清译　百花文艺出版社
24.《第一父亲　造就美国总统的男人》(美)哈罗德·I. 古兰著　史津海，富彦国译　百花文艺出版社
25.《美国总统青少年时代》现代教育出版社
26.《当上美国总统　从华盛顿到小布什 42 位白宫领导人的传奇故事》温英超著　东方出版社
27.《美国总统的 10 门课　美国总统的领导艺术》余开亮编著　台北灵活文化事业有限公司
28.《36 位美国总统的最后岁月》窦应泰著　雅森·赛依提译　新疆青少年出版社
29.《美国总统的婚恋》杨家祺编著　当代世界出版社
30.《美国历届总统执政和告别演说精选》王建华主编　江西人民出版社
31.《美国总统趣谈》朱建民著　台北：台湾商务印书馆
32.《白宫口才　为什么美国总统又是口才大师》江龙编译　中国计划出版社
33.《白宫女主人　46 位美国总统夫人的情感历程》陈冠任编著　民主与建设出版社
34.《美国总统名言大观》杨小洪等编　上海人民出版社
35.《美国总统趣闻》梅史主编　天津大学出版社
36.《美国总统轶闻大观》(美)德格里戈里奥著　李申等译　中国青年出版社
37.《美国总统竞选轶事》(美)鲍勒著　夏保成等译　吉林大学出版社

38.《夕阳余辉　美国总统卸任之后》(美) 克拉克著　陆文岳译　光明日报出版社

39.《四十任美国总统轶事趣闻》(美) 博勒著　陈文等译　花城出版社

40.《美国总统制》(英) 拉斯基著　潘一德译　中国文化服务社

41.《简明社会科学词典》上海辞书出版社

42.《国际时事辞典》商务印书馆

43.《美国历史与文化选读》王波主编　北京大学出版社

44.《美国历史 100 次断面》(韩) 柳钟善著　徐东日，金莲兰译　延边大学出版社

45.《美国历史百科辞典》杨生茂，张友伦主编　上海辞书出版社

46.《美国历史常识 199》张宏，汪春译注　上海外语教育出版社

47.《美国历史漫谈》刘丽媛译　中国对外翻译出版公司

48.《美国 2500 历史名人传略》李世洞等编译　东方出版社

49.《美国第一任总统华盛顿》余志森编著　商务印书馆

50.《美国独立战争》郭圣铭编著　商务印书馆